21st-CENTURY STUDENT AGENCY SKILLS WORKBOOK

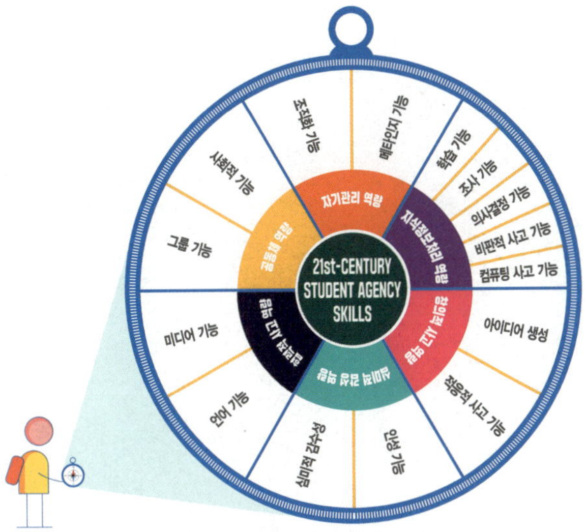

자기주도 학습을 위한

미래 역량 워크북

초등 4~6학년용

박태호 · 고은지 · 장동민 · 박종호 · 유보라
육인경 · 허윤빈 · Lance G. King 공저

학지사

머리말

앞으로의 미래 사회는 매일 새로운 문제를 마주하고 스스로 해결하며 배우는 시대입니다. 그러므로 학교에서 배우는 지식뿐 아니라 어떻게 배우고, 어떻게 성장할 것인가가 중요합니다.

이 책 『자기주도 학습을 위한 미래 역량 워크북(초등 4~6학년용)』은 그러한 세상을 살아갈, 생각하고 실천하는 학습자를 위한 워크북입니다. 이 책은 초등 고학년의 눈높이에 맞춰 다음과 같은 역량을 단계적으로 기를 수 있도록 설계되었습니다.

- 자기관리 역량(메타인지 · 조직화 기능)
- 지식정보처리 역량(학습 · 조사 · 의사결정 · 비판적 사고 · 컴퓨팅 사고 기능)
- 창의적 사고 역량(아이디어 생성, 적응적 사고 기능)
- 심미적 감성 역량(인성 기능, 심미적 감수성)
- 협력적 사고 역량(언어 · 미디어 기능)
- 공동체 역량(그룹 · 사회적 기능)

각 역량은 이를 성장시킬 수 있는 활동(Activity)으로 구성되어 있어, 스스로 계획하고 실천하며 성장 경로를 기록할 수 있습니다.

어떤 기술이든 연습을 통해 향상됩니다. 이 워크북의 활동은 농구의 기본기나 피아노 연습처럼, 작은 습관을 매일 조금씩 다듬어 가는 과정을 통해 학습자의 역량을 키우도록 구성되어 있습니다. 동시에 지식의 축적을 넘어 스스로 배우고 성장하는 능력을 중심에 두고 있으며, 학생이 스스로 목표를 세우고 피드백을 받아 다음 학습으로 연결하도록 돕습니다.

공부는 누구도 대신해 줄 수 없습니다. 그러나 학습자는 혼자가 아닙니다. 이 워크북은 매일의 배움을 정리하고 스스로 질문하며 어제보다 한 걸음 더 나아가도록 돕는 성장 기록장입니다. 오늘의 한 장이 쌓이면 내일의 학습자는 더 성숙한 자신이 되어 있을 것입니다.

차례

Part III. 창의적 사고 역량

Part IV. 심미적 감성 역량

Part V. 협력적 사고 역량

Part VI. 공동체 역량

Chapter 14 그룹 기능 403

Chapter 15 사회적 기능 447

Part I

자기관리 역량

자기관리 역량은 내가 해야 할 일을 스스로 계획하고 실천하는 능력이에요. 공부할 시간을 정하거나 숙제를 스스로 챙기는 것, 기분이 울적할 때 마음을 다스리거나 친구와 약속을 지키는 것도 포함돼요. 이 능력이 자라면 매일 더 똑똑하고 알차게, 그리고 책임감 있게 보낼 수 있어요.

자기관리 역량은

'내 삶을 내가 멋지게 조절하는 힘'이에요.☺

Chapter 1

메타인지 기능

공부도 생활도 점점 더 잘할 수 있게 도와주는 숨은 힘!

메타인지 기능은 '내가 지금 어떻게 공부하고 있고 올바른 방향으로 나아가고 있는지 생각해 보는 능력'이에요. 예를 들어, '이 방법이 나한테 잘 맞을까?', '왜 이 문제를 틀렸을까?' 하고 자기 자신에게 질문하는 거예요. 이 능력이 있으면 스스로 배우는 과정을 조절하면서 더 똑똑하게 공부할 수 있어요. 공부가 잘 안 될 때는 방법을 바꾸고, 잘된 부분은 계속 이어 가는 힘이 생겨요.

1-1 학습 내용 성찰

학습 내용 성찰이란 **내가 오늘 무엇을 배웠는지 돌아보는 활동**이에요. 공부한 내용을 되돌아보며 이해한 정도를 점검하고, 더 나은 학습 방향을 고민하는 과정이에요.

예를 들어, 자신에게 다음과 같은 질문을 던져 볼 수 있어요.
'오늘은 무엇을 공부했지?'
'내가 오늘 배운 걸 진짜 이해했을까?'
'어떤 부분이 헷갈렸지?'
'다음에는 어떻게 공부하면 더 잘할 수 있을까?'

이렇게 질문하고 생각하는 과정을 거치면, **배운 내용을 머릿속에 더 오래 기억할 수 있어요**. '이 부분은 잘 이해됐고, 이건 좀 헷갈려.' 이렇게 이해한 부분과 그렇지 못한 부분을 구분해 보는 것도 학습 내용 성찰이에요. 부족한 부분을 인식하며 무엇을 복습해야 할지 스스로 알 수 있어요.

학습 내용 성찰은 '공부한 나'를 더 똑똑하게 만드는 마법이에요!

숙달

내가 무엇을 알고 있고, 무엇을 모르는지 분명히 파악하여 나만의 공부 방향을 잡고 조절할 수 있어요!

활동하기

공부한 날짜: . . .

하루 공부를 마친 후, 나의 학습 성찰 일지를 작성해 봅시다.

tip 일기 쓰듯 자연스럽게 써도 괜찮아요!

날짜	(　　　)년 (　)월 (　)일 (　)요일
오늘 배운 내용 (과목, 주제 등을 간단히 적기)	예 과학, 산소의 성질
이해한 핵심 개념 (잘 이해된 내용 요약 또는 핵심 키워드 적기)	예 기체 발생 장치, 산소는 다른 물질이 타는 것을 돕는다.
어려웠던 점/ 헷갈린 개념 (왜 어려웠는지, 어느 부분이 막혔는지 적기)	예 실험 주의사항을 모두 기억하고 지키는 게 어려웠다, 산소의 쓰임이 안 외워진다.
해결을 위한 시도 (복습, 질문, 다른 자료 참고 등)	예 교과서, 실험관찰을 다시 읽어 보기, 친구와 서로 질문하기
학습 목표 달성도	□ 완벽하게 달성했어요 □ 일부만 달성했어요 □ 아직 부족해요 이유
느낀 점/ 다음 학습에 반영할 점 (잘한 점과 아쉬운 점을 바탕으로 공부 계획 세우기)	예 과학은 어려운 개념이 많이 나와서 복습이 꼭 필요한 것 같다. / 수업 전 5분 복습하기
내일 또는 다음 학습 목표 (짧고 구체적으로 설정하기)	예 과학수업 5분 전 교과서 살펴보기, 적극적으로 질문하기

앞에서 작성한 학습 성찰 일지를 바탕으로, 다음 항목을 확인해 봅시다.

질문	확인(✓)
오늘 배운 내용을 스스로 요약할 수 있나요?	□ 네 / □ 아니요
이해되지 않거나 어려운 부분을 명확히 인식하고 있나요?	□ 네 / □ 아니요
이해되지 않거나 어려운 부분을 해결하려는 시도를 했나요?	□ 네 / □ 아니요
오늘의 학습 목표를 달성했나요?	□ 네 / □ 아니요
내가 쓴 공부 방법이 효과적이었는지 평가했나요?	□ 네 / □ 아니요
다음 학습을 위한 계획을 세웠나요?	□ 네 / □ 아니요

일주일 동안 학습 성찰을 해 보고, 학습 성찰 기록표를 작성해 봅시다.

날짜	오늘 성찰했나요?	오늘의 키워드 한 줄 요약	성찰 점수	메모
/	□	예 산소의 성질 알기	☆☆☆	예 잘했지만 복습 필요!
/	□		☆☆☆	
/	□		☆☆☆	
/	□		☆☆☆	
/	□		☆☆☆	
/	□		☆☆☆	
/	□		☆☆☆	

성찰 점수 기준: ★ 그냥 체크만 함 / ★★ 헷갈리거나 어려운 점을 파악함 / ★★★ 성찰 후 다음 계획을 세움

1-2 이해 성찰

이해 성찰이란 '배운 내용을 깊이 있게 이해하고 있는지' 생각해 보는 과정이에요. 학습한 내용을 잘 이해하고 있는지 점검하고, 부족한 부분이 있다면 다시 탐색하거나 다른 방법으로 보완하는 거예요.

이해 성찰은 **학습한 개념을 제대로, 깊이 있게 이해하고 있는지 점검**하게 해줘요. 수업을 잘 듣는 것뿐 아니라 내가 이해한 부분을 확인하고 넘어가는 것이 중요해요.

예를 들어, "나는 이 문제를 왜 이렇게 푸는지 설명할 수 있을까?" 하고 스스로 물어볼 수 있어요. 설명을 잘 못하면 아직 완전히 이해하지 못한 거예요. 그럴 땐 다시 교과서를 보거나 친구에게 물어볼 수 있어요.

이렇게 공부하면 틀려도 금방 다시 배우고, 오래 기억할 수 있어요. 단순히 암기만 하는 것이 아닌 논리적인 이해가 가능해져요. 또한 학습한 개념 간의 차이를 구분하고, 오류를 인식하고 보완하는 데 도움이 돼요.

이해 성찰은 공부한 내용을 진짜 '내 것'으로 만드는 과정이에요.

숙달

내가 무엇을 이해했는지 확인하고 설명할 수 있으며, 이해한 개념을 서로 연결할 수 있어요!

활동하기

공부한 날짜: . . .

➔ 오늘 공부한 내용을 정리해 봅시다.

과목	
학습 주제	
가장 중요한 내용 (핵심 개념)	
'나의 말'로 설명하기 (친구에게 알려 주는 것처럼 써 볼까요?)	
설명하기 어려운 부분	

➔ 앞에서 작성한 학습 성찰 일지를 바탕으로, 다음 항목을 확인해 봅시다.

질문	확인(✓)
오늘 공부한 내용 중 핵심 개념을 잘 이해하고 있나요?	☐ 네 / ☐ 아니요
공부한 내용을 친구가 이해하기 쉽게 설명할 수 있나요?	☐ 네 / ☐ 아니요
설명하기 어려운 부분을 잘 파악하고 있나요?	☐ 네 / ☐ 아니요
다시 공부해야 할 부분이 무엇인지 떠올릴 수 있나요?	☐ 네 / ☐ 아니요

설명하기 어려운 부분에 대해 질문을 만들고, 해결 방법을 생각해 봅시다.

	질문	해결 방법
①	예 산지에도 땅이 있는데, 왜 논농사를 못 지을까?	예 교과서에서 관련 내용 찾아보기
②		
③		

앞에서 만든 질문에 대한 답을 찾아봅시다.

질문	내가 찾은 답
①	
②	
③	

새로 알게 된 내용을 떠올리며, 오늘 배운 내용을 다시 한번 설명해 봅시다.

1-3 학습 전략 성찰

학습 전략 성찰이란 내가 어떤 방법으로 공부했는지 되돌아보며 **'내가 어떻게 배우는지'를 알아 가는 과정**이에요. 내가 그동안 어떻게 공부해 왔는지 생각해 보고, 나아가 나와 더 잘 맞는 공부 방법을 찾아보는 거예요.

예를 들어, 단어를 외울 때 소리 내어 읽었는지, 종이에 반복해서 써 봤는지 생각해 볼 수 있어요. 내가 쓴 공부 방법이 나에게 잘 맞는지 점검하고, 그렇지 않다면 새로운 방법을 적용해 볼 수도 있어요. 이렇게 여러 가지 공부 방법을 비교하면서 **나한테 딱 맞는 방법**을 찾아가는 거예요.

어떤 전략이 나에게 잘 맞았는지, 왜 잘되었는지 살펴보는 것은 정말 중요해요. 반대로, 잘되지 않았던 공부 방법이 있다면 그 이유도 함께 생각해 보아야 해요. 이렇게 성찰하면 다음에 공부할 때 더 좋은 방법을 고를 수 있어요. 성찰을 하면 **실수를 줄이고, 시간도 더 알차게 쓸 수 있어요.**

학습 전략 성찰은 더 똑똑하게 공부할 수 있도록 도와주는 습관이에요.

숙달

나에게 맞는 공부 방법을 스스로 찾아내고, 더 효과적으로 학습할 수 있어요!

활동하기

공부한 날짜: . . .

활동 1 공부 방법 인터뷰하기

➜ 내가 평소에 쓰는 공부 방법을 알아보고, 친구와 비교하며 더 좋은 방법을 찾아봅시다.

tip 주어진 질문을 참고하여 공부 방법을 알 수 있는 새로운 질문을 만들어 봅시다.
스스로 답해 보거나 친구와 짝을 지어 인터뷰해 봅시다.

질문	나의 답	친구의 답
단어 외울 때 어떤 방법을 써?		
책 읽을 때 집중이 잘 되게 하는 방법은?		
시험공부 할 때 계획을 어떻게 세워?		

활동 2 공부 방법 탐험하기

➜ 오늘 공부하면서 사용한 방법을 떠올리며, 다음 질문에 답해 봅시다.

질문	나의 답
오늘은 무엇을 공부했나요?	
어떤 방법으로 공부했나요?	
그 방법이 나에게 잘 맞았나요?	
그렇게 생각한 이유는 무엇인가요?	

활동 3 공부 작전 세우기

내가 자주 사용하는 방법과 새롭게 시도해 볼 방법으로 공부 작전을 세워 봅시다.

나의 작전	내용
내가 자주 사용하고 있는 공부 방법은?	
새롭게 써 볼 공부 방법은?	
새로운 공부 방법, 언제 써 볼까요?	

활동 4 공부 방법 실험하기

활동 3 을 참고하여, 같은 내용을 2가지 방법으로 공부해 봅시다.

공부할 내용		
공부 방법	①	
	②	

공부가 끝났다면, 어떤 방법이 나와 더 잘 맞았는지 비교해 봅시다.

질문	체크(✓)	이유
공부한 내용이 더 오래 기억에 남는 방법은?	□ 방법 1 □ 방법 2	
더 재밌었던 방법은?	□ 방법 1 □ 방법 2	
다음에 또 써 보고 싶은 방법은?	□ 방법 1 □ 방법 2	

1-4 학습 기능 개발에 관한 자기 평가

학습 기능 개발에 관한 자기 평가란 공부할 때 어떤 점이 잘되고 있는지 스스로 점검하는 활동이에요.

예를 들어, "나는 공부할 때 집중을 잘하고 있을까?" 하고 스스로 물어보는 거예요. "공부 계획을 잘 세우고 있나?", "모르면 바로 질문하고 있나?" 같은 질문을 통해 나의 공부 습관을 살펴보는 거예요.

공부하는 과정에서 어떤 능력이 잘 자라고 있는지, 어떤 점을 더 키워야 할지를 스스로 판단해 보는 것은 중요해요. 공부하는 방법을 그냥 반복하는 게 아니라, '이렇게 해도 될까?', '더 좋은 방법은 없을까?'를 늘 생각해 보면서 공부 방법을 점점 더 나에게 맞게 조절할 수 있어요. 더 나은 방법으로 나아가며 성장 과정을 느낄 수 있고, 목표를 더 정확하게 세울 수 있게 돼요.

자기 평가는 선생님이 아닌 내가 나를 평가하는 거라 더 정직하게 할 수 있어요. 스스로 생각해 보면 남이 말해 주지 않아도 내가 먼저 바꾸려는 마음이 생겨요. '나는 노력하고 있어!'라는 걸 스스로 확인하면 자신감도 생겨요.

학습 기능 개발에 관한 자기 평가는
더 똑똑하게, 더 멋지게 공부하는 나를 만드는 첫걸음이에요!

숙달

나의 공부 방법과 습관을 스스로 점검하고, 더 나은 방향으로 조절할 수 있어요!

활동하기

공부한 날짜: . . .

활동 1 공부 능력 테스트: 지금 내 능력은 어디쯤?

공부에 필요한 다양한 능력에 대해 스스로 레벨 평가를 해 봅시다.

공부 능력	내 레벨(★)	근거
계획 세우기	☆☆☆	
집중하기	☆☆☆	
질문하기	☆☆☆	
복습하기	☆☆☆	
계획 지키기	☆☆☆	

가장 낮은 레벨의 능력은? ______________________________

이 능력을 어떻게 키울 수 있을까? ______________________________

활동 2 레벨업 챌린지: 어제보다 한 칸 성장하기

현재 내 레벨을 떠올리며, 챌린지 카드를 작성해 봅시다. 목표한 레벨이 되기 위해 내가 실천해 볼 미션도 정해 봅시다.

공부 능력	목표 레벨(★)	나의 미션
계획 세우기	☆☆☆	
집중하기	☆☆☆	
질문하기	☆☆☆	
복습하기	☆☆☆	
계획 지키기	☆☆☆	

활동 3 나의 변화 기록하기

➔ 활동 2 에서 정한 나의 미션을 실천하며, 일주일 동안 나의 변화를 기록해 봅시다.

날짜	계획 세우기	집중 하기	질문 하기	복습 하기	계획 지키기	오늘 나의 공부는?
/	☆☆☆	☆☆☆	☆☆☆	☆☆☆	☆☆☆	
/	☆☆☆	☆☆☆	☆☆☆	☆☆☆	☆☆☆	
/	☆☆☆	☆☆☆	☆☆☆	☆☆☆	☆☆☆	
/	☆☆☆	☆☆☆	☆☆☆	☆☆☆	☆☆☆	
/	☆☆☆	☆☆☆	☆☆☆	☆☆☆	☆☆☆	
/	☆☆☆	☆☆☆	☆☆☆	☆☆☆	☆☆☆	
/	☆☆☆	☆☆☆	☆☆☆	☆☆☆	☆☆☆	

➔ 목표에 도달한 능력은? ______________________________

➔ 가장 많이 성장한 능력은? ______________________________

➔ 아직 더 노력해야 하는 능력은? ______________________________

1-5 수행개선

수행개선이란 **내가 한 활동을 다시 돌아보고 더 잘할 수 있는 방법을 생각해 보는 활동**이에요. 내가 한 활동이나 과제를 되돌아보며 잘된 점과 부족한 점을 스스로 점검해요. 그리고 어떻게 하면 다음에 더 잘할 수 있을지 고민하며 방법을 바꾸거나 보완하는 과정을 거쳐요.

예를 들어, 글을 썼는데 문장이 어색하다면 다시 읽고 고쳐 볼 수 있어요. 문제가 틀렸다면 왜 틀렸는지 이유를 찾아볼 수 있어요. 이렇게 활동이나 과제를 그냥 끝내는 것이 아니라, 되돌아보고 다시 시도하는 것이 바로 수행개선이에요.

실패나 실수를 끝이 아니라 '기회'로 보고, 더 나아질 수 있는 전략을 생각해 보는 태도는 우리의 성장에 있어 정말 중요해요. 잘한 점은 칭찬하고 아쉬운 점은 바꿀 수 있도록 계획하며, 실수도 소중한 배움이 될 수 있음을 깨달을 수 있어요.

수행개선은 실패에서 배우고,
더 멋지게 다시 도전하는 습관이에요!

숙달

실패나 실수를 성장의 기회로 삼아, 다음에는 더 나은 결과를 만들 수 있어요!

활동하기

공부한 날짜: . . .

활동 1 실수 탐정단: 무엇이 잘못됐을까?

최근에 틀린 문제나 아쉬웠던 활동 하나를 고릅니다(예 수학 문제, 글쓰기, 발표 등). 그 활동을 떠올리며 다음 탐정 카드를 작성해 봅시다.

실수 탐정 카드	나의 답
어떤 활동을 했나요?	
내가 잘한 점은 무엇인가요?	
아쉬운 점은 무엇인가요?	
왜 그렇게 되었을까요?	

활동 2 나만의 작전 카드: 이번엔 이렇게!

활동 1 에서 찾은 아쉬운 점을 생각하며, 작전 카드를 작성해 봅시다.

작전 카드	나의 답
어떤 점을 더 잘하고 싶나요?	
다음엔 어떤 방법을 써 볼까요?	
작전 이름을 지어 볼까요?	
작전을 성공한 나에게 줄 보상은?	
(실천 후) 나의 작전 수행 기록하기	

활동 3 나의 실수 도감 만들기

다양한 활동에서 했던 실수를 꾸준히 기록해 봅시다. 실수를 줄일 수 있는 방법을 정리하며, 나만의 실수 도감을 만들어 봅시다.

나의 실수는?	왜 그랬을까?	어떻게 해결해 볼까?
예 글쓰기에서 문장 부호를 틀렸다.	예 다 쓴 글을 점검하지 않았다.	예 귀찮아도 다시 읽고 점검하자!

1-6 성찰 저널 쓰기

성찰 저널 쓰기란 **오늘 공부한 내용을 글로 정리하며 되돌아보는 활동**이에요. 내가 공부한 방법, 느낀 점, 잘된 점과 아쉬운 점을 스스로 되돌아보며 글을 써요. 이 과정을 통해 생각을 정리하고, 더 나은 나를 만나게 돼요.

'오늘은 무엇을 배웠지?', '잘한 점은 뭐였지?' 하고 스스로 질문하고, 공부하면서 어려웠던 점이나 실수한 부분도 솔직하게 적어 보면 좋아요. **글로 쓰면 내가 어떻게 공부했는지가 더 잘 보이고 기억에도 오래 남아요.**

꼭 잘한 것만 쓰는 게 아니라, **아쉬운 점과 느낀 점을 쓰는 게 더 중요해요.** 실수나 어려움도 '다음에는 이렇게 해 봐야겠다.'로 연결할 수 있고, **학습 전략을 스스로 조금씩 조절하는 힘이 생겨요.**

글을 쓰면 내가 얼마나 성장했는지 스스로 알 수 있어요. 친구나 선생님이 아닌, 내가 나에게 쓰는 조언 같은 글이에요. 자신이 한 학습을 돌아보고 더 나은 방향으로 이끌어갈 수 있는 **'생각하는 학습자'**가 되는 거예요.

성찰 저널은 나를 돌아보게 해 주는 특별한 글쓰기예요.

숙달

잘한 점과 고쳐야 할 점을 글로 정리하고, 다음 학습에 반영할 수 있어요!

활동하기

공부한 날짜: . . .

활동 1 오늘의 공부 말풍선: 내 머릿속은 이랬어요!

➜ 공부한 후 떠오르는 생각이나 느낌을 말풍선에 짧게 적어 봅시다.

공부를 하며
이런 기분이 들었어요!

오늘 배운 것 중
가장 기억에 남는 것은?

오늘 배운 것 중
헷갈리거나 어려운 것은?

다시 공부할 때
이렇게 해 보고 싶어요!

활동 2 세 문장 미니 저널 쓰기: 오늘 공부, 세 줄로 정리!

➜ 오늘 배운 것 중 제일 재미있었던 내용은

____이다.

➜ 조금 어렵게 느껴졌던 부분은

____이다.

➜ 다음에는 ______________________________을(를) 더 잘하고 싶다.

활동 3 성찰 저녁 퀘스트: 내 마음속 레벨 업

➜ 하루 공부를 마치고 '나의 하루 공부 퀘스트 완료표'를 작성해 봅시다. 그림, 스티커, 이모티콘 등을 활용해 자유롭게 표현해 봅시다. 나의 감정을 들여다보고 충분히 칭찬해 주세요!

나의 하루 공부 퀘스트 완료표

항목	나의 답
오늘 내가 한 공부 미션	
오늘 공부 중 내가 한 가장 좋은 선택	
공부하면서 느낀 기분	
오늘의 나에게 해 주고 싶은 한마디	

Chapter 2

메타인지 기능

내 공부와 생활을 정돈하는 힘!

조직화 기능은 공부나 생활을 더 편리하고 효율적으로 하기 위해 잘 정리하고 계획하는 능력이에요. 예를 들어, 책상이나 필통을 깔끔하게 정리하거나, 해야 할 일을 순서대로 메모하는 것도 조직화예요. 파일을 폴더별로 나누거나, 공부 시간을 스스로 정해 보는 것도 이 기능에 포함돼요. 이런 정리 습관이 있으면 헷갈리지 않고 실수도 줄일 수 있어요. 조직화 기능이 자라면, 공부도 계획대로 척척! 생활도 깔끔하게 척척! 할 수 있어요.

2-1 도구 정리

도구 정리란 학습이나 생활에 필요한 도구를 잘 정리하고 관리하는 능력이에요. 공부나 활동에 필요한 도구를 잘 정리하고, 필요할 때 바로 찾아 쓸 수 있도록 체계적으로 관리하는 거예요.

예를 들어, 필통 안에 연필, 지우개, 자가 깔끔하게 정리되어 있으면 찾기 쉬워요. 필요한 도구를 찾느라 시간을 허비하지 않아서 공부에 더 집중할 수 있어요.

물건을 아무 데나 두면 잃어버리거나 친구의 물건과 섞일 수 있어요. 그래서 도구를 정해진 장소에 놓는 습관이 중요해요. 정리된 가방, 책상, 필통은 마음도 차분하게 만들어 줘요. 활동이 끝난 뒤 사용한 도구를 바로 정리하면 나중에 덜 힘들고 시간도 절약돼요. 이렇게 도구를 잘 관리하면 책임감 있는 모습도 함께 자라나요.

도구 정리는 공부 준비의 첫걸음이자,
스스로를 잘 관리하는 멋진 습관이에요.

숙달

공부 도구를 내 손에 꼭 맞게 척척 정리할 수 있어요!

공부한 날짜: . . .

활동하기

활동 1 도구 탐정단: 나는 어떤 도구를 쓰고 있을까?

➔ 모든 과목에 필요한 도구와 과목별로 필요한 도구를 떠올려 보세요.

모든 과목에 필요한 도구

과목	필요한 도구

활동 2 도구 정리 공간 만들기: 나만의 도구 집 설계하기

➔ 활동 1 에서 떠올린 도구들이 편하게 쉴 수 있는 공간을 생각해 봅시다.

필통	책상 서랍	가방
예 연필, 지우개		

➔ 공간별 정리 규칙을 세워 봅시다.

공간 이름	구역 나누기	정리 규칙
예 책상 서랍	예 왼쪽/가운데/오른쪽	

활동 3 정리 타임 만들기: 나만의 정리 시간표

→ 도구 정리 공간을 하루 중 언제 정리하면 좋을지 생각해 봅시다.

시간	할 일	했나요?
예 오전/점심 후/자기 전	예 필통 속 필기도구 확인	☐
		☐
		☐
		☐
		☐
		☐
		☐
		☐

활동 4 도구 정리 습관: 매일 5분! 도구 정리 습관 기르기

➔ 도구 정리는 습관! 일주일 동안 매일 도구 집을 정리해 봅시다.

	필통	서랍	가방				오늘 한마디!
월	☐ 정리 완료	☐ 정리 완료	☐ 정리 완료	☐ 정리 완료	☐ 정리 완료	☐ 정리 완료	
화	☐ 정리 완료	☐ 정리 완료	☐ 정리 완료	☐ 정리 완료	☐ 정리 완료	☐ 정리 완료	
수	☐ 정리 완료	☐ 정리 완료	☐ 정리 완료	☐ 정리 완료	☐ 정리 완료	☐ 정리 완료	
목	☐ 정리 완료	☐ 정리 완료	☐ 정리 완료	☐ 정리 완료	☐ 정리 완료	☐ 정리 완료	
금	☐ 정리 완료	☐ 정리 완료	☐ 정리 완료	☐ 정리 완료	☐ 정리 완료	☐ 정리 완료	
토	☐ 정리 완료	☐ 정리 완료	☐ 정리 완료	☐ 정리 완료	☐ 정리 완료	☐ 정리 완료	
일	☐ 정리 완료	☐ 정리 완료	☐ 정리 완료	☐ 정리 완료	☐ 정리 완료	☐ 정리 완료	

나의 정리력 자가 진단: 나의 정리력 레벨은?

항목	확인(✓)
내 필통 안에는 꼭 필요한 도구만 들어 있어요.	☐
도구를 정해진 자리에 보관해요.	☐
도구를 쓴 후에 바로 제자리에 넣어요.	☐
책상 위는 공부할 수 있을 만큼 깔끔하게 정리되어 있어요.	☐
가방 속 물건들이 막 섞여 있지 않고 분류되어 있어요.	☐
매일 또는 정기적으로 도구 정리 시간을 갖고 있어요.	☐
도구를 잃어버리는 일이 거의 없어요.	☐
내가 어떤 도구를 가지고 있는지 잘 알고 있어요.	☐
새 도구를 사면 어디에 둘지 미리 정해요.	☐
도구 정리를 하면 기분이 좋아지고 공부도 더 잘돼요!	☐

8~10개: 정리 왕! / 5~7개: 정리 습관이 자라는 중! / 0~4개: 이제 시작해 볼까요?

2-2 파일 정리

파일 정리란 **공부한 자료나 과제, 그림, 노트 등을 잘 나눠서 보관**하는 거예요. 디지털 자료나 종이 자료 등을 체계적으로 분류하고, 필요한 정보를 빠르게 찾을 수 있도록 정리하는 능력을 말해요.

예를 들어, 국어는 빨간 파일, 수학은 파란 파일로 구분하여 과목별로 정리할 수 있어요. 활동지, 발표 자료, 그림도 종류별로 폴더를 나눠 보관하면 깔끔해요. 종이 자료뿐 아니라 컴퓨터나 태블릿 속 자료도 정리할 수 있어요(예 폴더 이름을 '사회 프로젝트', '영어 단어장'처럼 만들기).

파일을 정리해 두면 찾고 싶은 자료를 빠르게 꺼낼 수 있어서 아주 편리해요. 공부할 때 시간을 아끼고 실수도 줄일 수 있어요. 나의 지식이 정돈되어 쌓이기 때문에 나중에 복습하거나 다시 활용하기에도 좋아요.

파일 정리는 필요한 자료를 빠르게 찾게 해 주는
편리한 공부 정리 습관이에요.

숙달

자료를 잘 정리해서, 언제든지 척! 찾을 수 있어요!

활동하기

공부한 날짜: . . .

활동 1 점검하기: 나는 지금 어떻게 정리하고 있나요?

➔ 내가 파일을 잘 정리하고 있는지 확인해 봅시다.

점검 내용	확인(✓)
종이 자료(활동지, 시험지 등)를 과목별로 따로 보관하고 있어요.	☐
파일철, 바인더 등을 활용해 자료가 구겨지지 않도록 정리하고 있어요.	☐
컴퓨터나 태블릿에 저장된 파일이 폴더별로 잘 나뉘어 있어요.	☐
파일 이름에 날짜나 제목이 들어가 있어 어떤 내용인지 알 수 있어요.	☐
자료를 정리하고 난 후, 어디에 저장했는지 쉽게 떠올릴 수 있어요.	☐
필요할 때 자료를 1분 안에 찾을 수 있어요.	☐
쓸모없는 자료는 정기적으로 정리하거나 삭제해요.	☐
다른 사람도 내 파일을 보면 내용을 쉽게 이해할 수 있어요.	☐
새 파일을 만들 때 정리된 폴더 안에 저장해요.	☐
자료를 찾느라 헷갈리거나 당황한 적이 거의 없어요.	☐

8~10개: 완벽해요! / 5~7개: 조금만 보충해요! / 0~4개: 차근차근 시작해요!

활동 2 파일 정리 설계하기: 나만의 파일 정리법

➔ 어떤 과목을 가장 많이 공부하나요? ____________________

➔ 내가 자주 만들거나 받는 자료는 어떤 것인가요? ____________________

➔ 자주 헷갈리는 자료는 어떤 것인가요? ____________________

➔ 파일 이름을 어떻게 지으면 더 알아보기 쉬울까요? ____________________

과목별, 유형별 학습 자료를 떠올리며, '나만의 파일 정리법'을 설계해 봅시다.

〈예시 1〉

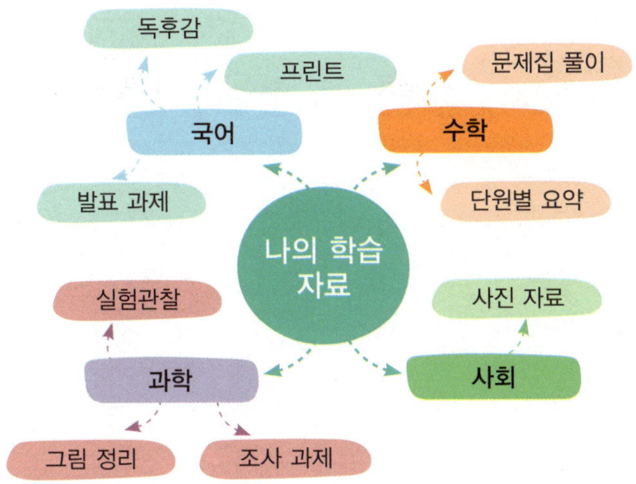

〈예시 2〉

- 나의 학습 자료
  - 국어
    - 독후감
    - 프린트
    - 발표 과제
  - 수학
    - 문제집 풀이
    - 단원별 요약
  - 과학
    - 실험 관찰
    - 그림 정리
    - 조사 과제
  - 사회
    - 사진 자료

나만의 파일 정리법

활동 3 파일 정리 미션: 5일 챌린지

활동 2 의 파일 정리법을 떠올리며 매일 정리할 작은 목표를 정해 보고, 5일 동안 실천하며 체크해 봅시다.

날짜	정리한 것	내용	나의 한 줄 느낌
/			
/			
/			
/			
/			

2-3 테크놀로지 활용

테크놀로지 활용이란 컴퓨터, 태블릿, 스마트폰 같은 기기를 공부나 정리에 똑똑하게 사용하는 것이에요. **학습이나 일상생활에서 스마트 기기, 애플리케이션, 디지털 도구 등을 목표 달성에 효과적으로 사용하는 능력**을 말해요.

예를 들어, 학교에서 배운 내용을 정리할 때 디지털 메모 앱을 쓰면 편리해요. 발표를 준비할 때는 슬라이드를 만들거나 인터넷에서 자료를 찾을 수도 있어요. 숙제를 사진으로 찍어서 저장하거나, 과제를 구글 드라이브에 정리하는 것도 테크놀로지 활용이에요. 타이머 앱을 활용해 '집중 25분, 휴식 5분'처럼 시간 관리도 할 수 있어요.

우리는 단순한 기기 조작에서 벗어나, **어떤 디지털 도구를 언제, 왜 사용하는지** 고민해야 해요. **목적에 맞게 적절한 도구를 선택하여 사용한다면 훨씬 더 편리하고 효율적으로 공부할 수 있게 돼요.**

테크놀로지 활용은 공부와 정리를
더 똑똑하고 편리하게 해내는 멋진 방법이에요.

숙달

목적에 맞는 디지털 기기를 활용하여 공부와 정리를 똑똑하게 해낼 수 있어요!

활동하기

공부한 날짜: . . .

활동 1 나의 디지털 생활 들여다보기

➜ 오늘 하루 동안 어떤 디지털 기기(스마트폰, 태블릿 등)를 언제, 왜 사용했는지 정리해 봅시다.

디지털 도구 이름	언제?	왜?
예 구글 캘린더	예 매일 아침, 자기 전	예 오늘 할 일 알림 받기

➜ 나의 디지털 활동을 진단해 봅시다.

문항	그렇다(2)	보통이다(1)	아니다(0)
나는 공부할 때 꼭 필요한 앱만 켜 두려고 한다.	☐	☐	☐
나는 공부할 때 알림(카톡, 유튜브 등)을 꺼 두거나 무음으로 설정한다.	☐	☐	☐
나는 디지털 도구(타이머, 플래너 등)를 공부에 잘 활용하고 있다.	☐	☐	☐
나는 공부 시간과 휴식 시간(유튜브, 게임, SNS 활동 등)을 잘 구분하여 디지털 도구를 사용한다.	☐	☐	☐
나는 메모 앱이나 캘린더 앱을 공부 계획 세울 때 활용해 본 적 있다.	☐	☐	☐
나는 스마트폰이나 태블릿 없이도 공부에 집중할 수 있다.	☐	☐	☐
나는 하루 평균 나의 디지털 기기 사용 시간을 알고 있다.	☐	☐	☐
나는 앱을 설치할 때 꼭 필요한지 먼저 생각해 본다.	☐	☐	☐
나는 공부 중 디지털 기기가 집중을 방해한다고 느끼지 않는다.	☐	☐	☐
나는 디지털 기기를 공부를 위한 '도구'로 사용한다고 생각한다.	☐	☐	☐

점수	나의 디지털 습관 상태
17~20점	디지털 활용 마스터! 똑똑하게 잘 사용하고 있어요.
13~16점	조금만 더 노력하면 디지털 기기를 균형 있게 사용할 수 있어요.
9~12점	주의! 집중력과 사용 습관을 다시 점검해 보세요.
0~8점	디지털 습관을 바꿔야 해요. 함께 계획을 세워 볼까요?

활동 2 디지털 도구 분석하기

➔ 평소 자주 사용하는 디지털 도구의 장점과 단점을 생각해 봅시다.

디지털 도구/앱	장점	단점
예 유튜브	예 어려운 개념을 동영상으로 쉽게 배울 수 있다.	예 광고나 추천 영상 때문에 집중이 흐트러질 수 있다.

활동 3 내가 추천하는 디지털 도구 BEST 3

➔ 디지털 도구 세 가지를 추천해 보고, 친구들과 공유해 봅시다.

디지털 도구/앱	내가 사용하는 이유	공부에 쓸 수 있는 아이디어

2-4 목표 달성

목표 달성이란 자신이 세운 목표를 효과적으로 계획하고 실행하여 끝까지 해내는 것을 말해요. 하고 싶은 일을 마음속으로만 생각하는 것이 아니라 적어 보고, 언제 할지 정하고, 하나씩 실천하면서 마지막에 스스로 해냈다고 느끼는 거예요.

예를 들어, '이번 주에 책 1권 읽고 독후감 쓰기' 같은 계획을 세우는 것도 목표예요. 큰 목표는 작은 단계로 나눠서 조금씩 실천하면 더 쉽게 이룰 수 있어요. '이번 주에 책 1권 읽고 독후감 쓰기'를 '① 수요일까지 책 1권 읽기, ② 목요일에 독후감 쓰기, ③ 금요일에 독후감 고쳐쓰기'로 나누어 실천해 볼 수 있어요.

이렇게 목표를 세우면 무엇을 해야 할지 뚜렷하게 알 수 있어요. 목표를 세우고 실천하는 습관은 공부뿐 아니라 일상에서도 꼭 필요한 힘이에요. 목표가 있으면 해야 할 일이 분명해져 공부나 활동에 더 집중하게 되고, 포기하지 않게 돼요. 목표를 이루면 성취감과 뿌듯함을 느낄 수 있고, 실패하더라도 다시 도전하며 성장하는 힘을 기를 수 있어요.

목표 달성은 내가 원하는 것을 스스로 이뤄 가기 위한 연습이에요.

숙달

스스로 계획을 세우고 끝까지 실천하여 원하는 것을 해낼 수 있어요!

활동하기

공부한 날짜: . . .

활동 1 나의 목표 탐험하기

➔ 나의 목표와 꿈에 대해 생각해 봅시다.

내가 좋아하는 것들

내가 잘하는 것들

내가 꼭 이루고 싶은 꿈

내가 되고 싶은 모습

꿈을 이루기 위해 필요한 것들

나의 다짐

활동 2 일주일 미션 목표 정하기

➜ 이번 주 안에 이루고 싶은 목표를 정해 봅시다.

목표 제목	목표 내용	언제까지?
예 독후감 완성하기	예 『마당을 나온 암탉』 독후감 쓰기	예 토요일 밤 9시까지

활동 3 목표 쪼개기: 구체적으로 계획하기

➜ 활동 2 에서 정한 목표를 달성하기 위한 작은 계획을 세워 봅시다.

	목표 1	목표 2	목표 3	목표 4
1단계				
2단계				
3단계				
4단계				
5단계				

내가 세운 작은 계획을 일주일 계획표에 기록하고 실천해 봅시다.

	목표 1	목표 2	목표 3	목표 4
월	□ ____ □ ____	□ ____ □ ____	□ ____ □ ____	□ ____ □ ____
화	□ ____ □ ____	□ ____ □ ____	□ ____ □ ____	□ ____ □ ____
수	□ ____ □ ____	□ ____ □ ____	□ ____ □ ____	□ ____ □ ____
목	□ ____ □ ____	□ ____ □ ____	□ ____ □ ____	□ ____ □ ____
금	□ ____ □ ____	□ ____ □ ____	□ ____ □ ____	□ ____ □ ____
토	□ ____ □ ____	□ ____ □ ____	□ ____ □ ____	□ ____ □ ____
일	□ ____ □ ____	□ ____ □ ____	□ ____ □ ____	□ ____ □ ____

일주일 동안 목표를 계획하고 실천하면서 가장 잘한 점과 어렵거나 힘들었던 점은?

____

다음에 더 잘하려면 어떻게 하면 좋을까요?

____

노력한 나에게 주는 칭찬 한마디

____

2-5 마감 기한 관리

마감 기한 관리란 정해진 시간 안에 해야 할 일을 계획하고 실천하는 능력이에요. 해야 할 일의 시작 시점과 끝나는 시점을 정하고, 그 일들을 계획대로 실천하는 습관을 기르는 거예요.

예를 들어, '독서록은 수요일까지 제출'처럼 마감 날짜가 정해진 일이 있다면 미리 계획을 세우고 조금씩 준비해야 해요. 공부나 숙제뿐 아니라 친구와의 약속을 지키는 것도 마감 기한 관리의 하나예요.

마감 기한이 있는 일을 하루 전에 급하게 하다 보면 실수도 많고 스트레스를 받을 수도 있어요. 하지만 미리 시작하면 시간도 넉넉하고 마음도 편해요. 마감 기한을 잘 지키면 주변 사람들에게 신뢰를 줄 수 있어요.

"오늘은 이걸 하고, 내일은 저걸 하자!" 하고 나눠서 계획하고 실천하면 마감 기한을 지키기 훨씬 쉬워요. 해야 할 일을 작게 쪼개어 효율적으로 시간을 활용할 수 있어요.

마감 기한 관리는 시간을 똑똑하게 쓰고 책임감 있게 행동하는 습관이에요.

숙달

해야 할 일을 계획대로 실천하며, 시간을 효율적으로 사용하고 약속을 지킬 수 있어요!

공부한 날짜: . . .

활동하기

활동 1 타임 챌린지: 내가 정한 시간 안에 끝내기

➔ 하루 또는 수업 시작 전에 오늘의 할 일을 서너 가지 써 봅시다. 할 일별로 마감 시간을 정해 하루 동안 실천해 봅시다.

할 일	마감 시간	마감 시간을 지켰나요?
예 수학 문제 3쪽 풀기	예 점심시간 전	☐
		☐
		☐
		☐
		☐

➔ 오늘 마감 시간을 잘 지킨 일은 무엇이었나요?

➔ 마감 시간을 지키지 못한 이유는 무엇인가요?

➔ 시간을 되돌려, 마감 시간을 다시 정해 볼까요?

할 일	마감 시간

활동 2 나만의 마감 달력 꾸미기

➔ 이번 주 내가 해야 할 일의 마감 날짜와 우선순위를 생각해 봅시다.

할 일	마감 날짜	중요한가요?	우선순위
		☆☆☆	
		☆☆☆	
		☆☆☆	
		☆☆☆	
		☆☆☆	
		☆☆☆	
		☆☆☆	
		☆☆☆	

➔ 일주일 달력에 이미 정해진 일정(숙제 제출일, 시험일, 발표일 등)을 적고, 그 일정에 맞춰 준비해야 할 일들을 써 봅시다(예 4월 25일 발표 → 22일 자료조사, 23일 발표 정리, 24일 연습).

tip 색칠하거나 체크 표시하며 스스로 확인해 봅시다.

( )월 ( )일	( )월 ( )일	( )월 ( )일	( )월 ( )일

( )월 ( )일	( )월 ( )일	( )월 ( )일

2-6 시간 및 과제 관리

시간 및 과제 관리란 언제 무엇을 할지 스스로 정하고 지키는 능력이에요. 공부할 시간과 해야 할 일을 스스로 계획하고, 그 계획대로 실천하는 것이에요.

예를 들어, 다음과 같이 계획을 세워 지켜 볼 수 있어요.

① 월요일 저녁 식사 후 수학 문제집 4장 풀기

② 화요일 저녁 8시 독서록 쓰기

이렇게 해야 할 일을 미리 정리해 두면 잊지 않고 준비할 수 있어요. 그리고 미리 계획을 세워 시간을 잘 나누어 쓰면, 한꺼번에 몰아서 하지 않아도 되기 때문에 스트레스가 줄어요. 계획대로 실천하면 더 여유롭고 자신감도 생겨요. 그래서 시간과 과제를 잘 관리하는 건 공부도, 생활도 똑똑하게 만들어 주는 습관이에요.

시간 및 과제 관리는 공부도 생활도
알차고 여유롭게 할 수 있게 해 주는 현명한 습관이에요!

숙달

할 일을 미리 정해 차근차근 해낼 수 있어요!

활동하기

공부한 날짜: . . .

활동 1 오늘의 계획 미션 쓰기

➜ 하루 동안 해야 할 일을 떠올려 봅시다. 우선순위와 예상 시간을 고려하여 오늘의 할 일을 계획해 봅시다.

오늘 할 일	시작 시각	예상 시간	중요도	순서
예 영어 단어 외우기	오후 3시	30분	★★	2
			☆☆☆	
			☆☆☆	
			☆☆☆	
			☆☆☆	
			☆☆☆	

활동 2 실천 점검하기

➜ 하루 동안의 실천 여부를 체크하고, 활동 1 의 계획과 실제를 비교해 봅시다.

오늘 할 일	실제 시작 시각	실제 걸린 시간	완료
예 영어 단어 외우기	오후 3시 30분	20분	☑
			☐
			☐
			☐
			☐
			☐

활동 3 하루 마무리 성찰 카드

➜ 하루의 시간 사용과 과제 실천을 되돌아보고, 내일을 위한 개선점을 생각해 봅시다.

질문	나의 답변
오늘 계획을 잘 지켰나요?	
활동하며 어려웠던 점은 무엇인가요?	
계획보다 빨리 끝낸 활동이 있었나요? 그 이유는 무엇인가요?	
계획보다 시간이 더 걸린 활동이 있었나요? 그 이유는 무엇인가요?	
내일 더 잘 실천하려면 어떻게 하면 좋을까요?	
오늘의 나에게 한마디	

보너스 활동

➜ 일주일 동안 활동해 보고, 이번 주 BEST 하루를 뽑아 봅시다!

2-7 시험 공부 시간표 작성

시험 공부 시간표 작성이란 **시험 보기 전에 어떤 과목을 언제, 얼마나 공부할지 미리 계획을 세우는 것**이에요. '언제부터 시작할까?', '어떤 과목부터 할까?', '어디까지 공부할까?' 같은 고민을 미리 해결할 수 있어요.

시험 공부 시간표를 작성하기 위해서는 공부할 양과 일정을 파악하고 적절히 나누어 계획을 세워야 해요. 예를 들어, 월요일엔 수학 1단원, 화요일엔 국어 읽기 자료, 수요일엔 사회 문제 풀이처럼 나눠서 공부할 수 있어요. 내가 만든 시간표를 기준으로 공부 계획을 점검하며 실천하다 보면 시험을 보기 위한 준비를 갖춰 나갈 수 있어요.

시간표를 활용하면 무엇을 먼저 해야 할지 헷갈리지 않고, 공부할 내용을 빠뜨릴 일도 줄어들어요. 또한 시간표대로 공부하다 보면 계획을 세우고 실천하는 힘이 자라나고, 공부를 다 끝냈을 때 '내가 해냈다!'는 자신감도 생겨요.

시험 공부 시간표 작성은 시험을 준비하며
스스로 공부 계획을 관리하는 능력을 기를 수 있는 좋은 방법이에요.

숙달

공부할 내용을 스스로 계획하고 실천하여 시험을 여유롭고 자신 있게 준비할 수 있어요!

활동하기

공부한 날짜: . . .

활동 1 시험 준비 목록 정리하기

➔ 시험 과목과 범위를 정리해 봅시다.

과목	시험 범위	내가 공부할 내용
예 국어	5~6단원	교과서 복습하기+단원 요점 정리+문제 풀기

➔ 가장 자신 있는 과목은 무엇인가요? ____________________

➔ 가장 어려운 과목은 무엇인가요? ____________________

➔ 가장 많은 시간이 소요되는 과목은 무엇인가요? ____________________

활동 2 시험 공부 시간표 만들기

➔ 시험일까지 남은 기간 동안 공부 내용을 요일별로 나누어 계획표로 만들어 봅시다.

예 시험일까지 남은 기간이 5일이라면?

	5/17 수요일	5/18 목요일	5/18 금요일	5/19 토요일	5/20 일요일
공부할 내용	국어 5단원 - 교과서 읽기 - 핵심 정리	국어 5단원 - 문제 풀기	국어 6단원 - 교과서 읽기 - 핵심 정리	국어 6단원 - 문제 풀기	국어 5~6단원 - 전체 복습
목표 시간	30분	20분	30분	20분	20분
공부할 내용	수학 1단원 - 핵심 정리 - 틀린 문제 복습	사회 2단원 - 교과서 읽기 - 핵심 정리	수학 2단원 - 핵심 정리 - 틀린 문제 복습	사회 2단원 - 핵심 내용 외우기	수학 1~2단원 - 전체 복습
목표 시간	20분	40분	20분	20분	10분
공부할 내용				수학 1~2단원 - 문제 풀기	사회 2단원 - 전체 복습
목표 시간				40분	20분

나의 시험 공부 시간표

공부할 내용					
목표 시간					
공부할 내용					
목표 시간					
공부할 내용					
목표 시간					
공부할 내용					
목표 시간					

공부할 내용					
목표 시간					
공부할 내용					
목표 시간					
공부할 내용					
목표 시간					
공부할 내용					
목표 시간					

활동 3 공부 실천 점검표

➔ 세운 계획을 얼마나 잘 지켰는지 스스로 확인해 봅시다.

날짜	공부한 과목	실천 정도	한 줄 피드백
/		☆☆☆	
/		☆☆☆	
/		☆☆☆	
/		☆☆☆	
/		☆☆☆	
/		☆☆☆	
/		☆☆☆	
/		☆☆☆	
/		☆☆☆	
/		☆☆☆	

보너스 활동

➔ 다음 시험 때는 무엇을 더 잘해 보고 싶나요?

2-8 시험 기법

시험 기법이란 **시험을 더 잘 보기 위해 문제를 푸는 방법이나 순서, 전략을 미리 정하고 실천하는 습관**이에요. 시험은 실력뿐 아니라 어떻게 푸느냐의 방법도 중요하다는 것을 배우는 거예요.

예를 들어, '쉬운 문제부터 먼저 풀기', '시간 분배해서 풀기', '문제에서 중요한 부분에 밑줄 긋기' 같은 방법이 있어요.

시험 기법을 익히면 시간 안에 차분하게 문제를 풀 수 있고, 시간을 잘 나눠 써서 마무리를 놓치지 않아요. 어려운 문제에 막혀도 당황하지 않고 넘어갈 수 있고, 실수를 줄여 나의 실력을 더 정확하게 보여 줄 수 있어요.

시험 기법은 자신 있게, 똑똑하게 시험을 치를 수 있도록 도와주는 도구예요. 시험 기법을 익히면 시험을 볼 때 긴장을 덜고 자신감을 가질 수 있어요.

시험 기법은 시험에서 실력을 잘 발휘할 수 있도록 도와주는 전략적 문제 해결 능력이에요.

숙달

시험 문제를 전략적으로 풀어내며 실력을 마음껏 발휘할 수 있어요!

활동하기

공부한 날짜: . . .

활동 1 상상 퀴즈! 시험장에 내가 앉아 있어요

시험 상황을 머릿속으로 떠올리며 다음 질문에 답해 봅시다.

나는 지금 책상에 앉아 있고, 시험지가 눈앞에 있어요! 주어진 문제는 10개, 시간은 20분이에요.	
시험이 시작되었어요. 어떤 문제부터 풀고 싶나요?	
어려운 문제가 나왔어요. 어떻게 할까요?	
다섯 문제나 남았는데 시간이 5분밖에 남지 않았어요. 어떤 전략을 쓸까요?	
문제를 다 풀었는데 시간이 남았어요. 뭘 할까요?	

친구들은 어떻게 답했는지 공유해 보고, 도움이 되는 내용을 메모해 봅시다.

활동 2 전략 말풍선: 나는 이렇게 풀 거예요!

나만의 문제 풀이 전략을 정리해 봅시다.

1단계: 생각 열기 질문으로 전략 떠올리기 활동 1 을 참고하며, 다음 질문에 대한 나만의 전략을 세워 봅시다.	
시험지를 받으면 맨 처음 무엇을 해야 할까요?	
쉬운 문제와 어려운 문제 중 어떤 문제부터 풀어 볼까요?	
어려운 문제가 나왔다면 어떻게 해야 할까요?	
시간이 부족하다면 어떻게 해야 할까요?	
실수를 줄이려면 어떤 방법을 써야 할까요?	

2단계: 말풍선 안에 전략 쓰기

1단계에서 생각해 본 전략을 포스트잇에 적어 봅시다.

활동 3 시험 전 약속 카드 만들기

활동 2 의 포스트잇을 다시 살펴보며, 나의 시험 전 약속 카드를 만들어 봅시다.

나의 시험 전 약속 세 가지	
첫 번째 약속	
두 번째 약속	
세 번째 약속	

Part II

지식정보처리 역량

지식정보처리 역량은 필요한 정보를 찾고, 이해하고, 똑똑하게 사용하는 능력이에요. 요즘처럼 정보가 많은 세상에서는 필요한 정보를 잘 찾는 것뿐 아니라 찾은 정보가 정확하고 믿을 만한지 판단하는 것도 중요해요. 또한 복잡한 내용을 잘 정리해서 요약하거나, 친구에게 쉽게 설명할 수 있어야 지식이 내 것이 될 수 있어요. 이 능력이 자라면 공부뿐 아니라 발표, 탐구, 협동 과제에서도 정보를 다루는 힘이 생겨요.

지식정보처리 역량은

'지식과 정보를 잘 찾고, 잘 고르고, 잘 쓸 수 있는 힘'이에요.☺

Chapter 3

학습 기능

나에게 딱 맞는 공부 습관을 만들어 가는 힘!

학습 기능은 나에게 어떤 공부 방법이 잘 맞는지 생각하고, 더 발전하기 위한 바른 습관과 능력을 길러 나가는 거예요. 우리는 어떻게 공부할지 스스로 계획을 세우고, 이를 실천하기 위해 노력할 수 있어요.

예를 들어, 공부 중에 집중력을 유지하는 방법을 찾거나 방해되는 것을 피하는 방법을 찾아볼 수 있어요. 모르는 것을 그냥 넘기지 않고 질문하거나 메모해 두는 습관, 공부 후에는 내가 어떻게 공부했는지 스스로 되돌아보는 태도도 포함돼요. 이 기능이 자라면 선생님이나 부모님이 알려 주지 않아도 스스로 공부할 수 있는 힘이 생겨요.

3-1 효과적으로 기억하기

효과적으로 기억하기란 공부한 내용을 더 오래, 더 정확하게 기억할 수 있도록 나에게 맞는 방법을 찾아 활용하는 능력이에요.

나만의 기억 방법을 알면 공부를 더 효과적으로 할 수 있어요. 예를 들어, '그림 그리며 외우기', '소리 내어 말하며 외우기', '친구에게 설명해 보기' 같은 방법이 있어요. 어떤 사람은 색깔을 써서 정리하면 잘 기억하고, 어떤 사람은 몸을 움직이며 외우는 게 더 잘될 수 있어요.

공부할 때 내용을 그냥 외우는 게 아니라 내 머릿속에 오래 남도록 똑똑하게 기억하는 방법을 찾는 것은 중요해요. 나만의 기억 방법을 알면 시험 준비나 발표, 암기 과제가 더 쉬워져요. 그리고 공부 시간이 줄고 효율은 높아져서 더 효과적으로 공부할 수 있는 힘이 생겨요.

효과적으로 기억하기는 공부한 내용을 더 잘 기억할 수 있는 나만의 공부 방법이에요.

숙달

공부한 내용을 오래 기억하고, 언제든 정확하게 떠올려 자신 있게 실력을 발휘할 수 있어요!

활동하기

공부한 날짜: . . .

활동 1 기억 전략 실험실: 어떤 방법이 더 잘 기억될까?

여러 가지 기억 방법을 직접 사용해 보고, 나에게 잘 맞는 전략을 찾아봅시다.

① 일정 시간 동안 주어진 단어 10개를 다음 전략으로 외워 봅시다.

② 기억나는 내용을 쓰거나 친구와 서로 퀴즈를 내 봅시다.

전략	설명	기억한 개수	한 줄 피드백
그림 전략	그림으로 표현하며 외우기	/10	
쓰기 전략	자유롭게 쓰며 외우기	/10	
말하기 전략	소리 내어 읽으며 외우기	/10	
몸으로 외우기 전략	리듬이나 동작으로 표현하며 외우기	/10	

어떤 전략이 가장 기억에 잘 남았나요? ______________________

함께 사용해 보고 싶은 전략이 있나요? 효과적이었던 전략을 결합하여 단어를 외워 봅시다.

결합한 전략	설명	기억한 개수	한 줄 피드백
		/10	
		/10	

활동 2 나만의 기억 전략 카드 만들기

➔ 활동 1 에서 내가 직접 써 본 전략 중 효과적이었던 전략을 정리하여 '나만의 기억 전략 카드'를 완성해 봅시다.

나만의 기억 전략 카드

나의 기억 전략	활용 방법	이 전략이 좋은 이유

활동 3 실전에 적용해 보기 부록 참고

➔ 내가 선택한 전략을 실제 공부에 활용해 봅시다.

① 국어, 사회, 과학 등 실제 교과 내용을 한 가지 선택해 봅시다(예 주장하는 글쓰기를 할 때 지켜야 할 점, 6 · 25 이후 우리나라의 상황, 산소의 성질).

② 활동 2 에서 정리한 기억 전략 카드를 활용해 교과 내용을 외워 봅시다.

③ 외운 내용을 부록에 적어 보고, 얼마나 정확히 기억하고 있는지 확인해 봅시다.

공부한 내용	
사용한 기억 전략	
결과	
느낀 점	

3-2 나만의 최적 학습법

나만의 최적 학습법이란 **어떤 상황에서 내가 더 잘 집중하고 이해할 수 있는지 그 방법을 스스로 찾아 보는 거예요.** 즉, 공부 전반에서 자신에게 맞는 방법을 찾고 적용할 수 있는 능력이에요.

사람마다 잘 맞는 공부 방법은 달라요. 어떤 사람은 조용한 곳에서 혼자 공부할 때 잘 되고, 어떤 사람은 약간의 소음이 있는 곳에서 다른 사람에게 설명하면서 외우면 더 잘 기억해요. 또 어떤 사람은 오전에 공부를 하면 잘 되고, 어떤 사람은 늦은 저녁이나 밤에 공부하는 게 효과적이에요.

나만의 최적 학습법은 학습 전체 과정(집중, 이해, 정리, 복습 등)에서 공부의 효율을 높여 나에게 가장 잘 맞는 방식을 찾는 것이 목적이에요. 여러 가지 방법을 시도하다 보면 나에게 맞는 공부 방법이 하나씩 보이기 시작해요. 그걸 알게 되면 공부가 더 쉽게 느껴지고, 실수도 줄어들 거예요.

나만의 최적 학습법은 공부를 내 방식대로 똑똑하게 해내는 비밀 무기예요.

숙달

나에게 가장 잘 맞는 공부 방법으로 더 빠르고 효율적으로 학습할 수 있어요!

활동하기

공부한 날짜: . . .

활동 1 나의 공부 스타일 탐색하기

➔ 공부하는 시간, 장소, 방식에 따라 어떤 상황이 자신에게 잘 맞는지 생각하며 다음 질문에 ○, △, × 표시로 답해 봅시다.

질문	나의 답변
아침보다 저녁에 집중이 잘돼요.	
조용한 곳보다 약간의 소음(말소리, 음악 등)이 있는 곳에서 집중이 잘돼요.	
익숙한 곳(집, 학교 등)보다 익숙하지 않은 곳(도서관, 스터디카페 등)에서 집중이 잘돼요.	
혼자보다 친구와 함께 공부할 때 이해가 잘돼요.	
눈으로 가만히 보는 것보다 직접 써 볼 때 이해가 잘돼요.	
누군가에게 설명하거나 말로 정리하면 내용이 잘 기억돼요.	
하루에 여러 과목을 조금씩 나누어 공부하는 게 좋아요.	
하루에 한 과목씩 집중해서 공부하는 게 좋아요.	
시간을 정해 두고 공부하는 게 좋아요.	
목표를 정해 두고 체크하는 걸 좋아해요.	

➔ 나는 언제 공부할 때 집중이 잘 되나요? ______________________

➔ 나에게 맞는 공부 장소는 어떤 곳인가요? ______________________

➔ 나에게 맞는 공부 방법은 무엇인가요? ______________________

활동 2 공부법 3종 세트 실험하기

➔ 같은 내용을 다음의 세 가지 방식으로 각각 10분씩 공부해 보고, 질문에 ○, △, × 표시로 답해 봅시다.

공부 방법	집중이 잘 됐나요?	이해가 잘 됐나요?	공부 방법이 재밌었나요?
공부할 부분을 읽고 메모 (밑줄 긋기, 따라 쓰기 등)하며 공부하기			
혼잣말로 요약하거나 다른 사람에게 설명하며 공부하기			
그림이나 도식(마인드맵, 삽화 등)으로 정리하며 공부하기			

활동 3 나만의 공부법 정리하기

➔ 활동 1 과 활동 2 를 바탕으로 나에게 잘 맞는 공부 조건과 방법을 정리해 봅시다.

공부 시간대:

공부 장소:

공부 방법:

앞으로 써 보고 싶은 공부법:

나의 공부법 이름 짓기:

3-3 타인 성공 돕기

타인 성공 돕기란 **친구가 공부를 잘할 수 있도록 지식, 방법, 태도를 함께 나누는 학습 태도**예요. 이는 단순히 '가르쳐 주는 것'이 아니라, 함께 배우고 성장하는 공부법이에요.

내가 먼저 배운 내용을 친구와 나누는 것은 서로에게 도움이 돼요. 예를 들어, 친구가 어려워하는 문제를 쉽게 설명해 주거나 자료를 함께 정리해 주며 자연스럽게 배운 내용을 복습하게 돼요. 또한 친구를 응원해 주거나 격려해 주며 학습 분위기를 좋게 만드는 것은 서로에게 힘이 될 수 있어요.

이렇듯 타인의 성공을 돕는 태도는 협동력과 문제해결력을 기르는 데 큰 도움이 돼요. 서로 도우며 함께 성장하려는 학습 분위기가 형성되고, 친구에게 설명하면서 스스로도 내용을 더 정확히 알게 되어 깊이 있는 학습이 가능해져요.

타인 성공 돕기는 서로 배우고
함께 성장하는 공부 습관이에요.

숙달

친구의 학습을 도우며 함께 성장할 수 있어요!

활동하기

공부한 날짜: . . .

활동 1 함께 공부 준비하기: 작전 세우기

➜ 다른 사람에게 도움을 줄 수 있는 주제를 찾아 **나눔 카드** 를 채워 봅시다.

나눔 카드	
내가 잘 이해하고 있는 내용	
어려워하는 친구를 도울 수 있는 방법	
나만의 설명 방법	

➜ 내가 이해하기 어려운 주제를 찾아 **도움 카드** 를 채워 봅시다.

도움 카드	
내가 이해하기 어려운 내용	
이 내용을 어려워하는 이유	
나에게 필요한 도움	

활동 2 함께 공부하기(1): 배움 나누기

➜ 활동 1 의 나눔 카드 를 바탕으로, 나만의 방법으로 친구가 잘 이해할 수 있게 설명하는 연습을 해 봅시다.

주제	
나의 설명	

➜ 도움이 필요한 친구를 찾아 연습한 것을 바탕으로 설명해 보고, 소감을 적어 봅시다.

	나의 소감	도움을 받은 친구의 소감
좋았던 점		
아쉬웠던 점		

활동 2 함께 공부하기(2): 도움 받기

➔ 활동 1 의 도움 카드 를 바탕으로, 내가 이해하기 어려웠던 주제를 설명해 줄 수 있는 친구를 찾아봅시다.

주제	
도움을 줄 수 있는 친구	

➔ 친구에게 도움을 받고 이해하게 된 내용을 정리해 봅시다.

➔ 소감을 적어 봅시다.

	나의 소감	도움을 준 친구의 소감
좋았던 점		
아쉬웠던 점		

활동 4 함께 공부 마무리: 따뜻한 말 한 줄 쓰기

➜ 친구의 열심히 하는 모습, 도와준 점, 고마웠던 점을 떠올리며 마음을 담은 한 줄 쓰기를 해 봅시다.

오늘 함께 공부해서…

내가 어려워했을 때…

네 덕분에 나는…

마지막으로 하고 싶은 말은…

3-4 텍스트에서 요약 노트 작성

텍스트에서 요약 노트 작성이란 **글이나 교과서를 읽고 중요한 내용만 골라서 정리하는 활동**이에요. 읽은 내용을 그대로 베끼는 게 아니라, 핵심 정보만 뽑아내어 요약해서 쓰는 게 중요해요.

예를 들어, 과학 관련 글에서 '물의 상태 변화'에 대해 읽었다면, '물이 기체-액체-고체로 바뀌는 과정'을 순서대로 정리하는 식이에요. 이때 핵심 단어나 문장은 짧게, 나열식으로 정리하면 좋아요. 줄글보다 표나 리스트로 정리하면 더 보기 쉽고, 중요한 단어는 동그라미 표시를 하거나 색을 다르게 해 볼 수도 있어요.

텍스트에서 요약 노트 작성은 공부할 때 아주 유용한 습관이에요. 요약 노트를 쓰면 글 전체를 다시 읽지 않아도 중요한 내용을 한눈에 볼 수 있어요. 정리하는 과정에서 내가 잘 이해했는지 한 번 더 생각해 보기 때문에 읽은 내용을 더 잘 이해하고 기억할 수 있어요. 그리고 정리해 둔 요약 노트를 보면 복습이 빠르고 편해져 공부할 때 시간과 노력을 줄일 수 있어요.

텍스트에서 요약 노트 작성은 중요한 정보를 정리하고
기억하는 데 아주 좋은 공부 습관이에요.

숙달

중요한 내용을 빠르게 파악하고 쉽게 정리해 공부를 더 효율적으로 할 수 있어요!

활동하기

공부한 날짜:　　.　　.　　.

활동 1 줄 긋기 탐정단: 핵심 문장 찾기

➔ 글을 읽고, 질문에 따라 핵심 문장에 밑줄을 그어 봅시다.

기온이 변하는 이유

기온은 공기의 온도를 말해요. 하루 동안 기온은 아침에는 낮고, 점심쯤 가장 높아졌다가 저녁이 되면 다시 낮아져요. 기온이 변하는 가장 큰 이유는 태양 빛의 양이 시간에 따라 달라지기 때문이에요. 태양이 떠 있는 시간이 길수록 땅이 더 많이 데워져 기온이 높아져요. 그래서 낮에는 따뜻하고, 밤에는 서늘한 거예요.

- 이 글에서 가장 중요한 낱말은? ______________________
- 글쓴이가 꼭 알려 주고 싶은 것은? ______________________
- 이 글을 한 문장으로 요약하면? ______________________

활동 2 요점 낚시하기: 핵심 낱말 찾기

➔ 글을 읽고, 핵심 낱말을 찾아 표에 정리해 봅시다.

달의 모양이 변하는 이유

하늘에서 보이는 달의 모양은 매일 조금씩 달라져요. 그 이유는 달이 지구를 돌고 있기 때문이에요. 달의 위치가 바뀌면서 햇빛을 받는 부분도 조금씩 달라져요. 그래서 보름달, 반달, 초승달처럼 모양이 바뀌는 거예요.

주제	중요한 낱말 3~5개	낱말을 선택한 이유

활동 3 나만의 요약 카드

➜ 읽은 내용을 스스로 요약해서 정리하고, 그림이나 기호로 한눈에 보기 쉽게 정리해 봅시다.

자전과 하루

지구는 스스로 빙글빙글 돌고 있어요. 이렇게 지구가 자신의 축을 중심으로 회전하는 운동을 '자전'이라고 해요. 지구는 약 24시간 동안 한 바퀴를 도는데, 이 자전 때문에 해가 떴다 지는 낮과 밤이 생겨요. 그래서 우리에게 매일 아침과 저녁이 찾아오는 거예요.

- 핵심 문장을 찾아 밑줄을 그어 봅시다.
- 핵심 단어를 찾아 동그라미 표시를 해 봅시다.
- 핵심 내용을 2~3문장으로 요약하여 정리해 봅시다.

- 핵심 내용을 그림이나 기호로 표현해 봅시다.

3-5 발표 자료에서 요약 노트 작성

발표 자료에서 요약 노트 작성이란 다른 사람의 발표를 보거나 들으면서 중요한 내용을 짧게 정리하는 활동이에요. 슬라이드, 설명, 영상 등의 전체 내용을 그대로 다 적는 게 아니라, 가장 중요한 정보만 뽑아 한눈에 보기 쉽게 정리하는 것이 중요해요.

예를 들어, '태풍이 생기는 이유'에 대한 발표를 들었다면, 다음과 같이 정리해 볼 수 있어요.

따뜻한 바닷물 + 상승 기류 → 저기압 → 태풍 발생

발표 자료에서 요약 노트를 작성하면 발표를 그냥 듣는 것보다 훨씬 더 적극적이고 효과적으로 학습할 수 있어요. 우선 중요한 내용을 더 잘 기억할 수 있고, 어디가 중요한 내용인지 생각하며 듣기 집중력이 좋아져요. 슬라이드, 말, 그림 속에서 핵심만 찾는 능력도 자라나요. 또한 나중에 발표 전체를 다시 듣지 않아도 요약 노트를 보며 핵심을 쉽게 복습할 수 있어요.

발표 자료에서 요약 노트 작성은 말로 전달되는 정보의 핵심 내용을 파악하고 정리하는 데 도움이 되는 공부 습관이에요.

숙달

발표에서 전달되는 내용을 들으며 중요한 정보를 빠르게 파악하고 정확하게 정리할 수 있어요!

활동하기

공부한 날짜: . . .

활동 1 발표를 듣고 요약 노트 작성하는 방법 알기: 연습편

부록 참고

➜ 발표를 듣고, 중요하다고 생각한 단어나 문장을 간단하게 적어 봅시다.

➜ 듣기가 끝난 뒤, 내가 적은 내용 중 핵심 내용에 동그라미 표시해 봅시다.

➜ 활동 1 의 발표를 다시 한번 듣고, 핵심 내용을 한 줄로 요약해 봅시다.

➜ 발표에서 들은 내용을 정리하여 나만의 요약 노트를 만들어 봅시다.

발표 주제	
알게 된 점	
핵심 정리 (단어, 그림 등)	

활동 2 발표를 듣고 요약 노트 작성하는 방법 알기: 실전편

부록 참고

➔ 발표를 듣고, 중요하다고 생각한 단어나 문장을 간단하게 적어 봅시다.

➔ 듣기가 끝난 뒤, 내가 적은 내용 중 핵심 내용에 동그라미 표시해 봅시다.

➔ 활동 1 의 발표를 다시 한번 듣고, 핵심 내용을 한 줄로 요약해 봅시다.

➔ 발표에서 들은 내용을 정리하여 나만의 요약 노트를 만들어 봅시다.

발표 주제	
알게 된 점	
핵심 정리 (단어, 그림 등)	

3-6 속독

속독이란 글을 빠르게 읽으면서도 중요한 내용을 놓치지 않고 이해하는 능력이에요. 단순히 빨리 읽는 게 아니라, 중요한 단어나 문장을 머릿속으로 빠르게 파악하는 것이 중요해요.

속독을 잘하게 되면 긴 글도 짧은 시간 안에 읽을 수 있고, 전체 내용을 읽지 않아도 핵심을 잘 찾아낼 수 있어요. 예를 들어, 신문 기사나 설명문을 볼 때 모든 문장을 다 읽지 않아도 중요한 부분만 골라 볼 수 있어요.

속독을 연습하면 읽기 속도가 빨라지고, 정보를 처리하는 능력도 향상돼요. 특히 시간이 정해진 시험이나 발표를 준비할 때, 짧은 시간 안에 내용을 파악하는 데 큰 도움이 돼요.

속독은 글을 읽으며 필요한 정보를 빠르게 찾는
똑똑한 독서 전략이에요.

숙달

긴 글도 짧은 시간 안에 핵심만 쏙쏙 읽어 낼 수 있어요!

활동하기

공부한 날짜: . . .

활동 1 1분 속독 훈련

➜ 타이머 1분을 켜고, 제시된 글을 최대한 정확하게 읽어 봅시다.

tip 핵심 단어나 중요한 내용을 짧게 메모해도 좋아요.

물이 끓는 이유

우리가 물을 끓이면, 어느 순간부터 물속에서 작은 기포가 생기기 시작해요. 이것은 물이 100도에 도달했기 때문이에요. 이 온도에서는 물속의 분자들이 아주 빠르게 움직이면서 수증기로 변하려 해요. 수증기가 되려는 힘이 물 위의 공기압보다 커지는 순간, 물속에서 기포가 만들어지고 물이 끓기 시작하는 거예요.

하지만 높은 산에서는 물이 100도보다 낮은 온도에서 끓어요. 그 이유는 산 위는 공기압이 낮기 때문이에요. 공기압이 낮으면 수증기가 더 쉽게 밖으로 빠져나갈 수 있어 더 낮은 온도에서도 끓음이 일어나게 되는 거예요. 이처럼 물이 끓는 온도는 장소에 따라 조금씩 달라질 수 있어요.

➜ 1분 후, 어디까지 읽었는지 표시해 봅시다.

➜ 글을 보지 않고, 다음 질문에 답해 봅시다.

- **질문 1:** 물이 끓는 이유는 무엇인가요?

- **질문 2:** 높은 산에서 물은 왜 더 빨리 끓을까요?

➜ 글을 다시 읽고, 핵심 내용을 요약하여 써 봅시다.

활동 2 핵심 단어 찾기

➜ 다음 글을 읽고, 표를 채워 봅시다.

바닷물은 왜 짤까요?

바닷물에는 소금이 섞여 있어서 짠맛이 납니다. 소금은 바다에 처음부터 있었던 것이 아니라, 오랜 시간 동안 모인 거예요. 비가 땅에 내리면, 땅속에 있던 소금과 광물질이 강을 따라 바다로 흘러가요. 이런 일이 아주 오래 반복되면서 바닷물에 소금이 많이 쌓이게 되었어요. 그래서 지금의 바닷물은 우리가 마시는 물보다 훨씬 짜게 느껴지는 거예요.

제목	
내가 찾은 핵심 단어 4~5개	* 이 글을 설명하려면 어떤 단어가 꼭 들어가야 할까요? * 글에서 가장 많이 반복되거나 중심이 되는 말은 무엇인가요?
왜 이 단어가 중요하다고 생각하나요?	

➜ 내가 고른 단어와 친구가 고른 단어를 비교해 보고, 서로 다르게 고른 단어에 동그라미 표시해 봅시다.

친구가 고른 단어	

➜ 친구가 동그라미 표시한 단어를 고른 까닭은 무엇일까요?

활동 3 속독 경주하기(1)

➜ 타이머를 30초에 맞추고, 다음에 제시된 글을 친구와 각자 읽어 봅시다.

tip 중간에 말하지 않고, 끝날 때까지 집중해요.
핵심 단어나 중요한 내용을 짧게 메모해도 좋아요.

벌집이 육각형인 이유

벌이 만든 벌집을 보면 칸마다 육각형 모양이에요. 그 이유는 육각형이 공간을 가장 알맞게 나눌 수 있기 때문이에요. 원이나 삼각형, 사각형을 사용할 수도 있지만, 육각형이 가장 틈이 없고 튼튼해서 많은 꿀을 담기 좋아요. 그래서 벌들은 본능적으로 육각형을 선택해 벌집을 만들어요.

➜ 글을 보지 않고, 다음 속독 카드 를 작성해 봅시다.

속독 카드	
제목	
기억나는 핵심 내용 3줄 쓰기	✓ ✓ ✓

➜ 친구와 속독 카드 를 바꾸어 보고, 공통점과 차이점을 정리해 봅시다.

공통점	
차이점	

활동 4 속독 경주하기(2)

➜ 타이머를 30초에 맞추고, 다음에 제시된 글을 친구와 각자 읽어 봅시다.

tip 중간에 말하지 않고, 끝날 때까지 집중해요.
핵심 단어나 중요한 내용을 짧게 메모해도 좋아요.

낙엽이 지는 이유

가을이 되면 나무는 잎을 떨어뜨려요. 낙엽이 지는 이유는 겨울에 물을 아끼고 얼지 않게 하려는 거예요. 잎이 달려 있으면 계속 물을 빨아올려야 해서 에너지가 많이 들어요. 그래서 나무는 스스로 잎을 떼어 내고 겨울을 준비해요. 이런 과정을 통해 나무는 추운 계절도 잘 견딜 수 있어요.

➜ 글을 보지 않고, 다음 속독 카드를 작성해 봅시다.

속독 카드	
제목	
기억나는 핵심 내용 3줄 쓰기	✓ ✓ ✓

➜ 친구와 속독 카드를 바꾸어 보고, 공통점과 차이점을 정리해 봅시다.

공통점	
차이점	

Chapter 4

조사 기능

오늘날 우리는 정보가 넘쳐 나는 세상에 살고 있어요. 그렇기 때문에 자신이 필요한 정보를 찾아내는 능력이 점점 더 중요해지고 있습니다. 또한 어떤 정보가 옳고 그른지를 판단할 수 있어야 합니다. 예를 들어, 무분별하게 퍼진 가짜 뉴스를 그대로 받아들이거나, 어떤 사람이 쓴 글만 보고 이를 진실이라고 믿고 퍼뜨리는 경우가 많기 때문이죠.

조사 기능은 여러분이 연구 질문을 개발하고, 효과적인 검색 전략을 수립하여 필요한 정보를 찾는 데 도움을 줍니다. 이 과정에서 자료의 신뢰성을 평가하는 법, 윤리적 연구의 중요성, 그리고 지적 재산권과 학문적 정직성을 존중하는 방법을 배우게 됩니다. 또한 참고문헌을 정확하게 작성하고, 피드백을 활용하여 자신의 연구를 개선해 볼 수 있어요.

현대 사회에서 올바른 정보를 선택하고 활용하는 능력은 매우 중요한 덕목이 되었고, 이는 여러분이 자기 주도적으로 학습하고 사고할 수 있는 바탕이 됩니다. 조사 기능은 여러분이 자신의 생각을 명확하게 표현하고, 세상을 보다 더 깊이 이해하는 데 필수적인 능력이 됩니다.

4-1 연구 질문 개발

집에서, 학교에서, 길을 걷다가 여러분의 호기심을 불러일으키는 흥미로운 생각이 떠오른 적 있나요? 가로수의 푸른 나뭇잎을 보며 '왜 나뭇잎은 초록색일까?' 하고 생각하거나, '나뭇가지에 꿈틀거리는 것은 무엇일까?' 하고 궁금해하는 것처럼 말이에요.

연구 질문 개발은 이렇게 **여러분이 흥미롭고 탐구하고 싶은 주제를 선택하는 중요한 과정**이에요. 이 과정에서 여러분은 연구의 목표와 방향을 정할 수 있습니다. 좋은 연구 질문은 명확하고 구체적이어야 하며, 연구가 어떤 방향으로 갈지를 알려 줍니다.

여러분은 연구 질문을 만들 때 '무엇일까?', '왜?', '어떻게?' 같은 질문을 사용할 수 있어요. 예를 들어, '무엇이 환경 오염을 일으키는 걸까?' 또는 '왜 식물은 햇빛이 필요할까?'와 같은 질문들로 호기심을 불러일으킬 수 있어요.

효과적인 연구 질문은 더 많은 탐구를 유도하고, 문제를 여러 가지 방법으로 생각해 볼 수 있는 기회를 줍니다. 적절한 연구 질문이 있으면 조사와 자료를 수집할 때 집중할 수 있고, 필요한 정보를 더 쉽게 찾을 수 있습니다.

연구 질문 개발 과정은 여러분이 스스로 생각하고, 비판적으로 문제를 바라보는 능력을 키우는 데 도움이 됩니다. 이는 여러분이 주제를 더 잘 이해하고, 앞으로의 연구에서 더 잘할 수 있는 기초가 됩니다.

숙달

연구 질문을 선택하여 구체화할 수 있어요!

활동하기

공부한 날짜: . . .

활동 1 한 장의 사진, 백 가지 생각

→ 사진에서 무엇이 보이나요? 최대한 많이 써 봅시다.

→ 사진을 보고 다음 단어를 넣어 질문을 만들어 봅시다.

무엇이	왜	어떻게	만약에
예 기린이 사는 집은 무엇으로 만들었을까?	예 사람들은 왜 동물원을 지었을까?	예 먼 곳까지 어떻게 동물들을 데리고 왔을까?	예 만약에 울타리가 없다면 기린은 어디로 갈까?

→ 위의 질문들 중 탐구하고 싶은 흥미로운 질문을 골라 봅시다.

활동 2 한 걸음 더! 주제 파고들기

➜ 보기 를 참고하여 내가 연구하고 싶은 큰 주제를 골라 봅시다.

보기

환경　지구　인권　역사　자연　문화　건강　경제　예술　과학기술

➜ 가운데에 내가 선택한 대주제를 쓰고, 관련된 다른 주제들을 나머지 여덟 칸에 더 써 봅시다.

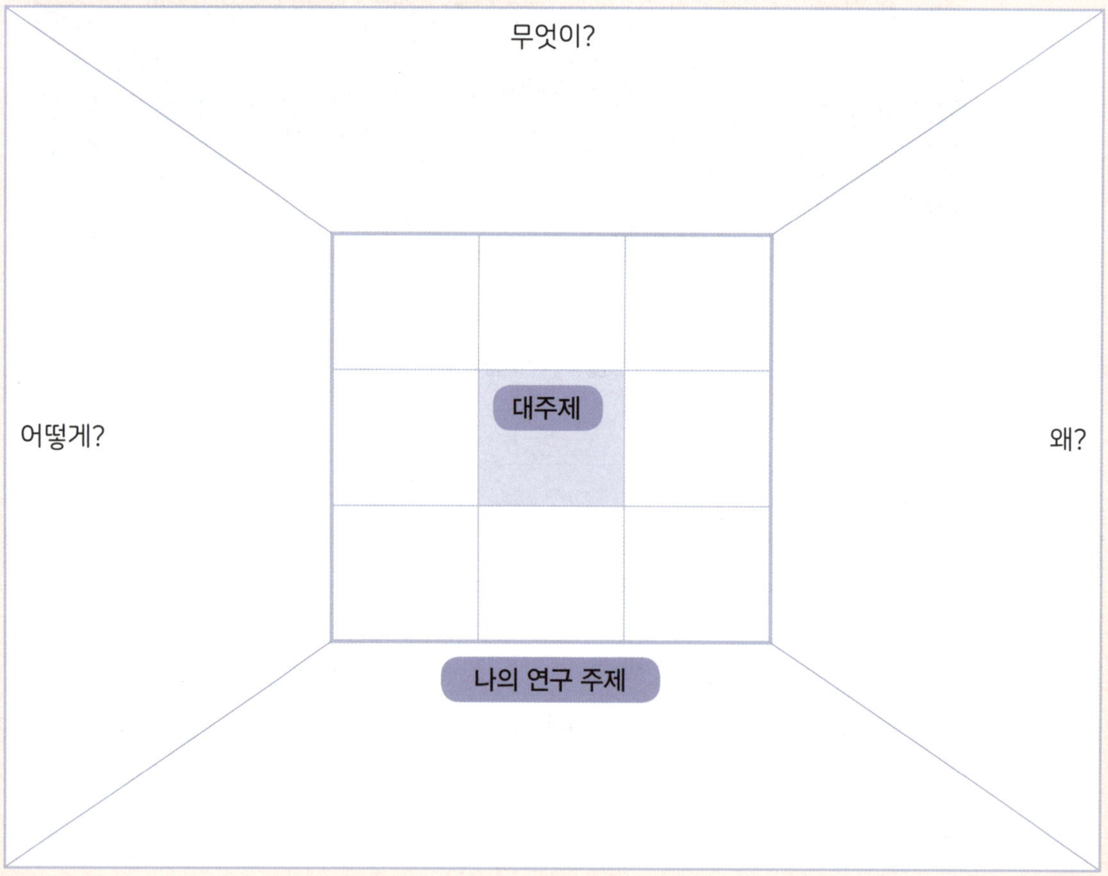

➜ 관련된 하위 주제 중 한 가지를 골라 더 자세한 질문을 완성해 써 봅시다.

→ 예시 를 참고하여 활동 2 에서 정한 주제를 더 자세히 구체화해 봅시다.

예시

연구 주제는?	로봇과 관련된 직업
이 주제를 연구하고 싶은 까닭은 무엇인가요?	로봇에 관심이 많아 미래에 로봇과 관련된 일을 하고 싶기 때문이다.
이 연구를 통해 더 알고 싶은 점이 있다면?	로봇을 만드는 일 말고도 로봇과 관련된 직업에는 어떠한 것이 있는지 알고 싶다.
이 연구를 통해 내가 무엇을 배울 수 있을까요?	로봇이 완성되기까지의 순서와 어떤 사람들의 노력이 필요한지를 새롭게 배울 수 있을 것 같다.
이 연구가 나에게 중요한 이유는?	나의 진로 계획을 세우는 데 중요한 역할을 할 것 같다.
이 연구가 다른 곳에 어떠한 도움을 줄 수 있을까요?	나 말고도 로봇에 관심이 많은 친구들에게 로봇 관련 직업에 대해 새로운 사실을 알려 줄 수 있다.
연구를 하며 예상되는 어려움은 무엇인가요?	실제 로봇을 보며 관련 직업을 찾아보고 싶은데, 로봇을 실제로 볼 수 있는 장소를 찾기 어렵다.

연구 주제는?	
이 주제를 연구하고 싶은 까닭은 무엇인가요?	
이 연구를 통해 더 알고 싶은 점이 있다면?	
이 연구를 통해 내가 무엇을 배울 수 있을까요?	
이 연구가 나에게 중요한 이유는?	
이 연구가 다른 곳에 어떠한 도움을 줄 수 있을까요?	
연구를 하며 예상되는 어려움은 무엇인가요?	

4-2 검색 전략 수립

아침에 눈을 떠서 잠에 들기 전까지 우리는 수많은 정보를 접하고 있어요. 이렇게 많은 정보 속에서 우리가 원하는 정보를 찾는 것은 쉽지 않아요. 따라서 효과적인 검색 전략을 세우는 것이 필요합니다. **검색 전략 수립**은 **여러분이 필요한 정보를 찾기 위해 미리 계획을 세우는 중요한 과정**입니다.

여러분이 찾고 싶은 정보를 찾을 때, 가장 많이 사용하는 방법은 인터넷 검색이에요. 그런데 검색창에 어떤 단어를 쓸 건가요? 검색어를 잘 정해야 여러분이 원하는 정보를 많이 찾을 수 있답니다.

이뿐만 아니라 검색엔진을 효과적으로 사용하는 방법, 신뢰할 수 있는 사이트를 찾는 방법도 함께 배울 거예요. 이렇게 검색 전략을 잘 세우면 원하는 정보를 더 빠르고 정확하게 찾을 수 있습니다.

검색 전략은 여러분이 정보를 조사하는 데 필요한 자신감을 갖게 하고, 연구의 방향성을 확립하는 데 큰 도움이 됩니다. 명확한 검색 전략을 통해 여러분은 정보 탐색의 효율성을 높이고, 더 나아가 스스로 탐구하는 즐거움을 느낄 수 있습니다.

숙달

원하는 정보를 찾기 위한 방법을 익혀 정보를 효율적으로 수집할 수 있어요!

활동하기

공부한 날짜: . . .

활동 1 검색 키워드(검색어) 정하기

검색어란 우리가 정보를 찾기 위해 필요한 단어 또는 문구를 말해요. 검색어를 잘 고르면 원하는 정보를 더 빨리 찾을 수 있어요. 그래서 우리가 알고 싶은 것에 맞는 적절한 검색어를 사용하는 것이 중요해요.

검색어를 찾기 위해 떠올릴 것들	
① 연구 주제의 중심이 되는 단어	④ 중심 주제와 반대되는 뜻의 단어
② 중심 주제와 관련 있는 단어	⑤ 중심 주제보다 더 일반적이고 포괄적인 단어
③ 비슷한 뜻의 단어	⑥ 중심 주제에 속하는 더 구체적이고 자세한 단어

➔ 친구들의 연구 주제에 알맞은 검색어를 채워 봅시다.

연구 주제	검색어
화산이 분출할 때 무슨 일이 일어날까?	화산, 화산 분출 과정, 화산활동, 화산 피해
자연재해는 왜 생길까?	자연재해, 자연재해의 종류, ( )
우주 탐사 도구에는 무엇이 있을까?	우주 탐사, 인공위성, ( ), ( )
환경을 지키는 방법에는 무엇이 있을까?	
지구가 둥글다는 사실을 어떻게 알 수 있을까?	
우리나라의 전통 도자기는 시대별로 어떻게 다를까?	
왜 나무는 계절에 따라 잎을 떨어뜨릴까?	
세계 여러 나라의 민속 춤은 어떻게 다를까?	
다른 사람의 인권을 존중하는 방법에는 무엇이 있을까?	
왜 지구 온난화가 심각한 문제일까?	

활동 2 스마트 검색어 연구소

➜ 효율적으로 정보를 검색하는 방법을 알아보고, 친구들의 문제를 해결해 보세요.

1. 구체적인 검색어 사용하기

처음에는 넓은 주제로 검색을 시작하게 한 다음, 결과를 보며 점점 더 구체적인 검색어를 추가해 보세요. 예를 들어, '동물'이라고 검색한 후, '동물 서식지'나 '멸종 위기 동물' 같은 구체적인 키워드로 좁히는 것입니다.

2. 큰따옴표(" ") 사용하기

특정 문구를 정확하게 검색하고 싶을 때는 큰따옴표를 사용하여 검색하면 도움이 됩니다. 예를 들어, "환경 보호"라는 구문을 큰따옴표로 검색하면 이 두 단어가 함께 나타나는 결과만 보여 줍니다.

3. 더하기(+)와 빼기(−) 기호 사용하기

특정 단어를 반드시 포함하거나 제외하게 하려면 더하기와 빼기 기호를 사용할 수 있습니다. 예를 들어, '과일 + 사과 - 바나나'라고 검색하면 사과의 여러 뜻 중 과일 사과에 대한 정보만 나오고 바나나는 제외됩니다.

4. 사이트 제한 검색하기

특정 웹사이트에서만 정보를 찾고 싶을 때는 'site:' 명령어를 사용할 수 있습니다. 예를 들어, '기후 변화 site:edu'는 교육기관의 사이트에서 기후변화에 대한 정보만 검색합니다.

5. 질문 형태로 검색하기

검색할 때 질문 형식으로 검색하는 방법도 좋은 전략입니다. 예를 들어, '왜 해양 오염이 중요한가?'처럼 질문을 입력하면 관련된 답변을 쉽게 찾을 수 있습니다.

6. 검색 결과 필터링

많은 검색 엔진은 결과를 날짜나 유형(뉴스, 이미지 등)으로 필터링할 수 있는 기능을 제공합니다. 이를 통해 최신 정보나 특정 형식의 자료를 쉽게 찾을 수 있어요.

친구들의 문제 상황을 보고 어떻게 해결할 수 있을지 조언해 보세요.

상우는 '왜 해양 오염이 중요한가?'라는 연구 주제를 정했습니다. 그런데 그냥 '해양 오염'이라고 검색하니까 정보가 너무 많아 어떤 것이 답이 될지를 찾기 어려웠습니다. 상우는 정확한 답변이 필요했습니다.

해결방법(나의 조언)

민수는 학교 과제로 '과일'에 대해 조사해야 했습니다. 하지만 '과일'이라는 키워드로 검색하니까 바나나에 대한 정보가 너무 많은 반면, 다른 과일들에 대한 정보는 거의 없었습니다. 그는 특정 과일을 찾아야 했습니다.

해결방법(나의 조언)

지민이는 한국의 전통 음식에 대해 알아보고 싶었습니다. 그래서 '한국 음식'이라고 검색했더니 너무나 많은 종류의 음식이 있었습니다. 지민이는 전통 음식에 대한 정보를 찾고 싶었지만, 정보가 너무 분산되어 있었습니다.

해결방법(나의 조언)

수빈이는 기후 변화에 대한 정보를 찾기 위해 검색을 시도했습니다. 하지만 검색한 결과는 너무 다양하고 신뢰할 수 없는 출처가 많았습니다. 그녀는 교육기관이나 공신력 있는 웹사이트에서 정보를 원했습니다.

해결방법(나의 조언)

태현이는 최근의 환경 뉴스에 대해 알고 싶어 '환경'이라고 검색했습니다. 하지만 너무 오래된 정보들이 많아서 최신 정보를 찾기 어려웠습니다. 그는 최신 기사만 보고 싶었습니다.

해결방법(나의 조언)

영희는 환경 보호에 대해 조사하려고 '환경 보호'라는 키워드로 검색했습니다. 그러나 검색 결과에는 관련이 없는 많은 정보가 포함되어 있어 어떤 내용을 참고해야 할지 혼란스러웠습니다.

해결방법(나의 조언)

4-3 효과적인 정보 검색

효과적인 정보 검색은 여러분이 필요한 자료를 찾는 데 필수적인 기술을 배우는 과정입니다. 이 장에서 여러분은 다양한 출처에서 얻은 정보를 비교하고, 그중에서 가장 유용한 내용을 선별하는 연습을 하게 됩니다. 또 다른 중요한 부분은 정보의 출처에 대한 평가입니다. 검색한 정보가 신뢰할 수 있는 곳에서 온 것인지 확인하는 방법을 배우게 됨으로써, 정보의 정확성을 판단하는 비판적 사고력을 기르게 됩니다.

이 과정에서 여러분은 검색 전략과 도구의 활용 능력을 키우며, 어떤 정보가 자신에게 가장 도움이 되는지 여부를 사람들이 쉽게 판단할 수 있도록 돕는 기술도 배울 것입니다.

정보 검색의 목적은 단순히 자료를 찾는 것이 아니라, 그 자료를 효과적으로 활용하여 자신의 연구에 적용하고, 주제를 깊이 이해하는 것입니다. 이를 통해 여러분은 더 나은 결과를 도출할 수 있고, 스스로 정보를 찾고 활용하는 능력을 키울 수 있습니다.

숙달

나의 연구 주제에 필요한 정확하고 유용한 정보를 찾아낼 수 있어요!

활동하기

공부한 날짜: . . .

활동 1 TRUST ME 전략

➔ '화산 분출 과정'에 대해 정보를 검색했습니다. TRUST ME 전략으로 내가 검색한 사이트가 믿을 수 있는 자료인지 확인해 봅시다.

화산 분출 과정

검색 이미지 비디오 출처 8

자료 1

1 · TISTORY
infomind123.tistory.com/entry/%ED%99%9...

화산 폭발의 원인과 과정, 화산재와 화산 폭발의 영향, 전 세계적으로 ...
이번 포스팅에서는 화산 폭발의 원인과 과정, 그리고 이로 인해 발생하는 화산재의 영향과 전 세계적으로 유명한 화산들에 대해 다룰 것입니다. 화산은 매우 강력하고 영향력이 큰 지질학적 현상 중 하나입니다. 화산 폭발은 지구의 지형 변화와 인류에게 많은 영향을 미치며, 이를 잘 이해하는 것은 매우 중요합니다. 따라서, 이번 게시물에서는 화산 폭발의 원인...

자료 2

2 · kma.go.kr
kma.go.kr/eqk_pub/bbs/fa...

화산 - 기상청 - 온라인 지진 과학관
발포가 시작되면 마그마 안에 틈이 생기고 표면 밀도가 낮아진다. 따라서 다시 부력이 생기고 지표까지 도달하여 폭발하며 분화를 일으킨다. 분화는 분연의 상승으로부터 ...

자료 3

3 · youtube
youtube.com/watch?v=8J8HtX...

화산이 폭발하는 원리는 무엇일까? - YouTube
지구의 가장 깊숙한 곳에는 밀도가 높은 핵이라는 층이 존재한다. 맨틀이라는 뜨거운 암석층이 핵을 둘러싸고 있으며 맨틀층을 덮고 있는 것이 지구의 ...

자료 4

4 · encykorea.aks.ac.kr
encykorea.aks.ac.kr/Article/E00669...

화산지형(火山地形) - 한국민족문화대백과사전
한국민족문화대백과사전

자료 5

5 · Brunch Story
brunch.co.kr/@@9mnY/67

화산 분화의 3가지 형태 - 브런치스토리
제주를 깊숙이 이해하기 위한 지질학 공부 |「제주도 지질여행 2020 개정증보판」# 김용제 외 지음 # 한국지질자원연구원 # 2020년 8월 30일 # 한 줄 추천평 : ★★★★☆ 제주도의 지질학적 주요 지형들을 형성 모식도와 멋진 사진으로 잘 보여준다. 정확히 indication이 되어 있으면 별 다섯개였을텐데! 왜냐면 내가 사진 옆에 글만 보고 어디가 어딘지 정...

자료 6

6 · LG케미토피아
blog.lgchem.com/2017/11/30_vol...

발리 화산 폭발의 원인! 마그마는 어떻게 생성되는가 - LG케미토피아
아름다운 경관과 휴양시설을 갖추고 있어 최고의 신혼여행지로 손에 꼽히는 발리! 하지만 최근 발리 화산 분화가 시작되면서 화산재가 뿜어져 나오면서 비행기가 결항되고 주민들이 대피하는 등 재난 영화에서나 나올 법한 소식들이 전해지고 있습니다. 다행히 아직 우리 국민의 피해는 없는 것으로 알려져 있지만,...

판단 기준	자료 1	자료 2	자료 3	자료 4	자료 5	자료 6
T(Topic, 관련성): 이 자료는 내가 알고 싶은 질문과 관련이 있나요?						
R(Related Info, 관련 정보): 다른 자료와 비교했을 때 비슷한 점, 다른 점, 새로운 정보가 있나요?						
U(User, 작성자): 이 자료를 쓴 사람은 믿을 만하고 이 주제에 대해 잘 알고 있나요?						
S(Source, 출처): 믿을 수 있는 출판사나 기관에서 나온 자료인가요?						
T(Think Clearly, 논리성): 내용이 잘 정리되어 있고, 다른 자료와도 잘 맞나요?						
M(Modified Recently, 최신성): 이 자료는 최근에 나온 정보인가요? 너무 오래된 정보는 아닌가요?						
E(Evidence or Emotion?, 사실 또는 감정?): 사실을 전하려는 건가요, 아니면 물건을 팔거나 의견을 강요하려는 건가요?						

◎: 매우 그렇다, ○: 보통이다, △: 전혀 아니다

활동 2 시간 안에 정보 찾기 미션!

인터넷이나 책에서 필요한 정보를 빠르고 정확하게 찾는 연습을 해 봅시다. 어떤 정보를 어떤 키워드로 찾았는지, 그리고 왜 그 자료를 골랐는지 설명할 수 있어야 해요.

주제	초등학생이 실천할 수 있는 환경 보호 방법

- **준비물**: 자료를 검색할 수 있는 기기와 책, 스톱워치(타이머)
- **주의사항**: 주제에 알맞은 자료를 10분 안에 세 가지 찾아야 합니다.

미션 시작

어떤 단어로 검색했나요?	

찾은 정보 1	
제목	
출처	
정보를 선택한 이유	

찾은 정보 2	
제목	
출처	
정보를 선택한 이유	

찾은 정보 3	
제목	
출처	
정보를 선택한 이유	

4-4 정보 비교

정보 비교는 **여러 출처에서 수집한 자료를 분석하고 평가하는 과정**입니다. 이 과정을 거치는 데에는 매우 중요한 이유가 있습니다. 일반적으로 우리는 다양한 출처에서 의견과 데이터를 얻게 되는데, 모든 정보를 그대로 활용할 수는 없기 때문입니다.

여러분은 정보를 비교할 때, 저자, 출처, 작성 날짜와 같은 요소를 고려해야 합니다. 또한 각 출처의 주장과 데이터가 어떻게 다르고, 어떤 관점을 나타내는지를 분석하게 됩니다.

이 과정은 여러분이 다양한 관점을 알고, 스스로 사고할 수 있는 능력을 기르는 데 도움을 줍니다. 여러분은 어디에서 어떤 정보를 얻었는지를 평가하고, 이를 통해 자신만의 결론을 도출하게 됩니다.

정보 비교를 통해 여러분은 단순히 정답을 찾는 것이 아니라, 여러 아이디어와 시각을 조화롭게 이해하고 사고할 수 있습니다. 이는 주제에 대한 깊은 이해를 이끌어 내고, 비판적인 사고력을 기르는 데에 중요한 역할을 합니다.

숙달

여러 출처에서 수집된 정보를 다양한 관점에서 비교하여 선택하고, 그 정보를 바탕으로 결론을 도출할 수 있어요!

활동하기

공부한 날짜: . . .

활동 1 신문 기사 속 관점 찾기

➔ 다섯 편의 기사를 읽고 중심 내용을 정리하며 기사별로 어떤 관점을 가지고 있는지 찾아 봅시다.

기사 1 운동회, 친구들과 함께하는 즐거운 시간!

지난 금요일, 우리 학교에서 운동회가 열렸습니다! 다양한 종목이 준비되어 있어 친구들과 함께 경기를 하며 즐거운 시간을 보냈어요. 달리기, 줄다리기, 그리고 에어바운스 등 많은 스포츠가 있었고, 모든 아이들이 열심히 참여했죠.

특히 1등을 하려는 친구들의 모습은 정말 멋졌어요. 운동회를 통해 서로를 응원하고, 협력하는 법도 배울 수 있었답니다. 모든 종목 뒤에는 큰 응원이 있었고, 졸업생들과 선생님들도 경기를 관람하며 함께해 주셔서 더욱 뜻깊은 시간이었습니다.

운동회는 단순한 경기가 아니라, 친구들과의 우정을 다지는 특별한 기회였어요. 다음 운동회가 벌써 기다려지네요!

기사 2 운동회, 지나치게 치열한 경쟁에 시달리다

지난 금요일, 우리 학교 운동회가 열렸지만, 솔직히 즐겁지 않았어요. 너무 많은 친구들이 1등에 집착하다 보니, 경기가 치열해졌고 스트레스를 받을 수밖에 없었죠. 어떤 친구들은 선의의 경쟁이 아니라 승리에만 집중하느라 서로를 배려하지 않는 모습도 보였습니다.

게다가, 모든 친구들이 운동을 잘하는 것은 아니잖아요. 운동회가 이렇게 경쟁 중심으로 진행되니까, 운동에 자신 없는 친구들은 오히려 더 불안해하고 겁을 먹기만 했어요.

우리는 함께 즐기고 우정을 쌓는 것이 중요한데, 그런 기회를 잃어버린 것 같아 아쉬웠습니다. 운동회가 좀 더 모두가 함께 참여하고 즐길 수 있는 방향으로 바뀌었으면 좋겠어요.

기사 3 운동회의 즐거움과 개선점

우리 학교에서 열린 운동회를 돌아보면, 다양한 감정이 교차합니다. 많은 친구들이 열심히 참여하며 즐거운 시간을 보낸 반면, 일부는 지나치게 치열한 경쟁으로 인해 스트레스를 받기도 했습니다.

아이들은 운동회를 통해 팀워크와 연대감을 느낄 수 있지만, 모든 친구들이 스포츠 활동에 익숙하지 않다는 점도 고려해야 합니다. 그래서 운동회가 더 많은 학생들이 참여하고 즐길 수 있는 기회가 되도록 개선하는 것이 좋겠습니다.

모든 친구들이 마음껏 즐기고 서로를 응원할 수 있는 운동회가 되기를 바라며, 학교 측에서는 다양한 종목을 추가하거나 스태프 지원을 강화해 주면 좋겠어요.

기사 4 **운동회, 지역 사회와 함께하는 뜻깊은 행사**

우리 학교에서 열린 운동회는 단순한 스포츠 경기를 넘어서 지역 사회와의 소통의 장이 되었습니다. 많은 부모님과 지역 주민들이 참석해 경기를 관람하고, 자원봉사로 도와주셔서 더욱 풍성한 행사가 되었어요.

선생님들과 학생들은 힘을 모아 운동회를 준비했고, 지역 기업들이 후원하여 푸짐한 상품도 마련되었습니다. 행사 중에는 지역 출신 운동선수들이 방문하여 특별 시상식도 열렸고, 그들의 멘토링 덕분에 학생들은 자신들의 꿈과 목표에 대해 생각해 볼 기회를 가질 수 있었습니다.

운동회를 통해 우리는 친구들 사이에서 협력의 중요성을 배우고, 지역 사회와의 유대감을 더욱 돈독히 할 수 있었어요. 이러한 소통이 앞으로도 지속되길 바라며, 다음 운동회가 벌써 기다려지네요!

기사 5 **운동회, 지속 가능한 미래를 위한 첫걸음!**

지난 금요일, 우리 학교에서 열린 운동회는 단순한 스포츠 경쟁을 넘어서 환경을 생각하는 뜻깊은 행사로 변화했습니다. 올해 운동회에서는 플라스틱 사용을 줄이고, 친환경적인 방법으로 이벤트를 진행하기 위해 다양한 노력을 했답니다.

우선, 급식으로 제공된 음식은 모두 재활용 가능한 용기에 담겨 나오고, 일회용 컵 대신 개인 물병 사용을 장려했어요. 또한 각 게임마다 사용되는 장비들도 자연 소재로 제작된 것들이 많아 친환경 관점에서 큰 의미를 가졌습니다.

학생들과 교사들은 운동회 진행 중 쓰레기를 줄이기 위한 캠페인에 참여하며, 각종 쓰레기를 분리 배출하는 방법도 배우게 되었습니다. 행사 중간중간에는 환경 보호에 대해 배우는 시간을 가지며, 모두가 지속 가능한 미래를 위해 힘쓰자고 다짐했어요.

이번 운동회는 즐거움뿐만 아니라 환경에 대한 책임감을 느낄 수 있는 계기가 되었어요. 앞으로도 이런 지속 가능한 행사가 계속 이루어져, 스포츠와 환경 보호를 함께 생각할 수 있기를 바랍니다!

→ **기사 1~5** 는 모두 어떤 소재로 기사를 썼나요?

➜ **기사 1~5** 는 주제와 관련된 어떤 내용을 담고 있는지를 고려하여 중심 내용을 써 보고 간단히 정리해 봅시다.

	중심 내용	간단히 정리하기
기사 1	운동회는 모두가 함께하는 즐거운 시간이었다.	운동회 + 즐거운 시간
기사 2		운동회 + 지나친 경쟁
기사 3		운동회 + ( )
기사 4		
기사 5		

➜ 여러분이 '학교에서 운동회를 실시해야 하는 이유'를 주제로 자료를 조사하고 있었다면, **기사 1~5** 중 어떤 기사를 선택해서 활용하고 싶나요?

내가 활용하고 싶은 신문 기사는? (여러 개 선택 가능)	
그렇게 생각한 이유	

➜ **기사 1~5** 에서 활용하거나 참고하고 싶은 부분에 밑줄을 그어 보세요.

활동 2 결론 내리기

➜ 세 가지 자료를 보고 알 수 있는 사실을 찾아 결론을 내려 보세요.

자료 1

"초등학생을 위한 축구교실이 늘어나고 있다"

최근 들어, 초등학생을 위한 축구교실이 급증하면서 많은 어린이가 건강한 신체를 통해 축구의 즐거움을 경험하고 있습니다. 이 변화는 초등학생이 스포츠에 관심과 흥미를 가지게 하는 데 큰 기여를 하고 있습니다.

축구교실은 전문 코치들이 지도하여 기본기와 기술을 배울 수 있는 기회를 제공합니다. 아이들은 팀워크와 협동심을 기르며, 자연스럽게 친구들과의 관계를 형성해 나갑니다. 특히 축구교실에서는 다양한 연령대의 친구들과 함께 어울리며, 운동의 즐거움을 만끽할 수 있습니다.

축구교실은 단순히 기술 향상을 위한 수업에 그치지 않고, 아이들의 신체 발달을 촉진하고, 건강한 라이프스타일을 기르는 데에도 큰 도움을 줍니다. 많은 부모는 아이들이 축구를 통해 자신감을 얻고, 사회성을 배우는 모습을 보며 매우 기뻐하고 있습니다.

전국적으로 많은 초등학교와 지역 사회에서 축구교실이 운영되고 있으며, 이러한 흐름은 앞으로도 계속될 것으로 예상됩니다. 이는 어린이들이 축구를 통해 건강한 습관을 기르고, 즐거운 추억을 만들어 나갈 수 있는 좋은 기회가 됩니다.

자료 2	자료 3
• 주제: 초등학생의 운동 습관 • 내용: '어떤 운동을 가장 많이 하나요?'라는 질문에 대한 응답 - 축구: 35% - 농구: 25% - 수영: 20% - 다른 운동: 20%	• 주제: 초등학생 운동장에서의 활동 • 내용: 특정 시간 동안(예 점심시간 30분) 학생들이 어떤 운동을 하는지 관찰한 결과 - 축구를 하는 학생: 15명 - 농구를 하는 학생: 10명 - 그네를 타는 학생: 5명 - 줄넘기를 하는 학생: 8명 - 다른 활동: 7명

● 세 가지 자료는 어떤 점이 비슷하고 어떤 점이 다른가요?

	비슷한 점	다른 점
자료 1		
자료 2		
자료 3		

● 이를 통해 발견할 수 있는 사실은 무엇인가요? ____________________

4-5 정보 정리 및 저장

정보 정리 및 저장은 여러분이 수집한 자료를 체계적으로 정리하고 저장하는 방법을 배우는 과정입니다. 많은 정보를 수집하면서, 이를 어떻게 정리할 것인지 고민하는 것은 매우 중요합니다.

이 장에서는 여러분이 다양한 정보를 주제별로 나누고, 효과적으로 정리하는 방법을 배울 것입니다. 여러분은 주제에 따라 자료를 정리하는 연습을 하며 정보를 시각적으로 정리하게 됩니다.

정보를 잘 정리하면, 나중에 연구를 진행하거나 발표할 때 큰 도움이 됩니다. 여러분은 각 자료의 주요 내용을 요약하고, 이를 바탕으로 자신의 생각을 정리하는 연습을 하게 됩니다.

또한 정보를 어떻게 저장할지, 나중에 언제든지 쉽게 찾을 수 있도록 관리하는 방법에도 신경을 써야 합니다. 자료를 효과적으로 정리하고 저장하는 방법을 배우면, 더욱 체계적이고 효율적으로 연구를 진행할 수 있게 됩니다.

숙달

수집한 정보를 체계적으로 분류하고 정리할 수 있어요!

활동하기

공부한 날짜: . . .

활동 1 눈에 쏙쏙, 자료 정리하기

➔ 민규는 화산의 분출 과정에 대해 조사했습니다. 백과사전에서 화산에 대하여 다음과 같은 정보를 찾았습니다. 같은 내용을 다루는 부분끼리 같은 색으로 밑줄을 그어 봅시다.

화산은 지구 내부에 녹아 있는 마그마가 지표 밖으로 분출하여 만들어진다.

마그마는 땅속 깊은 곳의 암석이 높은 열에 의해 녹아 있는 상태를 말한다. 이때 마그마가 빠져 나오는 통로를 화도라고 하고, 마그마가 빠져나와 원뿔 모양으로 움푹 팬 화산의 꼭대기를 분화구라고 한다. 그리고 큰 화산 옆에 생기는 작은 화산을 기생 화산이라고 한다. 기생 화산은 화산이 분출할 때 가지를 치듯 옆쪽으로 다른 분화구가 생기면서 만들어지는 화산이다.

화산이 분출하는 과정은 지구 내부의 마그마가 한데 모여들면 그곳의 압력이 높아진다. 그러면 마그마와 가스가 지각의 약한 부분을 뚫고 조금씩 올라온다. 그러다가 땅 위에까지 틈이 생기면, 가스가 솟구치고 이어서 마그마가 따라 올라오면서 화산이 만들어진다. 큰 화산이 분출하고 나면, 마그마가 지표면을 따라 흘러내리고 여러 가지 화산 물질을 만들어 낸다.

화산 분출물은 화산이 분출할 때 나오는 물질을 말한다. 화산이 분출하면 기체, 액체, 고체 물질이 모두 나온다. 기체인 화산 가스는 이산화탄소, 질소 등의 기체가 포함되어 있지만 대부분은 수증기이다. 액체인 용암은 마그마가 지표에 분출되어 흐르는 것을 말한다. 용암은 끈끈한 정도인 점성이 어느 정도인지에 따라 경사가 큰 화산을 만들기도 하고, 경사가 완만한 화산을 만들기도 한다. 고체 물질로는 고운 가루처럼 보이는 크기가 매우 작은 화산재가 있고, 크기가 다양한 화산 암석 조각이 있다.

출처: [네이버 지식백과] 화산(초등과학 개념사전, 2015. 01. 09., 정지숙, 신애경, 황신영, 윤용석).

백과사전

윗글에서 같은 색으로 표시한 내용끼리 개념도를 그려 보세요. 가운데에는 연구 주제의 핵심 단어를 써 봅시다. 그다음, 비슷한 내용을 대표할 수 있는 단어를 찾아 써 봅시다.

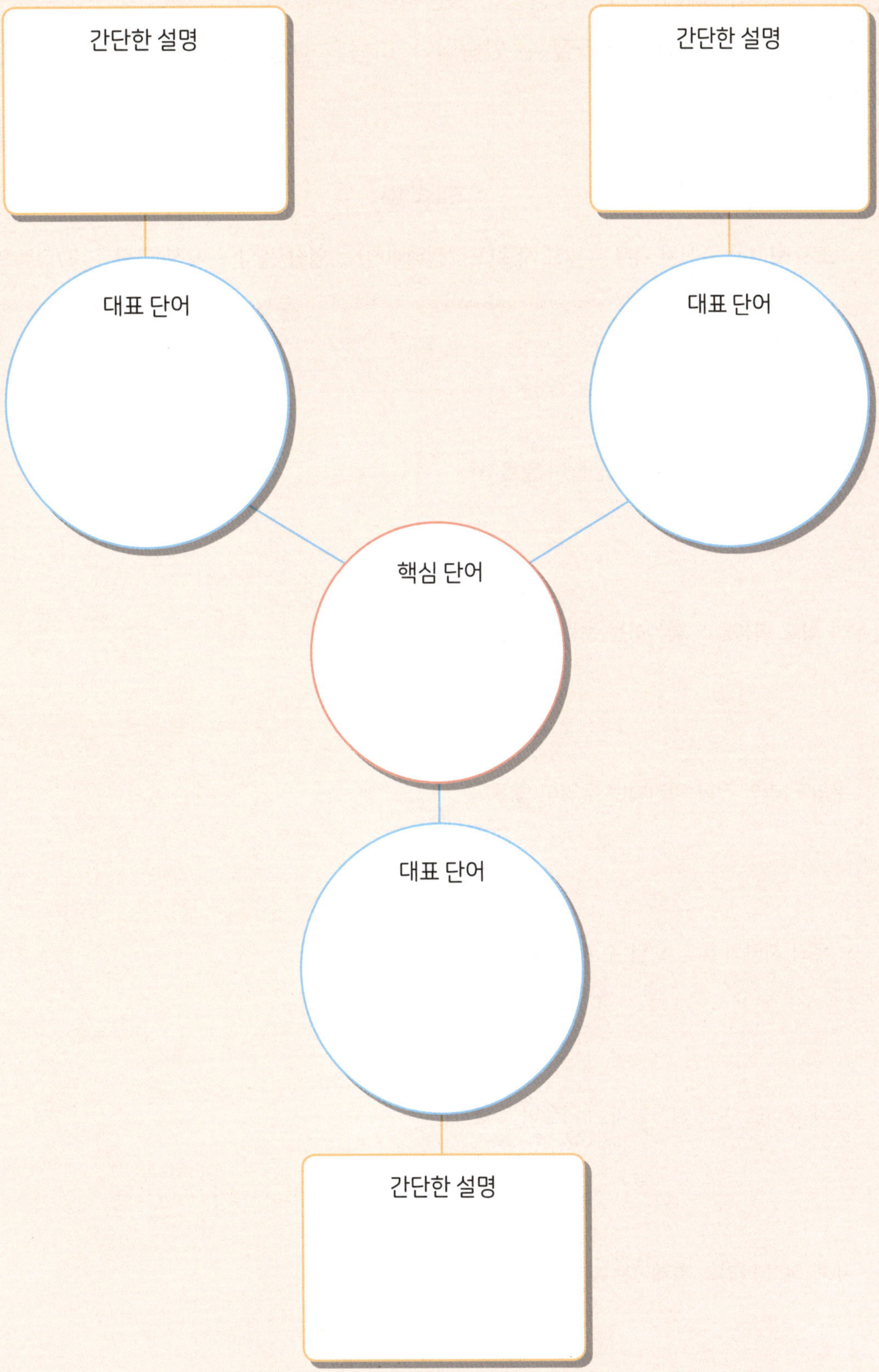

활동 2 정보 정리 방법 알아보기

정보를 정리하는 데에는 다양한 방법이 있습니다. 또 내가 어떤 내용을 조사했는지에 따라 정보를 정리하는 방식은 달라질 수 있습니다. 다음의 상황을 보고 적절한 방식을 보기 에서 골라 써 봅시다.

보기

조사 보고서　신문 기사　발표 자료(프레젠테이션)　영상/음악　사진/그림　표/그래프

연구 주제	방법
왜 책 읽기를 싫어하는 학생들이 많을까?	
우리 학교 학생들이 좋아하는 운동은 무엇일까?	
우리 나라의 전통 악기에는 무엇이 있을까?	
우리 지역의 환경 오염 수준은 어떨까?	
고래와 상어는 어떤 공통점과 차이점이 있을까?	
세계 여러 나라의 축제에는 무엇이 있을까?	

활동 3 정보 정리 실습

➔ 다음 글을 읽고 그림 틀에 알맞게 필요한 정보를 정리해 봅시다.

고래와 상어의 공통점과 차이점

고래와 상어는 바다에서 살아가는 큰 바다 동물입니다. 이 두 동물은 여러 가지 면에서 비슷하지만, 동시에 많은 차이점도 있습니다.

먼저, 고래와 상어의 공통점에 대해 이야기해 보겠습니다. 고래와 상어는 모두 바다에서 서식하며, 그들은 바다 생태계에서 중요한 역할을 합니다. 이 두 동물은 주로 다른 물고기나 해양 생물을 먹고 살아가며, 먹이 사슬의 최상위에 위치합니다. 또한 고래와 상어는 모두 큰 몸집을 가지고 있어 바다에서 쉽게 눈에 띕니다. 이러한 특징 덕분에 많은 사람들이 고래와 상어를 바다의 왕이라고 부르기도 합니다.

하지만 고래와 상어는 여러 면에서 뚜렷한 차이점이 있습니다. 먼저, 고래는 포유동물입니다. 이는 고래가 따뜻한 피를 지니고 있으며, 아기를 낳고 젖을 먹여 기른다는 의미입니다. 반면, 상어는 어류로, 물속에서 알을 낳아 번식합니다. 또한 호흡 방식에서도 차이가 있습니다. 고래는 폐로 호흡하기 때문에 수면 위로 올라가서 공기를 들이마셔야 합니다. 그러나 상어는 아가미를 통해 물속에서 숨을 쉴 수 있어 수면 위로 올라올 필요가 없습니다.

고래와 상어의 먹는 방법도 다릅니다. 고래는 주로 플랑크톤이나 작은 물고기를 먹는 경우가 많고, 그들은 커다란 입으로 많은 양의 물을 흡입한 후에 물을 다시 내보내며 먹이를 걸러 냅니다. 반면, 상어는 날카로운 이빨을 사용하여 다른 물고기를 잡아먹습니다.

결론적으로, 고래와 상어는 바다에서 중요한 역할을 하는 큰 동물이지만, 그들의 생물학적 특징, 호흡 방식, 그리고 먹는 방법에서는 많은 차이가 있습니다. 이러한 공통점과 차이점을 통해 바다 생태계의 다양성을 이해할 수 있습니다.

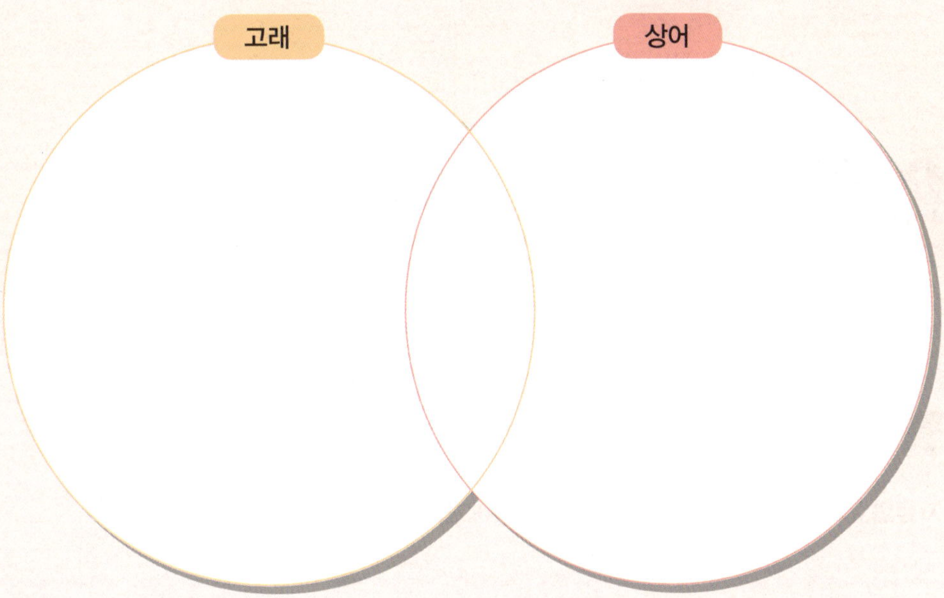

4-6 1차 자료와 2차 자료

1차 자료는 **직접 경험이나 관찰을 통해 얻은 자료**로, 예를 들어 인터뷰, 실험 결과, 관측 등이 해당됩니다. 반면, **2차 자료**는 **다른 사람이 만든 정보를 바탕으로 하며, 책이나 기사를 통해 얻는 정보**입니다. 여러분은 이러한 두 가지 자료 유형을 구별하는 방법을 익히고, 각각의 장단점에 대해 논의하게 됩니다.

1차 자료는 신뢰도가 높을 수 있지만, 얻기 어려운 경우도 많습니다. 반면, 2차 자료는 변별력이 떨어질 수 있지만, 찾아보기 쉽고 이해하기 쉬운 경우가 많습니다. 여러분은 두 가지 자료를 비교하고, 자신의 연구 주제에 적합한 자료를 선택하는 방법도 배우게 됩니다. 이를 통해 여러분은 어떤 자료가 연구에 가장 적합한지 판단하는 능력을 기르게 됩니다.

1차 자료와 2차 자료의 차이를 이해하는 것은 여러분이 신뢰할 수 있는 정보를 선택하는 데 큰 도움이 됩니다. 이 과정에서 여러분은 자료를 올바르게 평가하고, 연구의 방향을 정하는 데 필요한 지식을 얻고자 합니다. 이러한 이해는 여러분이 더 깊이 있는 연구를 할 수 있게 하는 중요한 기반이 됩니다.

숙달

1차 자료와 2차 자료의 장단점을 이해하고 상황에 맞게 사용할 수 있어요!

활동하기

공부한 날짜: . . .

활동 1 1차 자료와 2차 자료 구분하기

1차 자료는 어떤 사건이나 문제에 대해 직접 경험한 사람이나, 직접 조사한 사람의 정보입니다. 이것은 사람들이 실제로 본 것, 들은 것, 또는 만든 것들을 포함해요. 예를 들어, 누군가 직접 나무를 관찰해서 찍은 사진이나, 직접 인터뷰한 이야기 등이 이에 해당합니다. 즉, 1차 자료는 사실을 직접 보여 주는 원본 자료라고 할 수 있어요.

1차 자료 예시

- 친구가 바닷가에서 놀면서 찍은 사진
- 소풍에서 선생님과 나눈 대화
- 직접 쓴 일기

2차 자료는 다른 사람이 연구하거나 분석한 결과를 토대로 한 정보입니다. 즉, 다른 사람들이 쓴 글이나 보고서를 읽고, 그에 대한 설명이나 해석이 포함된 자료예요. 2차 자료는 우리가 어떤 것을 이해하는 데 도움을 주고, 누군가의 생각이나 의견이 담겨 있습니다.

2차 자료 예시

- 역사 책에서 읽은 내용
- 유명한 사람의 이야기나 전기
- 다른 사람들이 쓴 서평이나 기사

이처럼 1차 자료는 직접 겪은 일과 그 증거를 담고 있고, 2차 자료는 다른 사람이 분석한 결과를 전달해 주는 자료라고 생각하면 돼요. 1차 자료는 바로 본 것, 듣거나 경험한 것이고, 2차 자료는 다른 사람의 연구나 글에서 얻은 정보라는 것을 기억해 주세요!

친구들의 다음 상황을 보고, 1차 자료와 2차 자료를 구분해 봅시다. 1차 자료는 직접 만든 것이나 직접 경험한 사건 등이고, 2차 자료는 다른 자료를 기반으로 한 분석이나 평가를 포함합니다.

상황	자료의 종류
지민이는 자신의 여름휴가에 대해 일기를 작성했습니다. 그는 가족과 함께 바닷가에서 한 활동들을 상세히 기록했습니다.	☐ 1차 자료 ☐ 2차 자료
세희는 학교에서 교내 과학 전시회를 위해 손으로 만든 실험 도구를 사용하여 관찰 결과를 정리했습니다. 그는 실험을 통해 얻은 데이터를 토대로 결과를 기록했습니다.	☐ 1차 자료 ☐ 2차 자료
연우는 학교에서 바른 식습관에 관한 프로젝트를 합니다. 그래서 다양한 과일의 사진을 찍어서 자료를 모았습니다.	☐ 1차 자료 ☐ 2차 자료
준호는 국가에서 발표한 새로운 교육 정책 문서를 읽고 요약했습니다. 이 문서는 정부에서 공식적으로 발표된 자료입니다.	☐ 1차 자료 ☐ 2차 자료
미래는 역사 수업에서 배운 내용에 대해 선생님에게 질문했습니다. 그 선생님은 역사 책을 참고하여 상세히 설명했습니다.	☐ 1차 자료 ☐ 2차 자료
태현은 자신의 애완동물에 대해 친구들에게 설명하는 영상을 만들었습니다. 이 영상에서는 반려동물의 행동을 직접 촬영했습니다.	☐ 1차 자료 ☐ 2차 자료
수빈이는 친구들과 함께 만든 음악을 녹음하여 공유했습니다. 그 음악은 수빈이의 느낌과 주제를 담고 있습니다.	☐ 1차 자료 ☐ 2차 자료
하나는 도서관에서 찾은 고전 소설의 줄거리를 읽고 그에 대한 감상을 에세이로 썼습니다.	☐ 1차 자료 ☐ 2차 자료

활동 2 1차 자료와 2차 자료 만들기

➔ 1차 자료를 만들기 위해 다음 중 한 가지 활동을 골라 실천해 봅시다.

활동	설명
1. 자연 관찰 일기	학교 주변이나 공원에서 식물이나 동물 등을 관찰하고, 일주일 동안 매일 관찰 일기를 써 보세요. 관찰 일기에는 관찰한 것의 사진, 그 관찰을 통해 느낀 점, 두 가지 이상의 질문이 담겨 있어야 합니다.
2. 인터뷰 활동	가족이나 친구들에게 특정 주제(예: 성장 경험, 가족 전통)에 대해 간단한 인터뷰를 해 보세요. 인터뷰 내용은 녹음하거나 필기하여 자료로 정리하고, 그 내용을 발표해 보세요.
3. 사진 프로젝트	주어진 주제(예: 나의 하루, 학교생활)와 관련된 사진을 찍고, 그 사진에 대한 설명을 쓰세요. 각자의 사진과 설명을 모아 작은 포스터를 만들고 전시하세요.
4. 실험 관찰	간단한 과학 실험(예: 식물 성장 관찰, 물의 변화 등)을 진행하고, 실험 과정을 기록하세요. 실험을 마친 후 실험 결과를 포함한 보고서를 작성하여 발표하세요.
5. 미술 작품 만들기	자신이 좋아하는 주제나 감정을 표현하는 그림이나 조형물을 만들어 보세요. 그다음, 각자의 작품에 대한 설명과 제작 과정을 기록하세요.
6. 이야기 만들기	자신의 경험을 바탕으로 짧은 이야기를 쓰고, 그 이야기를 읽어 보세요. 짧은 이야기와 함께 이야기에서 얻은 교훈이나 메시지를 정리해 보세요.

	1차 자료
내가 선택한 방법	
자료의 내용 간단하게 요약하기	
활동 후 느낀 점	

➜ 2차 자료를 만들기 위해 다음 중 한 가지 활동을 골라 실천해 봅시다.

활동	설명
1. 책 리뷰 찾기	자신이 읽은 책에 대한 리뷰를 찾아보세요. 학교 도서관이나 인터넷 서점, 온라인 서평 사이트를 이용하여 책의 줄거리나 다른 사람의 의견을 조사해 보세요. 그다음, 선택한 책에 대한 리뷰를 정리하고, 다른 사람들의 생각과 자신의 생각을 비교해 볼 수 있습니다.
2. 역사적 사건 조사	특정 역사적 사건(예: 독립운동, 세계 대전 등)에 대해 인터넷이나 도서관에서 기사나 책을 통해 정보를 수집해 보세요. 그다음, 조사한 내용을 요약하고, 그 사건이 어떻게 해석되었는지를 정리하여 발표합니다.
3. 주제별 블로그 포스트 찾기	평소 관심 있는 주제에 대한 블로그 글이나 기사를 찾아보세요. 예를 들어, 환경 보호, 스포츠, 과학 등에 대한 글을 찾는 활동입니다. 그다음, 자신이 찾은 블로그 글의 내용 요약과 그 블로그의 저자에 대한 정보를 정리합니다.
4. 비디오 자료 조사	유튜브나 교육 관련 웹사이트에서 특정 주제에 대한 다큐멘터리나 설명 영상을 찾아보세요. 그다음, 시청한 영상에 대한 간단한 요약을 작성하고, 그 영상에서 배운 점을 정리합니다.
5. 신문 기사 분석	신문이나 잡지에서 최근에 보도된 사건에 관련된 기사를 찾아보세요. 그다음, 기사를 읽고 주제, 저자, 출처 등을 정리한 후, 자신이 생각한 사건의 중요한 점에 대해 발표합니다.
6. 유명인의 인터뷰 찾기	유명인이나 전문가의 인터뷰 기사를 찾아보거나 동영상을 찾아보세요. 그다음, 인터뷰 내용을 요약하고, 그 인터뷰에서 느낀 점을 적어 발표합니다.

	2차 자료
내가 선택한 방법	
자료의 내용 간단하게 요약하기	
활동 후 느낀 점	

4-7 자료 및 도구

자료와 도구에 대한 이해는 여러분이 효과적으로 연구를 수행하는 데 있어 필수적인 요소입니다. 이 장에서는 여러분이 연구에 필요한 다양한 자료와 도구를 알아보게 됩니다. 예를 들면, 도서관의 책이나 저널, 온라인 데이터베이스, 신뢰할 수 있는 웹사이트 등 여러 가지 정보 출처가 있습니다. 또한 각 자료의 특성과 사용 방법도 함께 배울 것입니다. 여러분은 필요에 따라 어떤 자료를 사용해야 할지를 고민하게 되며, 적절한 도구를 선택하는 방법을 익힙니다.

더불어, 정보 검색에서 유용한 웹사이트나 애플리케이션, 소프트웨어 도구를 소개하고, 이를 통해 연구를 더 쉽고 재미있게 할 수 있는 방법도 알려 줍니다. 실제로 여러분이 자료를 검색하고 이를 바탕으로 자신의 과제를 작성하는 경험을 공유하면서, 각 도구의 장단점을 파악할 기회를 갖는 것이 중요합니다.

자료와 도구를 잘 활용하면 여러분은 더 나은 결과를 얻을 수 있으며, 스스로 연구하는 즐거움과 기술을 키울 수 있습니다. 이를 통해 여러분은 정보 수집 및 연구 과정에서 더 자신감 있게 행동하게 되고, 궁극적으로 더 나은 연구자로 성장하는 밑거름이 될 것입니다.

숙달

자료와 도구의 특성과 장단점을 이해하고, 상황에 맞게 사용할 수 있어요!

활동하기

공부한 날짜: .   .   .

활동 1 자료와 도구 실습(1): 도서관에서 자료 찾기

다음 한국십진분류표 항목을 천천히 살펴봅시다.

한국십진분류표

000 종류	010	020	030	040	050	060	070	080	090
	도서학, 서지학	문헌정보학	백과사전	강연집, 수필집, 연설문집	일반 연속 간행물	일반 학회, 단체, 협회, 기관	신문, 저널리즘	일반전집, 총서	향토자료
100 철학	110	120	130	140	150	160	170	180	190
	형이상학	인식론, 인과론, 인간학	철학의 체계	경학	동양철학, 사상	서양철학	논리학	심리학	윤리학, 도덕철학
200 종교	210	220	230	240	250	260	270	280	290
	비교종교	불교	기독교	도교	천도교		힌두교, 브라만교	이슬람교 (회교)	기타 제종교
300 사회과학	310	320	330	340	350	360	370	380	390
	통계학	경제학	사회학, 사회문제	정치학	행정학	법학	교육학	풍속, 민속학	국방, 군사학
400 자연과학	410	420	430	440	450	460	470	480	490
	수학	물리학	화학	천문학	지학	광물학	생명과학	식물학	동물학
500 기술과학	510	520	530	540	550	560	570	580	590
	의학	농업, 농학	공학, 공업일반, 토목공학, 환경공학	건축공학	기계공학	전기공학 전자공학	화학공학	제조업	생활과학
600 예술	610	620	630	640	650	660	670	680	690
	건축술	조각 및 조형미술	공예, 장식미술	서예	회화, 도화	사진, 예술	음악	공연예술 및 매체예술	오락, 스포츠
700 언어	710	720	730	740	750	760	770	780	790
	한국어	중국어	일본어 및 기타 아시아제어	영어	독일어	프랑스어	스페인어 및 포르투갈어	이탈리아어	기타 제어
800 문학	810	820	830	840	850	860	870	880	890
	한국문학	중국문학	일본문학, 기타 아시아문학	영미문학	독일문학	프랑스문학	스페인문학, 포르투갈 문학	이탈리아 문학	기타 제문학
900 역사	910	920	930	940	950	960	970	980	990
	아시아	유럽	아프리카	북아메리카	남아메리카	오세아니아	양극지방	지리	전기

다음 주제와 관련 있는 책은 몇 번에서 찾을 수 있나요?

화산		환경 오염	
상어와 고래		전통 도자기	
어린이 인권		민속 춤	
별자리		남극과 북극	

활동 2 자료와 도구 실습(2): 인터뷰 질문지 만들기

➔ 인터뷰 질문을 할 때 고려할 점을 알아볼까요?

질문을 쓸 때에는 이런 점을 고려하세요

❶ 간단하고 명확하게 질문하기

질문은 어렵지 않게, 이해하기 쉽도록 해야 해요. 예를 들어, "너의 꿈은 뭐니?"처럼 간단하게 물어보는 게 좋아요.

❷ 흥미로운 질문 만들기

상대가 관심을 가질 만한 주제에 대해 질문하면 더 좋은 대답을 들을 수 있어요. 예를 들어, "가장 좋아하는 게임은 뭐야?" 같은 질문이 좋아요.

❸ 열린 질문 사용하기

"예." 또는 "아니요."로 대답할 수 있는 질문보다는, 생각을 더 많이 해야 하는 질문을 해 봅시다. 예를 들어, "가장 기억에 남는 여행은 어떤 거였어?"처럼 말이에요.

❹ 긍정적인 말 쓰기

질문을 할 때는 기분 좋게 대답할 수 있도록 긍정적인 표현을 사용하면 좋겠어요. "너의 이야기를 듣고 싶어."라고 말하면 상대가 더 편안하게 대답할 수 있어요.

❺ 공감할 수 있는 질문하기

상대가 공감할 수 있는 경험에 대해 물어보면 더 쉽게 대답할 수 있어요. 친구에게 물어본다면 학교생활이나 친구에 대한 질문을 할 수 있겠죠?

❻ 감정 존중하기

상대가 대답할 때 그들의 감정을 존중해 주는 것이 중요해요. 진솔한 대답이 나올 수 있도록 편안한 분위기를 만드는 것이 좋아요.

❼ 시간 잘 고려하기

너무 많은 질문을 하지 말고, 각 질문에 대해 충분히 대답할 수 있는 시간을 주는 것이 중요해요. 몇 가지 질문을 깊이 있게 이야기하는 것이 더 나아요.

준호는 평소 게임에 관심이 많았습니다. 그래서 연구 주제로 게임을 만드는 과정을 알아보고 관련된 직업을 알아보려고 합니다. 마침 준호의 삼촌이 게임 회사에서 일하고 계셔서 준호의 삼촌과 삼촌의 직장 동료를 인터뷰하게 되었습니다. 인터뷰에서 어떤 질문을 하면 좋을까요?

질문	• 고려할 점이 잘 지켜졌나요?		평가란
	1	간단하고 명확하게 질문하기	
	2	흥미로운 질문 만들기	
	3	열린 질문 사용하기	
	4	긍정적인 말 쓰기	
	5	공감할 수 있는 질문하기	
	6	감정 존중하기	
	7	시간 잘 고려하기	
	1	간단하고 명확하게 질문하기	
	2	흥미로운 질문 만들기	
	3	열린 질문 사용하기	
	4	긍정적인 말 쓰기	
	5	공감할 수 있는 질문하기	
	6	감정 존중하기	
	7	시간 잘 고려하기	
	1	간단하고 명확하게 질문하기	
	2	흥미로운 질문 만들기	
	3	열린 질문 사용하기	
	4	긍정적인 말 쓰기	
	5	공감할 수 있는 질문하기	
	6	감정 존중하기	
	7	시간 잘 고려하기	
	1	간단하고 명확하게 질문하기	
	2	흥미로운 질문 만들기	
	3	열린 질문 사용하기	
	4	긍정적인 말 쓰기	
	5	공감할 수 있는 질문하기	
	6	감정 존중하기	
	7	시간 잘 고려하기	

◎: 잘 지켜짐 / ○: 어느 정도 지켜짐 / △: 잘 지켜지지 못함

활동 3 자료와 도구 실습(3): 포스터로 나타내기

➜ 화산 분출 과정에 관하여 조사한 내용입니다. 잘 읽고 중요한 내용에 밑줄을 그은 다음, 내용을 간추려 포스터로 나타내어 봅시다.

화산 분출 과정

화산 분출(분화)은 지구 내부의 마그마가 지표면으로 분출되며 다양한 화산 물질(용암, 화산 가스, 화산 쇄설물 등)이 방출되는 현상입니다. 화산 분출의 과정은 다음과 같이 정리할 수 있습니다.

1. 마그마의 생성과 상승

지구 내부의 고온과 압력으로 인해 암석이 녹아 마그마가 생성됩니다. 마그마는 지각의 약한 부분을 따라 점차 지표면 쪽으로 상승합니다. 이 과정에서 마그마 내 휘발성 성분(수증기, 이산화탄소 등)이 기체로 변해 압력이 증가합니다.

2. 압력 축적과 분출 준비

마그마가 지하에서 상승하면서 압력이 점점 쌓입니다. 마그마 내 가스가 팽창해 부력이 커지고, 결국 마그마가 지표 가까이 도달하게 됩니다.

3. 화산 분출(분화)

마그마가 지표면에 도달하면 화산구(분출구)를 통해 밖으로 분출합니다. 이때 분출되는 물질에 따라 폭발적인 분출(화산재, 화산 쇄설물, 화산 가스 등) 또는 온화한 분출(용암류)이 발생할 수 있습니다.

마그마에 포함된 휘발성 성분이 많을수록 폭발 에너지가 커집니다. 마그마가 산산이 부서져 화산재, 화산탄, 화산 쇄설물로 공중에 방출되기도 합니다.

4. 화산체 형성 및 분출 후 과정

분출된 용암과 화산 쇄설물이 화구 주변에 쌓여 화산체(콘 모양의 산 등)를 형성합니다. 분출 후 마그마가 식으면서 새로운 지형이 만들어지고, 화산재 등은 대기 중에 퍼져 환경과 생태계에 영향을 미칩니다.

5. 화산 분출의 영향

대기 중으로 방출된 화산재는 공기질 저하, 호흡기 질환 유발, 기후 변화 등 다양한 영향을 미칩니다. 분출물의 크기와 형태, 분출 방식에 따라 다양한 화산 지형이 형성됩니다.

포스터로 나타내기

4-8 연구 과제와 도구 연결

연구 과제와 도구 연결은 여러분이 설정한 연구 과제를 수행하기 위해 필요한 도구와 자료를 결합하는 중요한 과정입니다. 이 장에서는 여러분이 각 연구 과제에 맞는 도구를 선택하고 활용하는 방법을 배우게 됩니다.

연구 과제가 정해지면, 여러분은 그 과제를 수행하기 위해 어떤 자료가 필요한지를 고민하고, 그 자료를 찾기 위한 도구를 선택해야 합니다. 예를 들어, 어떤 주제에 대한 보고서를 작성할 때는 연구 논문을 찾아보거나, 웹사이트의 특정 자료를 활용할 수 있습니다. 여러분은 이 과정에서 도구와 자료를 효과적으로 연결하여 문제를 해결하는 경험을 하게 됩니다. 또한 각 자료가 연구 과제의 수행에 어떻게 기여할지를 고려하며, 자신의 연구 결과를 어떻게 나누고 표현할 수 있을지도 고민하게 됩니다.

이런 경험은 여러분이 정보의 가치를 이해하고, 어떤 자료가 어떻게 활용될 수 있는지를 실질적으로 배울 수 있는 좋은 기회를 제공합니다. 연구 과제와 도구를 잘 연결하는 작업은 여러분이 문제를 해결하는 능력을 키우고, 창의적인 방법으로 연구를 수행하는 데 도움을 줄 것입니다.

숙달

나의 연구 과제에 적합한 도구를 정하고 연구 방법과 계획을 세울 수 있어요!

활동하기

공부한 날짜: . . .

활동 1 자료를 찾을 수 있는 방법 알아보기

➜ 친구들의 이야기를 듣고, 자료를 어떻게 찾았는지 연결해 봅시다.

친구들의 이야기	출처
지민: 나는 북극곰의 서식지를 조사했어. 컴퓨터 앞에 앉아 구글에 '북극곰 서식지'를 검색하자 여러 신뢰할 수 있는 사이트에서 북극곰이 사는 지역과 기후에 관한 정보를 찾을 수 있었어.	인터넷 검색
시우: 나는 우주에 대해 조사했어. NASA 공식 웹사이트를 방문하여 다양한 우주 탐사 미션과 태양계에 관한 정보를 찾을 수 있었어.	도서관
우진: 나는 내가 좋아하는 컴퓨터 게임이 어떻게 만들어지는지 조사했어. 게임 개발자인 삼촌을 찾아가 게임이 만들어지는 과정에 관하여 자세히 들을 수 있었어.	인터뷰
지현: 나는 로봇과 관련된 직업에 관하여 조사했어. '직업 체험관'에서 로봇 공학 연구소에 방문하여 로봇 프로그래밍, 로봇 제어, 로봇 실습을 할 수 있었어.	뉴스, 신문
상우: 나는 학교 도서관에서 옛 전통 음식에 대하여 조사했어. 도서관의 역사 코너에서 조선시대와 관련된 책을 찾고, 전통 음식에 관한 부분을 읽으며 메모했어.	다큐멘터리, 영상
도하: 나는 어린이 인권에 관하여 조사했어. 어린이 잡지에서 '어린이날 특집호'로 어린이 인권이 어떻게 존중받아 왔는지 찾을 수 있었어.	전문 웹사이트
민주: 나는 환경 오염의 심각성을 조사했어. 신문에서 지구 온난화와 이상 기후 현상에 관한 기사를 찾아 읽었어.	과학 잡지, 어린이 잡지
다은: 나는 세계의 다양한 축제를 조사했어. <세계 속으로>라는 다큐멘터리를 보고 여러 나라 축제 속 먹거리, 볼거리, 즐길거리를 알 수 있었어.	직접 해 보기 (체험)

활동 2 내 연구 방법과 계획 세우기

→ 내 연구 주제와 연구 대상을 정한 후, 연구를 위해 내가 조사해야 하는 자료를 구체적으로 정하여 봅시다.

예시

연구 주제	
로봇과 관련된 직업에는 무엇이 있을까?	
필요한 정보	**자료를 찾기 위한 방법**
로봇을 만드는 과정에서 필요한 직업	로봇 체험 직업관에 가서 직접 체험해 본다.
로봇을 사용하여 일하는 직업	로봇을 사용하여 일하는 사람들의 영상을 찾아본다. 관련된 사람들을 찾아 인터뷰한다.
로봇과 관련된 직업이 늘어난 이유	신문, 뉴스 기사를 통해 로봇과 관련된 직업이 최근 늘어난 까닭을 살펴본다.

연구 주제	
필요한 정보	**자료를 찾기 위한 방법**

자료를 찾기 위한 방법 예시
인터넷 검색 도서관 인터뷰 뉴스/신문 직접 해 보기(체험) 다큐멘터리/영상 전문 웹사이트 과학 잡지/어린이 잡지

4-9 자료의 신뢰성 평가

자료의 신뢰성 평가는 여러분이 정보를 올바르게 판단하고 평가하는 능력을 기르는 데 있어 매우 중요한 과정입니다.

모든 정보가 정답이 아닐 수 있으며, 특히 인터넷에 있는 정보들은 더욱 다양합니다. 여러분은 정보가 신뢰할 수 있는 곳에서 나왔는지 확인하는 법을 배우게 되고, 이를 통해 정확한 정보를 바탕으로 자신들의 결정을 내릴 수 있습니다.

자료의 신뢰성을 판단하기 위한 구체적인 기준을 제시하며, 여러분은 각 자료를 평가할 때 어떤 요소를 고려해야 하는지를 익힐 것입니다. 예를 들어, 저자의 전문성이나 자료의 업데이트 날짜, 출처의 신뢰성 등을 점검합니다. 또한 여러 자료를 비교하여 서로 검증하고, 올바른 자료를 선택하는 연습도 하게 됩니다.

이 과정은 여러분이 비판적 사고력을 기르고, 자신이 접하는 정보에 대해 더 깊이 생각하는 습관을 기르는 데 큰 도움이 됩니다. 자료의 신뢰성을 평가하는 능력은 더욱 정확하고 신뢰할 수 있는 정보에 근거하여 연구를 진행할 수 있도록 돕는 중요한 기술입니다.

숙달

수집한 자료의 신뢰성을 판단하여 연구의 질을 높일 수 있어요!

활동하기

공부한 날짜: . . .

활동 1 가짜 뉴스 판별하기

➜ 다음을 읽고 우리가 찾은 다양한 정보가 사실인지 아닌지 판단하여 봅시다.

학생신문

교육부, 초등학교 방학 제도 폐지 결정!

2025년 2월 30일

최근 교육부는 초등학교의 방학 제도를 폐지하기로 결정했다고 발표했습니다. 이 결정은 학생들의 학습 효율성을 높이고, 교육의 연속성을 유지하기 위한 방안으로 설명되었습니다. 특히 방학 대신 주말과 여름방학 동안 짧은 휴식일을 마련해 학생들이 더욱 집중할 수 있도록 하겠다는 계획입니다.

교육부 관계자는 "방학이 길어질 경우 학생들이 학습에 대한 흥미를 잃고, 학교에 돌아올 때 적응하는 데 어려움이 크다."라며 "지속적인 학습 환경을 조성하는 것이 중요하다."라고 강조했습니다.

이번 결정은 학부모들 사이에서 큰 지지를 얻고 있습니다. 한 학부모 대표는 "아이들이 방학 동안 잊어버린 부분을 줄이고, 계속해서 배움의 즐거움을 느끼게 하는 것은 매우 긍정적이다."라고 전했습니다. 여러 학부모들이 참여한 여론 조사에서도 70% 이상의 응답자가 방학 폐지에 찬성하는 결과를 보여 주었습니다.

하지만 일부 학생들과 교사들은 방학이 없는 교육 시스템에 대한 우려를 표명하고 있습니다. "방학은 학생들이 충분히 휴식을 취하고, 다양한 경험을 통해 성장할 수 있는 중요한 시간"이라는 목소리도 있습니다.

교육부는 이를 고려하여 짧은 휴식일과 추가적인 체험 학습 프로그램을 운영할 예정이며, 앞으로 이 제도가 어떻게 시행될지는 조금 더 지켜볼 필요가 있습니다.

이번 변화가 학생들에게 어떤 영향을 미칠지, 학부모와 교육계의 관심이 집중되고 있습니다. 방학 없는 새로운 시대, 여러분은 어떻게 생각하시나요?

학생신문 김철수 기자(kimkim@student.co.kr)

➔ 기사를 읽자마자 떠오른 생각을 써 봅시다. 어떤 생각이 드나요? 믿기 어려운 사실인가요? 신뢰가 가나요?

➔ 비판적으로 생각해 봅시다.

- 이것이 실제로 가능할까요?
- 이것이 논리적으로 타당한가요?
- 내가 이미 알고 있는 사실과 일치하는 내용인가요?

➔ 기존의 상식이나 조사 자료, 전문가들의 의견 등 신뢰할 수 있는 자료를 더 찾아봅시다.

➔ 위 기사는 사실인가요, 아닌가요?

활동 2 질문으로 자료 평가하기

➔ 6개의 질문으로 자료가 믿을 만한지 판단해 봅시다.

학생신문

XYZ 모바일 앱, 사용자 개인정보 유출 사건 발생

2025년 4월 32일

최근 모바일 앱 XYZ에서 사용자의 개인정보가 유출되었다는 충격적인 소식이 전해졌다. 이 앱은 수백만 명의 사용자에게 인기 있는 소셜 미디어 플랫폼으로, 개인 맞춤형 콘텐츠를 제공하기 위해 다수의 개인정보를 수집하고 있었다.

전문가들은 유출된 정보에 사용자의 이름, 연락처, 위치 정보, 심지어 최근 촬영한 사진까지 포함되어 있다고 경고하고 있다. 이 사건은 지난 4월 15일, 한 보안 전문 기업이 XYZ 앱의 데이터베이스에서 대량의 개인정보가 외부로 유출된 사실을 발견하면서 알려지게 되었다.

XYZ 앱을 개발한 ABC Corp.는 현재 상황을 조사 중이며, 유출의 경위를 밝히기 위해 노력하고 있다고 밝혔다. 그러나 앱 사용자들 사이에서는 강한 불안감이 퍼지고 있으며, 이미 수천 명의 사용자들이 앱 이용을 중단하고 대체 서비스를 찾고 있는 것으로 나타났다.

ABC Corp.는 사용자들에게 데이터를 보호하기 위해 보다 강력한 보안 조치를 시행할 것이라고 약속하며, 이번 사건에 대한 진상을 밝히는 데 최선을 다할 것을 다짐했다. 그러나 전문가들은 이 사건이 개인정보 보호에 대한 신뢰도를 심각하게 훼손할 수 있다고 경고하고 있다.

이 사건으로 인해 XYZ 앱의 사용자들은 개인정보 보호에 대한 경각심을 기울일 필요성이 더욱 커지고 있으며, 향후 다른 앱 사용자들 또한 유사한 상황에 대비할 필요가 있다.

학생신문 김철수 기자(kimkim@student.co.kr)

What 무엇에 관한 내용인가요?	
Who 누가 이 자료를 만들었나요?	
When 언제 이 자료를 만들었나요?	
Where 어디서 이 자료를 만들었나요?	
Why 왜 이 자료를 만들었나요?	
How 어떻게 이 자료를 만들었나요?	

결론
이 자료는 (믿을 만한 자료입니다. / 믿을 만한 자료가 아닙니다.) 왜냐하면 ____________________ ____________________ 때문입니다.

활동 3 자료의 신뢰도 평가하기

➔ 다음 자료를 읽고 다섯 가지 기준에 따라 자료의 신뢰도를 평가해 봅시다.

자료 1 기후 보고서, 1998년 발간

과학자들은 기후 변화가 점차 진행되고 있다고 주장한다. 하지만 아직까지는 평균 기온 상승 폭이 크지 않고, 극지방의 빙하도 장기간 안정적으로 유지되고 있다. 여러 연구 결과에 따르면, 향후 수십 년간 큰 변화는 관찰되지 않을 것이라는 전망이 우세하다.

자료 2 여행전문 잡지 5월호, '여름 휴가, 어디로 갈까?'

과학자들은 기후 변화가 점차 진행되고 있다고 주장한다. 하지만 아직까지는 평균 기온 상승 폭이 크지 않고, 극지방의 빙하도 장기간 안정적으로 유지되고 있다. 여러 연구 결과에 따르면, 향후 수십 년간 큰 변화는 관찰되지 않을 것이라는 전망이 우세하다.

자료 3 블로거 '지구사랑' 님의 글

안녕하세요, 여러분? 오늘은 저와 함께 기후 변화에 대해 알아보아요.
가을인 요즘 아침저녁으로 쌀쌀하지 않으신가요?
저는 기후 변화가 전혀 사실이 아니라고 생각합니다.
유튜브 영상을 보니, 빙하가 녹는다는 건 정부가 조작한 거라고 나와 있었습니다.
저는 과학을 전공하지 않았지만, 제 직관상 지구는 그렇게 쉽게 변하지 않는다고 확신합니다.

자료 4 기온 상승으로 도시 대부분 물에 잠겨…

2025.9.30. 화

최근 연구에서 발표된 바에 따르면, 지구 평균 기온은 지난 한 해 동안 20도 이상 상승했다. 이러한 급격한 변화로 인해 대부분의 도시가 곧 물에 잠길 것으로 예상된다.

새시대일보 김○○ 기자

자료 5 지구를 살리는 유일한 길

지구는 지금 이 순간에도 무너지고 있습니다! 매년 해수면 높이는 상승하고 평균 기온은 올라가고 있습니다. 지구를 지키는 방법은 단 하나입니다. 바로 우리 단체에 후원하는 것입니다. 후원만 해 주시면 여러분의 자녀가 안전한 미래에서 살아갈 수 있습니다. 클릭 한 번으로 지구를 살릴 수 있습니다.

푸른지구연대 환경운동가 이★★

	자료 1	자료 2	자료 3	자료 4	자료 5
Currency(최신성) • 정보가 언제 게시(출판)되었나요? • 최신 정보인가요, 오래된 것인가요?					
Relevance(관련성) • 나의 주제와 관련이 있는 정보인가요? • 대상 독자가 누구인가요? • 너무 기초적이거나 어려운 내용은 아닌가요?					
Authority(권위) • 정보의 저자/출판사/출처/후원자는 누구인가요? • 사이트 주소에서 알 수 있는 점이 있나요?(com 상업용, go 정부, edu 교육기관, org 비영리조직)					
Accuracy(정확성) • 나의 지식이나 다른 자료를 통해 정보가 사실인지 확인할 수 있나요? • 정보에 철자, 문법, 오타가 있나요?					
Purpose(목적) • 자료의 관점이 객관적이고 공정해 보이나요? • 자료의 목적이 무엇인가요?(정보 제공, 교육, 판매, 설득, 오락 등)					

4-10 윤리적 연구

윤리적 연구는 여러분이 정보를 수집하고 사용할 때 지켜야 할 도덕적 원칙을 배우는 과정입니다. 이 장에서는 여러분이 윤리적 연구의 중요성을 이해하고, 정보 사용 시 피해야 할 잘못된 관행에 대해 인식하게 합니다.

예를 들어, 표절이나 저작권 침해와 같은 문제는 연구에서 매우 심각하게 여겨지는 부분입니다. 여러분은 이러한 윤리적 문제를 예방하는 방법을 배우며, 연구를 통해 얻은 정보가 가치 있게 사용될 수 있도록 해야 합니다.

여러분은 다른 사람의 아이디어나 결과물을 사용할 때 반드시 사용함을 알려야 하며, 이를 위해 인용 방법이나 참고문헌 작성법도 배워야 합니다. 윤리적 연구의 원칙을 지킴으로써, 여러분은 공정하고 정직한 연구자로 성장하게 됩니다. 이 과정은 여러분이 자신의 연구가 얼마나 중요한지를 인식하고, 이를 바탕으로 책임감 있게 학습하는 환경을 조성하는 데 큰 역할을 합니다.

윤리적 연구를 통해 여러분은 자신뿐만 아니라 타인의 연구 결과도 소중히 여기게 되며, 이를 통해 더 건강한 연구 문화를 형성하는 데 기여할 수 있습니다.

숙달

윤리적 연구의 필요성과 방법을 알고, 자신의 연구에 윤리적 책임감을 가질 수 있어요!

활동하기

공부한 날짜: . . .

연구 윤리 알아보기

연구 윤리의 중요성을 알아봅시다. 다음 영상을 보고 물음에 답해 보세요.

→ 연구 윤리란 무엇인가요?

→ 연구 윤리를 지켜야 하는 까닭은 무엇인가요?

→ 연구 윤리를 지킬 수 있는 방법에는 무엇이 있을까요?

4-11 지적 재산권, 학문적 정직성, 참고문헌 작성

지적 재산권, 학문적 정직성, 참고문헌 작성은 **여러분이 연구를 할 때 법적으로나 윤리적으로 필요한 정보를 배우는 중요한 과정**입니다. 이 장에서는 지적 재산권이 무엇인지, 왜 중요한지를 설명하고, 다른 사람의 아이디어나 작업물을 사용할 때 반드시 따라야 할 규칙을 알려 줍니다.

여러분은 표절이 무엇인지 이해하고, 올바른 인용 방법을 배우면서 자신의 연구 결과를 정직하게 표현하는 방법을 익히게 됩니다. 또한 참고문헌 작성에 대한 규칙을 배워서 자신이 사용한 자료를 명확하게 기록하는 방법도 습득하게 됩니다. 정보를 올바르게 인용하고, 자신의 주장에 대한 근거를 제시하는 것은 학문적 정직성을 지키는 중요한 부분입니다.

이를 통해 여러분은 자신의 연구가 얼마나 중요한지를 인식하고, 다른 사람의 아이디어와 연구를 존중하는 방법을 배우게 됩니다. 지적 재산권과 학문적 정직성을 이해하는 것은 여러분이 신뢰받는 연구자로 성장하는 데 큰 도움이 되며, 동료들과의 신뢰를 쌓는 데도 중요한 역할을 합니다.

숙달

타인의 아이디어를 공정하게 인정하고 자료의 출처를 명확히 표시할 수 있어요!

활동하기

공부한 날짜: . . .

활동 1 지적 재산권 알아보기

지적 재산권에 관한 영상을 보고 물음에 답해 보세요.

지적 재산권 알아보기

➔ 지적 재산권이 무엇인가요? ________________________________

➔ 저작권을 지키기 위한 방법에는 무엇이 있나요?

- 원작자의 이용 ______________ 받기
- ______________를 잘 밝히고 정당한 범위 내에서 공정하게 이용하기
- 캡처하기보다 제목을 옮겨 써 주기
- 직접 링크보다 ______________를 활용하기
- ______________ 활용하기

활동 2 학문적 정직성 점검하기

➔ 나는 학문적 정직성을 얼마나 지키고 있는지 점검해 보세요.

점검 내용	매우 그렇다	그렇다	아니다	전혀 아니다
정보의 출처를 확인했나요?				
저자의 이름을 표시했나요?				
다른 사람의 아이디어를 그대로 베끼지 않았나요?				
사진/이미지의 출처를 표시했나요?				
인용 부호(“ ”)를 사용했나요?				

활동 3 출처 작성해 보기

'환경 보호를 위해 내가 실천할 수 있는 일'을 주제로 자료를 찾았습니다. 두 편의 글에서 환경 보호를 위해 내가 실천할 수 있는 일들과 관련된 부분에 밑줄을 그어 보세요.

글 1

재미있는 환경 이야기

환경에 대한 생각을 바꿔야 해요. 환경 문제는 안락함을 추구하는 인간의 이기적인 행동에서 비롯되었어요. 사람들은 숲을 없애고, 산을 깎고, 강과 바다를 더럽히고, 쓰레기를 함부로 버렸어요. 그 결과, 환경 오염이라는 무서운 대가를 치르고 있지요.

환경 문제를 해결하려면 먼저 환경에 대한 생각을 바꿔야 해요. 사람과 환경은 서로 떼려야 뗄 수 없는 관계예요. 환경이 나빠지면 사람의 삶도 나빠질 수밖에 없다는 것을 알아야 해요. 사람과 환경의 관계에 대한 생각이 바뀌어야 환경친화적인 삶을 살 수 있게 될 거예요.

환경 친화적인 삶이란 자연과 더불어 살아가는 삶을 말해요. 다시 말해, 자신의 행동이 주변 환경에 어떤 영향을 미치는지 생각하고 행동하는 거예요. 환경 친화적인 삶은 단순히 환경을 보호하려는 것이 아니에요. 환경이 오염되면 그 피해는 결국 사람에게 오기 때문에 환경을 보호하는 것이 곧 사람을 보호하고 건강하게 만든다고 여기지요.

우리나라도 환경 친화적인 삶을 살려고 노력하는 곳이 많아지고 있어요. 전라남도 담양군 창평 슬로시티가 대표적인 곳이에요. '슬로시티'란 생태를 보존하고, 걷거나 자전거를 타고, 차가 필요할 때는 대중교통을 이용하는 등 마을 전체가 환경 친화적인 삶을 사는 지역이에요. 우리나라에는 전라남도 완도군 청산면, 충청남도 예산군 대흥면, 경상남도 하동군 악양면 등이 슬로시티로 선정됐어요.

사실, 환경 친화적인 삶은 아주 거창한 것이 아니에요. 옛날부터 우리 조상들이 살아온 삶의 방식이지요. 가축의 분뇨나 짚, 잡초, 낙엽 등을 발효시켜 거름으로 사용하거나 짚과 흙으로 집을 지었던 것을 보면 잘 알 수 있어요. 우리 조상들처럼 환경을 함부로 대하지 않고 생명이 있는 모든 생물을 사랑하면서 자연에 감사하는 태도를 지닌다면 누구나 환경 친화적인 삶을 살 수 있어요.

[종이책] (재미있는) 환경 이야기

· ISBN	978-89-5736-574-8 (74530)
· 저자	글: 허정림 그림: 김영랑
· 제본형식	
· 형태 및 본문언어	
· 가격정보	12,000원
· 발행(예정)일	2013.08.12
· 납본여부	납본완료
· 발행처	(주)가나문화콘텐츠 - 홈페이지 바로가기
· DOI	https://doi.org/10.978.895736/5748

글 2
GQ매거진 **운동도 운동인데 마음까지 이렇게 편할 일? 환경 친화적 피트니스 습관** 2025년 4월 8일. 이재영 **플로깅** 조깅을 하면서 쓰레기를 줍는 플로깅이 세계적으로 인기다. 스웨덴에서 시작된 이 운동은 달리기만 하는 게 아니라, 환경 정화까지 실천하는 착한 러닝이라고 생각하면 된다. 러닝 코스 주변의 담배꽁초, 페트병, 일회용 컵을 주워 담으며 자연스럽게 환경 보호에 동참할 수 있다. 쓰레기 줍는 동작이 스쿼트나 런지처럼 자연스러운 근력 운동으로 연결되어 운동 효과도 더 커진다. 소셜 미디어에 플로깅 인증샷을 올리며 '선한 영향력'을 나눈다면 나는 물론 주변 환경까지 개선될 것이다. **자연 속 운동 선택** 친환경 운동은 불필요한 에너지를 아끼는 것도 포함한다. 에어컨 빵빵한 실내 헬스장 대신, 공원 러닝이나 한강 자전거 라이딩이 요즘 더 인기다. 실내 운동은 조명, 냉난방, 기구 가동으로 에너지를 많이 쓰지만, 야외 운동은 자연이 곧 운동장이다. 특히 계절별로 다른 풍경을 즐기며 운동하는 경험은 몸과 마음 모두에 긍정적인 효과를 불러온다. 도심 속 공원이나 숲길에서 하는 운동은 에너지 소비를 줄이고, 자연과 가까워지는 친환경 운동 습관은 장기적으로 지속 가능한 건강법으로 매우 훌륭하다. 새 소리가 들리는 운동장, 멋지지 않은가?

➜ 두 자료를 나의 연구에 활용하려고 합니다. 나의 글에 출처를 남겨 봅시다. 출처를 쓸 때에는 저자명, 제목, 출처명, 출판 연도 등을 써 주어야 합니다.

출처 써 보기	
자료 1	
자료 2	

4-12 피드백을 활용한 연구 평가

피드백을 활용한 연구 평가는 여러분이 자신의 연구를 개선하고 발전하는 **데 필요한 과정**입니다. 이 장에서는 여러분이 친구나 교사로부터 받은 피드백을 활용하여 연구를 어떻게 개선할 수 있을지를 배우게 됩니다. 피드백은 우리의 작업을 돌아보고, 부족한 부분을 보완할 수 있는 좋은 기회를 제공합니다. 여러분은 피드백을 통해 어떤 점이 잘 되었고, 어떤 점이 개선되어야 하는지를 분석하며, 자신의 작업을 발전시키는 데 큰 도움을 받을 수 있습니다.

여러분은 피드백을 주고받는 과정을 통해 협력의 중요성도 배우게 됩니다. 동료들과의 대화를 통해 서로의 생각과 아이디어를 공유함으로써, 더욱 풍부한 배움의 기회를 가지게 됩니다. 피드백을 바탕으로 자신의 연구를 어떻게 개선할지를 고민하는 과정은 여러분이 스스로 비판적으로 사고하도록 유도하며, 보다 나은 결과를 도출할 수 있게 해 줍니다.

이러한 경험은 여러분이 더 나은 연구자로 성장하는 데 필요한 중요한 기반을 마련해 주며, 앞으로의 학습과 프로젝트에서 실력을 향상시키는 데 유용할 것입니다.

숙달

내 연구의 강점과 약점을 파악해서 연구에 반영할 수 있어요!

활동하기

공부한 날짜: . . .

나의 연구 내용을 바탕으로 가족, 친구 등 주변 사람들에게 피드백을 요청하세요.

내가 조사한 기존 내용과 피드백을 어떻게 연결할 수 있을까요?

새로운 방향으로 생각을 확장하거나 넓힐 수 있는 새로운 아이디어를 발견했나요?

Chapter 5

의사결정 기능

우리는 매일 크고 작은 선택을 해요. 아침에 어떤 옷을 입을지, 점심으로 무엇을 먹을지, 방과 후에 무엇을 할지 등 많은 결정을 하죠.

이러한 결정들을 쉽게 내릴 때도 있지만, 때로는 어려운 선택을 해야 할 때도 있어요.

의사결정 기능은 '현명한 선택을 하는 능력'이에요. 이것은 마치 우리 머릿속에 있는 특별한 도구 상자 같은 거예요. 이 도구 상자 안에는 다음과 같은 도구들이 있답니다.

- 다양한 관점을 볼 수 있는 '관점 안경'
- 한쪽으로 치우치지 않게 도와주는 '공정성 저울'
- 정보를 모아서 결론을 내는 '생각 모으기 퍼즐'
- 논리적으로 생각하게 해 주는 '논리 나침반'
- 증거를 찾아 주는 '증거 돋보기'
- 어려운 선택을 도와주는 '결정 지도'

이러한 도구들을 잘 사용하면, 우리는 더 좋은 결정을 내릴 수 있어요. 예를 들어, 친구와 의견이 다를 때 서로의 상황을 이해하고, 새로운 정보를 찾아보고, 증거를 살펴보면서 가장 좋은 해결 방법을 찾을 수 있죠.

좋은 결정을 내리기 위해서는 천천히 생각하고, 다양한 가능성을 살펴보고, 결정의 결과까지 미리 생각해 보는 것이 중요해요. 이런 능력은 연습을 통해 점점 더 발전시킬 수 있답니다!

의사결정 기능을 잘 기르면, 나중에 더 큰 선택을 해야 할 때도 현명하게 결정할 수 있을 거예요. 이것은 학교생활뿐만 아니라 우리의 전체 삶에서 매우 중요한 능력이랍니다.

5-1 다양한 관점 식별

우리는 모두 다른 경험과 생각을 가지고 있어서 같은 상황을 보더라도 다르게 느끼거나 해석할 수 있어요. 예를 들어, 어떤 친구는 비 오는 날을 '재미 없어!'라고 생각하지만, 다른 친구는 '장화 신고 물웅덩이에서 놀 수 있어서 재밌어!'라고 생각할 수도 있어요. 이렇게 어떠한 일이나 사람, 사물을 보는 방향을 '관점'이라고 해요.

우리는 왜 다양한 관점을 이해해야 할까요? 만약 여러분이 친구와 다툰 상황에서 내 입장만 생각하면 오해가 쌓이거나 더 큰 갈등이 생길 수 있어요. 반면, 상대방의 생각과 감정까지 함께 바라본다면 더 넓고 깊게 상황을 이해할 수 있고, 그만큼 더 현명하고 균형 잡힌 결정을 내릴 수 있어요.

또한 상대방의 생각을 존중하고 공감할 수 있게 돼요. 우리 사회는 서로 다른 사람들이 함께 살아가기 때문에, 관점의 다양성을 인정하고 이해하는 태도가 아주 중요해요.

다양한 관점을 이해하는 것은 '안경'을 바꿔 써 보는 것과 같아요! 내 처지에서만 보는 것이 아니라 다른 사람의 관점에서 바라볼 수 있도록 함께 '관점 안경'을 써 볼까요?

숙달

관점의 다양성을 인정하고 다양한 관점을 파악해서 여러 시각에서 바라볼 수 있어요!

활동하기

공부한 날짜:　　.　　.　　.

활동 1 같은 사건, 다른 이야기!

늑대의 이야기

『아기돼지 삼형제』 이야기 속 셋째 아기돼지와 늑대의 인터뷰를 읽고 두 인물의 관점을 비교해 봅시다.

셋째 아기돼지의 이야기	늑대의 이야기
기자: 안녕하세요. 늑대와의 사건에 대해 말씀해 주실 수 있을까요? 셋째 아기돼지: 안녕하세요. 네, 정말 무서운 경험이었어요. 갑자기 늑대가 우리 형들을 찾아왔다고 하더라고요. 그러고는 제 집에까지 와서는 문을 두드리며 으르렁거렸어요. 기자: 늑대는 설탕을 빌리러 왔다고 했어요. 알고 계셨나요? 셋째 아기돼지: 설탕이요? 설탕을 빌리는 늑대가 왜 그렇게 문을 두드리며 소리를 지르죠? 그리고 제 형들이 죽었다는 건 믿기 어려워요. 우연히 무너졌다고요? 너무 수상하잖아요. 기자: 그 상황에서 가장 무서웠던 점은요? 셋째 아기돼지: 집 안에 있어도 안전하지 않다는 느낌이었어요. 그래서 벽돌집을 지은 걸 다행이라고 생각했어요. 제가 문을 열었으면 저도 위험했을 거예요.	기자: 늑대 씨, 돼지 삼형제 사건에 대해 해명하고 싶으시다고요? 늑대: 네, 정말 답답해서요. 저는 그날 단지 감기에 걸려서 설탕을 좀 빌리려던 것뿐이었어요. 제 할머니 생일 케이크를 만들려고요. 기자: 그런데 왜 두 돼지의 집이 무너졌다는 거죠? 늑대: 정말 우연이었어요! 제가 재채기를 했는데 집이 허술해서 무너졌더라고요. 돼지들이 안타깝게도 그 안에 있었던 거고요. 제가 일부러 그런 게 아니에요. 기자: 그럼 셋째 돼지에게 왜 그렇게 화를 냈나요? 늑대: 정중하게 설탕을 달라고 했는데, 갑자기 무례하게 말하고 문을 쾅 닫더라고요. 감기 기운에 짜증도 나고, 그냥 평범한 말다툼이었어요. 그런데 기자들이 그걸 침입이라고 몰아세운 거죠.

➜ 셋째 아기돼지가 되어 봅시다.

- 늑대는 왜 왔다고 했나요? ____________________
- 늑대가 왔을 때 왜 문을 열어 주지 않았나요? ____________________
- 이 사건에서 아기돼지는 어떤 기분이었을까요? ____________________

늑대가 되어 봅시다.

- 늑대는 왜 돼지네 집에 갔나요? ______________________

- 늑대가 돼지에게 들은 말은 무엇인가요? ______________________

- 늑대가 억울하다고 느끼는 까닭은 무엇인가요? ______________________

아기돼지와 늑대의 관점을 비교해 봅시다.

	셋째 아기돼지의 생각	늑대의 생각
사건의 원인		
자신의 감정		
상대방에 대한 느낌		
자신이 잘했다고 생각한 점		

내 생각은 어떤가요?

- 누구의 말이 더 설득력 있었나요? 왜 그렇게 생각하나요?

____

- 두 관점을 모두 이해해 본 뒤, 나는 이 사건을 어떻게 바라보게 되었나요?

____

활동 2 같은 하루, 다른 느낌! 관점 만화 그리기

→ 같은 상황을 두 사람 입장에서 각각 다르게 바라보고 표현해 봅시다.

두 사람이 겪은 상황은?	예 놀이터에서 축구하는 상황, 미끄럼틀 앞에 줄 서 있는 상황, 친구가 넘어진 걸 본 상황		
인물 A(어린이)		인물 B(노인)	
(같은 상황에서 관점이 다른 두 인물 쓰기)		(예 어린이와 노인 / 친구와 나)	
A의 관점 (생각, 느낌)		B의 관점 (생각, 느낌)	
왜 둘의 생각은 다를까?			
내가 더 공감 가는 쪽은?			

활동 3 누구의 말일까? 관점 추리 퀴즈

➜ 짧은 문장을 읽고 그 말을 한 사람의 관점을 추리해 봅시다. 다양한 입장에서 세상을 바라보는 훈련을 해 봅시다.

번호	문장	누가 한 말일까요? (예상 인물)
1	이 시간엔 엘리베이터가 너무 붐벼서 기다리는 게 싫어요.	출근하는 직장인
2	이 노래 너무 시끄러워요. 요즘 노래는 다 그런가요?	
3	장난감 코너 앞에서 너무 오래 서 있으면 아이들이 다 사고 싶어 해요.	
4	자판기 옆 쓰레기통이 자꾸 넘쳐요. 누가 치우죠?	
5	우리 반 아이들이 점점 발표를 잘해서 뿌듯해요.	
6	인터넷에 악성 댓글이 달리면 기분이 진짜 나빠요.	
7	이제 내가 줄넘기 100개 넘게 할 수 있어!	
8	강아지가 산책 후엔 물을 많이 마셔요.	
9	정리 안 된 선반은 손님들이 물건을 안 사요.	
10	계단에 앉아서 놀지 않았으면 좋겠어. 넘어질 수도 있잖아.	
내가 출제	(직접 관점 추리 퀴즈를 만들고 답을 써 보세요.)	
내가 출제	(직접 관점 추리 퀴즈를 만들고 답을 써 보세요.)	

5-2 편향성 평가

우리는 매일 다양한 정보를 접하며 살아가요. TV, 인터넷, 유튜브, 광고, 책, 친구 이야기 등 정말 많죠. 그런데 이 정보 중에는 어느 한쪽 이야기만 보여 주는 경우가 있어요. 이렇게 한쪽으로 기울어진 정보를 '편향된 정보'라고 해요.

예를 들어, 어떤 광고에서 초콜릿이 "맛있다!"고 말해요. 하지만 당이 많다는 점은 말하지 않죠. 이건 초콜릿을 팔기 위해 좋은 점만 강조한 편향된 정보예요. 또 다른 예로, 한 사람이 친구와 싸웠을 때 자기 처지만 말하고, 친구가 왜 그랬는지는 말하지 않아요. 그럼 듣는 사람은 그 친구가 정말 나쁜 사람이라고 오해할 수 있죠.

우리는 정보를 볼 때, 꼭 이 정보가 공정한지 생각해 봐야 해요. '다른 입장은 없을까?', '사실을 빼먹은 건 아닐까?' 하고 질문해 보는 습관이 중요해요.

편향성을 잘 알아보는 사람은 더 똑똑하게 판단하고, 쉽게 속지 않아요. 편향된 정보를 바로잡는 건 진실을 더 잘 이해하려는 태도예요.

마음속에 저울이 있다고 생각해 보세요. 그리고 '이건 편향된 건 아닐까?' 하고 한 번 더 생각해 보세요!

숙달

정보에서 숨겨진 부분을 찾아 편향성을 평가할 수 있어요!

활동하기

공부한 날짜: . . .

활동 1 사실과 의견 판단해 보기

사실은 실제 있었던 일로, 참과 거짓을 판단할 수 있어요. 의견은 어떤 일이나 대상에 대해 가지는 생각이에요. 다음 문장이 사실인지, 거짓인지 판단해 봅시다.

번호	문장	사실? 의견?
1	서울은 대한민국의 수도이다.	사실 / 의견
2	모든 사람은 주말에 여행을 가고 싶어 한다.	사실 / 의견
3	대한민국의 국기는 태극기이다.	사실 / 의견
4	한국의 전통 음식 중 하나는 김치이다.	사실 / 의견
5	사람들은 매운 음식을 좋아하지 않는다.	사실 / 의견
6	초콜릿은 전 세계 사람들이 좋아하는 간식이다.	사실 / 의견
7	호랑이는 동물이다.	사실 / 의견
8	아침에 일찍 일어나야 한다.	사실 / 의견
9	우리 학교의 급식은 맛있다.	사실 / 의견
10	친구와 사이좋게 지내야 한다.	사실 / 의견
내가 출제	(직접 사실 / 의견 문장을 만들고 답을 써 보세요.)	사실 / 의견
내가 출제	(직접 사실 / 의견 문장을 만들고 답을 써 보세요.)	사실 / 의견
내가 출제	(직접 사실 / 의견 문장을 만들고 답을 써 보세요.)	사실 / 의견

활동 2 광고 속 숨겨진 이야기 찾기

➔ 다음 광고를 보고 숨겨진 이야기를 찾아봅시다.

〈침대 광고〉

〈칼 광고〉

〈신발 광고〉

〈에너지바 광고〉

	침대 광고	칼 광고
강조한 점		
말하지 않은 점		
광고를 만든 사람은 누구일까요?		
광고를 보고 어떤 생각이 들었나요?		

	신발 광고	에너지바 광고
강조한 점		
말하지 않은 점		
광고를 만든 사람은 누구일까요?		
광고를 보고 어떤 생각이 들었나요?		

활동 3 기사 속 편향성 찾기

➔ 두 기사를 읽고, 기사에서 편향된 부분을 찾아봅시다.

기사 1

학생 중심의 미래 학교를 위한 선택, 자판기 도입 필요성 높아져

최근 여러 학교에서 학생 편의를 높이기 위한 자판기 설치 논의가 활발히 진행되고 있다. 자판기는 짧은 쉬는 시간에도 에너지 보충이 가능하다는 점에서 학생과 교직원 모두에게 효율적인 간식 공급 방식으로 주목받고 있다.

김한결(초5) 학생은 "수업 중간에 배가 고플 때 자판기에서 간단한 간식을 사 먹을 수 있다면 공부에 더 집중할 수 있을 것 같아요."라고 말했다. 실제로 한 연구에 따르면 간단한 간식 섭취는 집중력과 학습 지속 시간 향상에 도움이 된다고 알려져 있다.

또한 최근 도입되는 스마트 자판기들은 결제 편의성, 위생, 상품 다양성 면에서 기존 매점보다 훨씬 더 체계적인 관리가 가능하다. 학생들에게 필요한 건강 간식도 포함되도록 구성할 수 있어, 단순히 '간식 기계'가 아닌 스마트한 학습 보조 도구로도 볼 수 있다는 의견이 많다.

물론 일부에서는 건강 우려도 있지만, 건강 간식을 구성하고, 사용 규칙을 정하면 충분히 해결할 수 있는 부분이라는 시각도 있다.

학교 교육은 시대에 따라 변화해야 한다. 학생의 편의와 자율성을 존중하는 방향으로 변화하는 지금, 자판기는 그 출발점이 될 수 있다.

기사 2

편리함에 가려진 그림자, 학교 자판기 설치 다시 생각해 봐야

최근 몇몇 학교에서 자판기 설치를 검토하고 있다는 소식이 전해지며 학생 건강과 교육 환경에 대한 우려의 목소리도 함께 커지고 있다.

학교 자판기에서는 주로 고당분, 고열량의 가공식품이 판매되는 경우가 많아 학생들의 건강에 부정적인 영향을 줄 수 있다는 지적이 나온다. 보건교사 최은정 씨는 "한창 자라는 시기에는 균형 잡힌 식습관을 기르는 것이 무엇보다 중요한데, 자판기는 아이들에게 올바르지 않은 식생활 습관을 줄 수 있어 걱정된다."라고 말했다.

또한 자판기를 중심으로 불필요한 소음과 쓰레기, 학생 간 다툼 등의 문제가 발생할 수 있다는 우려도 있다. 관리 부실로 고장이나 제품 오류, 위생 문제가 생긴 사례도 보고된 바 있다.

일부에서는 '요즘 시대에 자판기 정도는 있어야 한다.'라는 주장도 있지만, 학교는 편의보다는 교육과 질서를 우선해야 하는 공간이라는 반론도 힘을 얻고 있다.

학생들에게 지나친 자유는 때때로 잘못된 선택을 부를 수도 있다. 단순히 '간편한 간식'으로 보기엔 그 영향이 가볍지 않다. 학교 자판기 설치는 다시 한번 신중하게 검토되어야 할 시점이다.

기사를 분석하여 표를 채워 봅시다.

	기사 1	기사 2
자주 등장하는 낱말은?		
무엇을 강조하고 있나요?		
중심 생각(주장)은 무엇인가요?		
어떤 정보를 말하지 않았나요?		

기사에서 편향되었다고 느껴지는 곳에 밑줄을 그어 봅시다.

글이나 정보를 볼 때, 편향성을 알아보려면 어떤 점을 확인해야 할까요?

5-3 결론 도출

우리는 하루에도 여러 번 '결론'을 내려요. 예를 들어, 친구가 늦었을 때 '화가 났나?', 시험을 잘 봤을 때 '공부한 방법이 효과 있었구나.' 같은 판단을 하죠.

결론을 잘 내리려면 그냥 느낌대로 생각하는 것이 아니라 정보를 모으고, 비교하고, 생각을 정리하는 과정이 필요해요. 이런 과정을 우리는 '추론'이라고 불러요. 이런 **결론 도출** 능력은 **과학 실험, 뉴스 읽기, 친구 문제 해결, 토론 등 정말 많은 상황에서 꼭 필요한 능력**이에요.

좋은 결론을 내리기 위해서는 관련된 정보를 잘 모으고, 그 정보가 믿을 만한지 따져 보고, 비슷한 점, 다른 점을 비교하고, 이유와 결과 사이의 관계를 분석해야 해요. 시험 성적이 올랐다면 '공부를 많이 해서 그런가?', '새로운 학습 방법 때문인가?' 하고 원인과 결과를 잘 따져 봐야 정확한 결론에 도달할 수 있어요.

믿을 만한 정보와 내 생각을 하나씩 하나씩 모으다 보면 퍼즐이 완성되듯, 하나의 결론을 내릴 수 있을 거예요.

숙달

정보를 모으고, 비교하고, 생각을 정리하여 합리적인 결론을 내릴 수 있어요!

활동하기

공부한 날짜: . . .

활동 1 다음 장면을 완성하라!

4컷 만화 중 일부가 사라졌어요. 만화의 내용이 자연스럽게 연결되도록 빈칸에 마지막 장면을 그려 봅시다.

1

2

3

4

그렇게 그림을 그린 이유는 무엇인가요? 일어난 일들을 순서대로 설명해 봅시다.

1 ____________________

2 ____________________

3 ____________________

4 ____________________

활동 2 그래프 속 정보를 모아 결론 도출하기

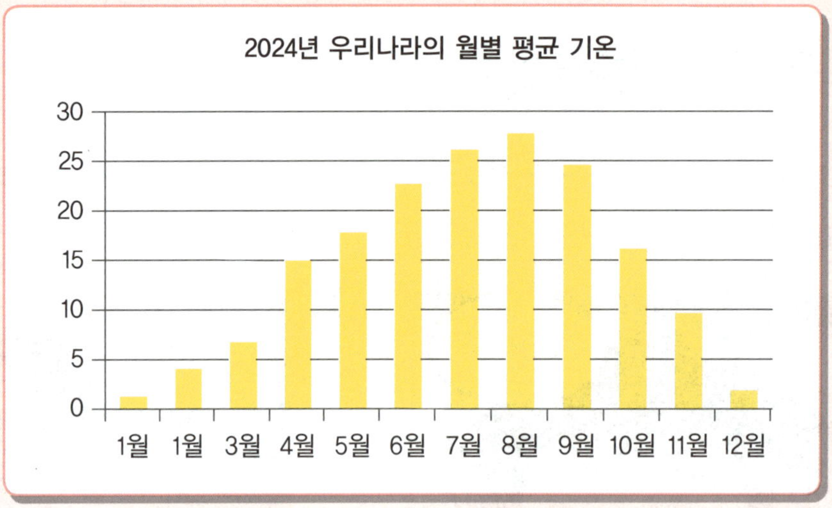

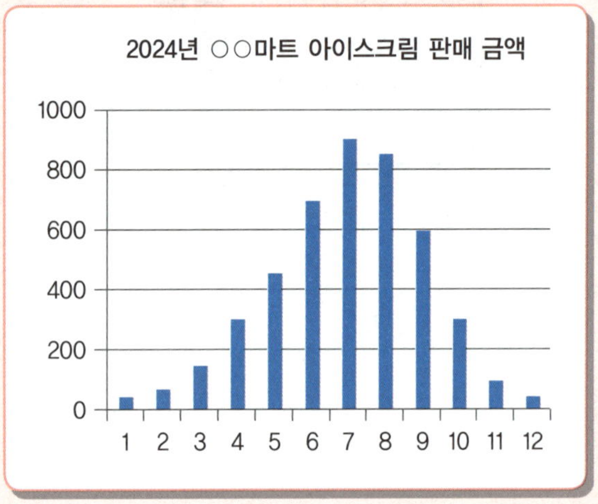

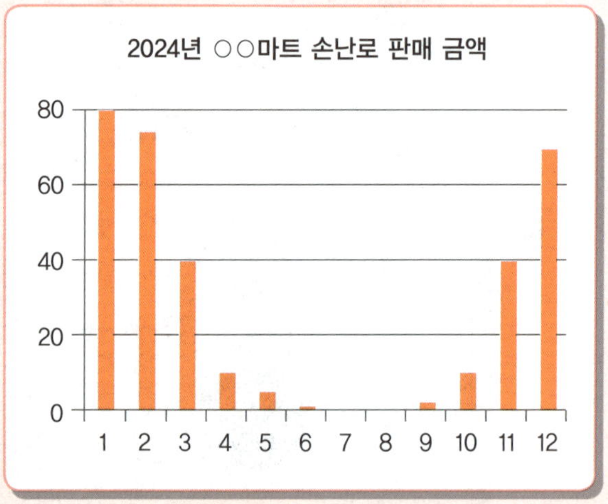

➜ 그래프에서 알 수 있는 점을 찾아봅시다.

- 가장 더운 달은 언제인가요? ______________________________
- 아이스크림이 가장 많이 팔리는 달은 언제인가요? ______________________
- 손난로가 가장 많이 팔리는 달은 언제인가요? ________________________

그래프의 정보를 연결 지어 생각해 봅시다.

- 아이스크림과 손난로 판매량 사이에는 어떤 공통점이나 반대되는 점이 있나요?

- 기온이 아이스크림과 손난로 판매량에 어떤 영향을 주나요?

내가 모은 정보를 바탕으로 결론을 내려 봅시다.

- 이 그래프를 보고 어떤 결론을 내릴 수 있나요?

- 내가 만약 ○○마트 사장님이라면, 어떤 물건을 언제 파는 게 좋을까요?

- 그래프에 없는 정보 중에 더 알고 싶은 것이 있다면 무엇인가요?

활동 3 종이비행기 실험

종이비행기를 접는 방법에 따라 나는 거리가 달라질까요? 실험 결과를 보며 결론을 도출해 봅시다.

	기본형	날개형	네모형
형태			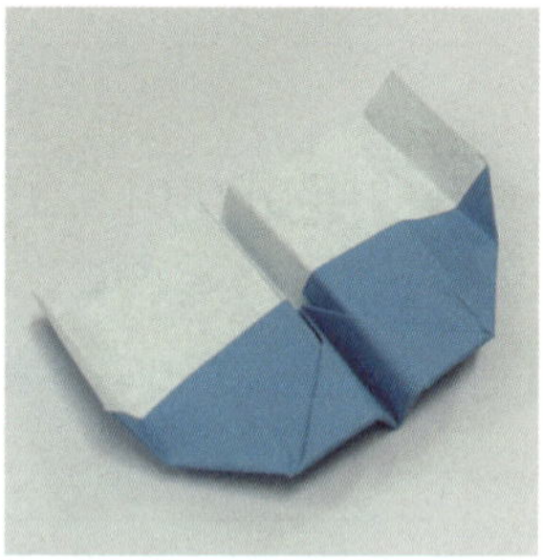
특징	날개가 아래로 내려감. 길이 긺.	날개가 위로 올라감. 길이 짧음.	날개가 넓고 네모난 모양. 길이 짧음.
날아간 거리 (총 3회 측정)	50cm/70cm/80cm	120cm/150cm/180cm	30cm/50cm/60cm

- 가장 멀리 날아간 종이비행기는 어느 것이었나요?

- 종이비행기마다 거리 차이가 난 이유는 무엇일까요?

- 종이비행기가 날아간 거리에 영향을 준 요인에는 어떤 것이 있을까요? (힌트: 종이 두께, 던지는 힘, 접는 모양, 바람 등)

- 실험을 바탕으로 결론을 도출해 봅시다.

5-4 삼단논법과 논리

우리는 어떤 생각을 할 때, 그냥 느낌만으로 판단하지 않아요. 정보를 모으고, 그것을 바탕으로 차근차근 생각하며 결론을 내려요. 이런 사고 방법을 논리적 사고라고 해요. 논리적 사고에는 세 가지 중요한 방법이 있어요. 바로 연역적 추론, 귀납적 추론, 유비 추론이에요.

연역적 추론은 '일반적인 사실 → 구체적인 결론'으로 생각하는 방법이에요. 예를 들어, '모든 사람은 숨을 쉰다. → 민수는 사람이다. → 그러므로 민수도 숨을 쉰다.' 이렇게 반드시 맞는 결론을 내리는 것이에요. 이것을 삼단논법이라고도 해요!

귀납적 추론은 여러 가지 구체적인 예를 보고 전체를 판단하는 거예요. 예를 들어, '오늘 학교에 온 친구들 모두 교복을 입었다. → 그래서 우리 반 친구들은 보통 교복을 입는 것 같다.' 이건 확실하진 않지만 그럴듯한 결론이에요.

유비 추론은 비슷한 점을 바탕으로 새로운 생각을 떠올리는 방법이에요. 예를 들어, 책상과 의자는 모두 네 다리를 가지고 있다. 그래서 둘 다 바닥에 안정적으로 놓이도록 만들어졌다. 비슷한 점을 이용해 새로운 통찰을 얻는 것이죠.

이런 논리적 생각을 연습하면, 우리는 나침반처럼 생각의 방향을 잘 정하고, 정확하게 판단하고, 설득력 있는 말과 글도 쓸 수 있어요!

숙달

세 가지 논리적 추론 과정을 활용해 논리적으로 사고하여 결론을 정할 수 있어요!

활동하기

공부한 날짜: . . .

활동 1 삼단논법(연역적 추론) 연습하기

다음 문제를 잘 읽어 봅시다. 두 문장은 전제이고, 마지막 문장은 결론이에요. 앞 문장들과 연결되는 논리적인 문장을 완성해 봅시다.

전제 1	전제 2	결론
곤충은 다리가 6개다.	나비는 곤충이다.	그러므로 나비는 다리가 6개다.
로봇은 전기로 작동한다.	로봇 청소기는 로봇이다.	그러므로 ( )
포유류는 새끼를 낳는다.	돌고래는 포유류이다.	그러므로 ( )
모든 과일은 씨앗을 가지고 있다.	사과는 과일이다.	그러므로 ( )
모든 새는 날개가 있다.	참새는 새이다.	그러므로 ( )
모든 학생은 시험을 본다.	민지는 학생이다.	그러므로 ( )

다음 문장을 읽고, 논리적으로 맞았는지 틀렸는지 표시해 봅시다. 틀렸다면 어떤 점이 잘못됐는지 설명하고 고쳐 봅시다.

전제 1	전제 2	결론
모든 물고기는 물에서 산다.	돌고래는 물에서 산다.	그러므로 돌고래는 물고기다.

▶ 이 문장은 논리적으로 (맞아요 / 틀렸어요.)

왜냐하면,

전제 1	전제 2	결론
겨울에는 눈이 자주 온다.	오늘은 겨울이다.	오늘은 눈이 올 것이다.

▶ 이 문장은 논리적으로 (맞아요 / 틀렸어요.)

왜냐하면,

전제 1	전제 2	결론
모든 과일은 달콤하다.	고추는 달콤하다.	고추는 과일이다.

▶ 이 문장은 논리적으로 (맞아요 / 틀렸어요.)

왜냐하면,

이제 나만의 논리 구조를 만들어 봅시다.

넓은 사실 전제	구체적 사례 전제	결론

활동 2 귀납적 추론 연습하기

다음을 잘 관찰하고, 규칙을 찾아봅시다.

2, 4, 6, 8, 10, (   )

- 다음에 올 숫자는 무엇인가요? ______
- 어떤 규칙이 있나요? ______

● ○ ■ △ ● ○ ■ △ ● ○ (   )

- 다음에 올 모양은 무엇인가요? ______
- 어떤 규칙이 있나요? ______

다온이가 키운 세 식물의 정보입니다. 잘 관찰하고, 규칙을 찾아봅시다.

	해바라기	고추	상추
햇빛	매일	매일	매일
물 주기	하루에 1번	하루에 1번	하루에 1번
결과	잘 자람	잘 자람	매우 잘 자람

- 세 가지 식물의 공통점은 무엇인가요?

______

- 어떤 일반적인 결론을 낼 수 있을까요? (식물이 잘 자라려면….)

______

활동 3 유추하기

➜ 유비 추론(유추)은 서로 다른 두 가지를 비슷한 점을 기준으로 비교하고, 그 유사성에서 새로운 생각이나 주장을 만들어 내는 논리적인 생각 방법이에요. 다음 문장을 보고 공통점을 찾아서 마지막 문장을 완성해 봅시다.

태양은 지구에 빛과 에너지를 줘요.	+	부모님은 아이에게 사랑과 관심을 줘요.	=	부모님은 아이에게 태양과 같아요.
컴퓨터는 정보를 저장하고 처리해요.	+	사람의 두뇌도 정보를 저장하고 처리해요.	=	컴퓨터는 사람의 (　　　)와 같아요.
비는 땅에 물을 적셔 줘요.	+	선생님은 학생에게 (　　　)을 줘요.	=	선생님은 학생에게 비와 같아요.
책은 새로운 세계를 보여 줘요.	+	창문은 바깥세상을 보여 줘요.	=	책은 마음의 (　　　)이에요.
(비교 대상 1)	+	(비교 대상 2)	=	(공통점을 찾아 문장 만들기)

5-5 증거 기반과 논증 개발

우리가 의견을 말하거나 글을 쓸 때 단순히 "나는 이렇게 생각해요."라고만 말하면 설득력이 약해요. 생각을 뒷받침해 줄 수 있는 증거가 필요하죠. 예를 들어, "환경 보호가 중요해요."라는 주장을 한다면, "왜 중요한가요?", "무엇을 근거로 그런 말을 하나요?"라는 질문이 따라올 거예요.

증거 기반 논증은 **자신의 주장을 분명히 하고, 그 주장을 지지할 수 있는 사실, 통계, 사례, 경험, 전문가 말 등의 증거를 모으고, 그 증거를 정확하고 적절하게 활용하는 방법을 배우는 과정**이에요.

또한 다른 사람의 반론에 대비해 미리 생각해 두는 것도 중요해요. "어떤 사람은 다르게 생각할 수 있어요. 하지만 이런 이유로 제 주장이 더 낫습니다." 라고 말할 수 있어야 해요. 이런 과정을 연습하면, 단순히 '맞고 틀리다'를 넘어서 설득력 있는 의사 표현을 할 수 있고, 토론, 글쓰기, 의사결정에도 큰 힘이 된답니다.

나의 주장을 분명히 하기 위해 돋보기를 들고 증거를 꼼꼼히 살펴볼까요?

숙달

증거를 수집하고 검토하여 논증을 체계적으로 구성할 수 있어요!

활동하기

공부한 날짜: . . .

좋은 논증은 주장 + 믿을 만한 증거 + 반론 대비로 이루어집니다. 그래야 자기 말이 더 힘 있고 설득력 있게 들려요. 다음 글을 읽고 나의 논증을 구성해 봅시다.

활동 1 우리 동네에 공원이 더 필요할까?

요즘 우리 동네에는 아파트가 많이 생기고 있어요. 사람들이 늘어나면서 놀이터나 운동장, 공원처럼 쉬거나 놀 수 있는 공간은 점점 줄어들고 있어요. 그 결과, 아이들은 아파트 안 주차장에서 자전거를 타거나 좁은 인도에서 뛰노는 경우가 많아졌습니다.

한 조사에 따르면, 초등학생 10명 중 7명이 "학교 끝나고 갈 만한 공공 공간이 없다."라고 말했어요. 어떤 부모님은 "요즘은 아이가 놀 곳이 없어서 스마트폰만 하게 되는 것 같다."라고 걱정하기도 했어요. 또 공원이 가까운 동네에서는 노인분들의 건강 상태가 더 좋고, 주민 간의 인사도 활발하다는 연구 결과도 있어요.

그런데 어떤 사람들은 "이미 작은 공원이 하나 있으니 충분하다." 또는 "공원을 지으면 주차 공간이 줄어들지 걱정된다."라고 말하기도 해요. 정말 우리 동네에 공원이 더 필요한 걸까요?

1. 글 분석하기		
1) 글쓴이의 주장		
2) 글에서 찾을 수 있는 증거에 밑줄을 그어 보세요.		
2. 내 생각 정리		
1) 나의 주장		
2) 주장을 뒷받침할 새로운 증거	내가 본 사실	
	통계나 실험, 연구 결과, 설문조사 등	
	다른 사람의 말 (전문가, 주변 인터뷰 등)	
3. 반론과 내 생각		
1) 예상되는 반대 의견		
2) 반론에 대한 나의 답		

활동 2 초등학생의 스마트폰 사용, 어디까지 괜찮을까?

요즘은 초등학생들도 스마트폰을 갖고 있는 경우가 많아요. 버스를 타거나 쉬는 시간에 스마트폰을 사용하는 친구들을 자주 볼 수 있어요. 어떤 친구는 스마트폰으로 게임을 하기도 하고, 어떤 친구는 SNS나 유튜브를 많이 봐요.

한 통계에 따르면, 초등학생의 하루 평균 스마트폰 사용 시간은 3시간 이상이라고 해요. 또 스마트폰을 오래 사용할수록 수면 시간이 짧고, 집중력이 떨어질 수 있다는 연구도 있어요. 부모님들은 '아이들이 스마트폰만 붙잡고 있으니 대화가 줄고, 책도 잘 안 읽는다.'라고 걱정해요.

하지만 스마트폰이 무조건 나쁜 것만은 아니에요. 정보를 빠르게 찾거나, 친구와 연락하거나, 공부 앱을 활용할 수도 있죠. 어떤 친구는 "나는 스마트폰으로 단어장도 만들고, 학교 알림장을 확인해요."라고 말했어요.

그렇다면, 초등학생의 스마트폰 사용은 어디까지 괜찮을까요?

1. 글 분석하기		
1) 글쓴이의 주장		
2) 글에서 찾을 수 있는 증거에 밑줄을 그어 보세요.		
2. 내 생각 정리		
1) 나의 주장		
2) 주장을 뒷받침할 새로운 증거	내가 본 사실	
	통계나 실험, 연구 결과, 설문조사 등	
	다른 사람의 말 (전문가, 주변 인터뷰 등)	
3. 반론과 내 생각		
1) 예상되는 반대 의견		
2) 반론에 대한 나의 답		
4. 최종 논증		

저는 ______________________________ 라고 생각합니다.

그 이유는 ______________________________ 이기 때문입니다.

어떤 사람은 이 문제에 대해 ______________________________ 라고 생각할 수 있습니다.

하지만 저는 ______________________________ 라고 생각합니다.

활동 3 우유 급식에 맛있는 우유가 추가된다면?

요즘 많은 학교에서 점심 급식과 함께 흰 우유를 제공하고 있어요. 그런데 만약 급식 우유에 초코우유, 딸기우유, 바나나우유 같은 맛있는 우유가 추가된다면 어떨까요?

어떤 친구들은 "그럼 우유를 더 맛있게, 남기지 않고 먹을 수 있을 것 같아!"라고 말해요. 실제로 한 초등학교(서울 ○○초)에서 2주간 다양한 맛 우유를 제공했더니, 우유 잔반량이 40% 줄었다는 실험 결과도 있어요. 또 서울시교육청 설문조사(2022년)에 따르면, 초등학생의 68%가 '우유가 더 다양하면 급식이 더 즐거울 것 같다.'라고 답했어요.

하지만 반대로, 초코우유와 딸기우유 1팩에는 약 15~18g의 당분이 들어 있어 흰 우유보다 훨씬 더 달고, 과도한 당 섭취가 비만과 충치의 원인이 될 수 있다는 영양사들의 지적도 있어요. 또 다양한 맛 우유가 나오면 어떤 학생은 초코우유, 어떤 학생은 딸기우유를 선택하게 되어, 학교 예산 문제, 형평성 문제, 알레르기 문제도 생길 수 있다는 의견이 있답니다.

그렇다면, 우유 급식에 맛 우유를 넣는 것이 정말 좋은 일일까요? 여러분의 생각은 어떤가요?

<table>
<tr><th colspan="3">1. 글 분석하기</th></tr>
<tr><td>1) 글쓴이의 주장</td><td colspan="2"></td></tr>
<tr><td colspan="3">2) 글에서 찾을 수 있는 증거에 밑줄을 그어 보세요.</td></tr>
<tr><th colspan="3">2. 내 생각 정리</th></tr>
<tr><td>1) 나의 주장</td><td colspan="2"></td></tr>
<tr><td rowspan="3">2) 주장을 뒷받침할 새로운 증거</td><td>내가 본 사실</td><td></td></tr>
<tr><td>통계나 실험, 연구 결과, 설문조사 등</td><td></td></tr>
<tr><td>다른 사람의 말 (전문가, 주변 인터뷰 등)</td><td></td></tr>
<tr><th colspan="3">3. 반론과 내 생각</th></tr>
<tr><td>1) 예상되는 반대 의견</td><td colspan="2"></td></tr>
<tr><td>2) 반론에 대한 나의 답</td><td colspan="2"></td></tr>
<tr><th colspan="3">4. 최종 논증</th></tr>
<tr><td colspan="3">저는 ______________________________ 라고 생각합니다.
그 이유는 ______________________________ 이기 때문입니다.
어떤 사람은 이 문제에 대해 ______________________________ 라고 생각할 수 있습니다.
하지만 저는 ______________________________ 라고 생각합니다.</td></tr>
</table>

5-6 쉬운 선택과 어려운 선택

우리는 하루에도 여러 번 선택하게 돼요. 아침에 무엇을 입을지, 쉬는 시간에 누구와 이야기할지, 숙제를 먼저 할지 놀고 할지를 고르는 것도 다 선택이에요.

그런데 이런 선택 중엔 '쉬운 선택'도 있고 '어려운 선택'도 있어요. **쉬운 선택**은 **결과가 거의 예상되고, 위험이 적고, 빨리 판단할 수 있는 경우**예요. 예를 들어, 오늘 날씨가 추우므로 긴팔을 입는 건 쉬운 선택이에요.

반면, **어려운 선택**은 **결과를 바로 알기 어렵고, 여러 사람이 관련되어 있고, 시간이 부족하거나 중요한 결과를 가져올 수 있는 경우**예요. 예를 들어, 친구의 잘못을 선생님께 말할지 말지를 고민하는 건 어려운 선택이에요.

우리는 어려운 선택일수록 의사결정의 단계를 잘 따라야 해요. 상황을 파악하고, 가능한 선택지를 찾고, 각각의 장단점을 분석하고, 최선의 결정을 내리고 행동하며, 결과를 되돌아보는 것까지 포함된답니다. 마치 지도를 보며 길을 찾아가는 것처럼 말이에요.

이런 과정을 연습하면, 단순히 '편한 선택'이 아닌, '더 현명한 선택'을 할 수 있게 돼요. 함께 현명한 선택을 찾아 길을 떠나 볼까요?

숙달

쉬운 선택과 어려운 선택을 구분하고, 어려운 선택 상황에서 기준에 따라 현명한 결정을 내릴 수 있어요!

활동하기

공부한 날짜: . . .

활동 1 나는 어떤 걸 고를까?

➔ 다음 두 가지 상황을 읽고, 어떤 선택을 할지 동그라미 표시해 봅시다. 그리고 왜 그런 선택을 했는지 생각해 봅시다.

오늘 수학 숙제가 어렵다. 지금 당장 게임을 하고 싶다. 나의 선택은?
숙제를 나중에 하고 게임부터 한다. / 숙제를 먼저 끝내고 나중에 게임을 한다.
이유:

친구가 잘못된 행동을 했다. 말하면 친구가 싫어할 것 같다.
아무 말도 하지 않는다. / 조심스럽게 친구에게 알려 준다.
이유:

➔ 다음 상황을 읽고, 쉬운 선택인지 어려운 선택인지 구분해 봅시다.

선택 상황	쉬운 선택 / 어려운 선택	왜 그렇게 생각했나요?
저녁 식사 메뉴 정하기	☐ 쉬움 ☐ 어려움	
친구와 다퉜을 때 먼저 사과하기	☐ 쉬움 ☐ 어려움	
우리 반 대표로 나가서 발표하기	☐ 쉬움 ☐ 어려움	
내 실수를 솔직히 말하기	☐ 쉬움 ☐ 어려움	
조별 활동에서 조용한 친구 도와주기	☐ 쉬움 ☐ 어려움	

활동 2 선택 지도

➔ 질문에 하나씩 답해 보며 어려운 선택 상황 속에서 현명한 결정을 내려 봅시다.

어떤 문제인가요?	같은 반 친구가 도와달라고 했지만, 나도 할 일이 많아요.	
내가 할 수 있는 선택은?	선택 A	선택 B
	친구를 도와준다.	내 할 일을 먼저 한다.
각 선택의 장단점은? (선택했을 때의 결과를 예상해 보세요.)	장점:	장점:
	단점:	단점:
나의 최종 결정		

어떤 문제인가요?	친구가 다른 친구의 물건을 몰래 가져가는 걸 보았어요.	
내가 할 수 있는 선택은?	선택 A	선택 B
각 선택의 장단점은? (선택했을 때의 결과를 예상해 보세요.)	장점:	장점:
	단점:	단점:
나의 최종 결정		

활동 3 나의 어려운 선택 이야기

→ 지금까지 살아오면서 내가 했던 어려운 선택을 떠올려 봅시다.

어떤 상황이었나요?	
내가 한 선택은 무엇이었나요?	
나는 왜 선택이 어려웠나요?	
그 선택을 한 뒤 어떻게 되었나요?	

→ 어려운 선택을 할 때 나의 기준을 정해 봅시다.

나만의 선택 기준 1	
나만의 선택 기준 2	
나만의 선택 기준 3	

Chapter 6

비판적 사고 기능

우리는 친구의 이야기, 뉴스, 유튜브 영상, 광고 등 매일 많은 정보를 보고, 듣고, 말합니다. 이 중에서 어떤 말이 맞는지, 어떤 정보가 믿을 만한지를 판단하는 힘이 바로 비판적 사고입니다. '비판'이라는 말은 다소 어렵게 느껴질 수 있지만, 여기서의 비판은 '나쁘다'고 말하는 것이 아니라, 잘 따져 보고, 깊이 생각하는 것을 의미합니다.

비판적 사고를 갖춘 사람은 어떤 주장을 들었을 때 '왜 그렇게 생각할까?', '무슨 근거가 있을까?' 하는 질문을 할 수 있습니다. 친구와 토론할 때에는 자신의 생각을 논리적으로 말하고, 상대의 입장을 이해하려고 노력합니다. 문제를 해결할 때에도 급하게 결정하지 않고, 정보를 모으고, 비교하고, 판단하는 과정을 차근차근 밟게 됩니다.

오늘날은 정보가 넘치는 시대입니다. 가짜 뉴스나 과대 광고처럼 우리를 혼란스럽게 하는 정보도 많기 때문에, 비판적으로 생각하는 힘이 더욱 중요해지고 있습니다. 겉보기에는 그럴듯해 보이지만 실제로 믿을 수 있는 말인지 따져 보는 습관이 필요합니다.

이제부터 우리는 비판적 사고 기능 10가지를 함께 배워 볼 것입니다. 관찰하고, 다양한 생각과 관점을 고려하고, 숨어 있는 뜻을 찾아내는 과정을 통해, 비판적으로 생각할 수 있게 될 것입니다.

6-1 관찰

세상을 잘 이해하려면 먼저 자세히 보는 것, 즉 관찰이 필요합니다. **관찰**은 **사물이나 현상을 눈으로만 보는 것이 아니라, 주의 깊게 보고, 듣고, 느끼고, 생각하는 활동**입니다. 단순히 '봤다'가 아니라 '어떻게 생겼는지, 어떤 변화가 있는지, 무엇이 중요한지를 알아차리는 것'이지요.

좋은 관찰을 하기 위해서는 마음이 열려 있어야 합니다. '나는 이미 알아'라는 태도보다는 '혹시 놓친 건 없을까?', '이건 왜 이렇게 되었을까?' 하고 호기심을 가지고 바라보는 자세가 필요합니다. 같은 장면을 보더라도 어떤 친구는 그냥 지나치고, 어떤 친구는 아주 중요한 단서를 발견하기도 합니다.

관찰은 과학 시간에 실험할 때만 필요한 것이 아닙니다. 친구의 표정이나 목소리를 관찰하면 기분을 이해할 수 있고, 이야기 속 장면을 떠올리며 읽으면 더 깊이 이해할 수 있습니다. 비판적으로 생각하려면 먼저 관찰하는 눈과 귀가 예리해져야 합니다.

작은 변화나 차이를 알아채고, 보이는 것과 보이지 않는 것을 함께 생각해 보는 연습이 필요합니다. 앞으로 다양한 활동을 통해, 우리가 얼마나 관찰을 잘하고 있는지 스스로 점검하고 키워 나갈 수 있을 것입니다.

숙달

주변을 주의 깊게 살펴보고, 변화나 중요한 단서를 발견하며 관찰한 내용을 바탕으로 추론할 수 있습니다.

활동하기

공부한 날짜: . . .

활동 1 자세히 관찰하기

→ 다음 그림을 자세히 관찰하면서 모든 단서를 찾아 **관찰 노트** 에 써 봅시다. 단서를 정리할 때는 ① 눈으로 확실히 보이는 것과 ② 추리할 수 있는 것으로 나누어 정리해 봅시다.

관찰 노트

눈에 확실히 보이는 것	추리할 수 있는 것

→ 친구와 비교해 보고, 서로 다르게 관찰한 점이 있다면 이야기해 봅시다.

활동 2 관찰하고 추리하기

다음 그림은 승민이의 가방에서 나온 물건들입니다. 물건들을 잘 관찰하고 승민이가 어떤 하루를 보냈을지 추리해 봅시다.

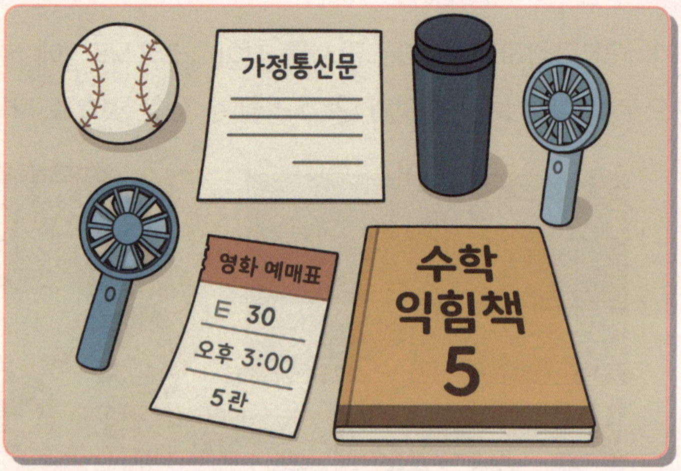

각 물건들을 자세히 관찰하면서 다음 내용을 생각하고 표에 정리해 봅시다.

- 이 물건은 어떤 상황에서 사용되었을까요?
- 물건의 상태나 특징에서 어떤 단서가 보일까요?
- 이 물건을 사용한 사람의 감정이나 상황은 어땠을까요?

물건	관찰하고 추리한 내용
야구공	
가정통신문	
텀블러	
손선풍기	
영화 예매표	
수학익힘책	

관찰한 내용을 토대로 승민이의 하루를 상상하여 이야기해 봅시다.

활동 3 변화 과정 관찰하기

➔ 식물의 성장 과정을 관찰하여 어떻게 변화하였는지 써 봅시다.

색깔 변화: ____________

모양 변화: ____________

양의 변화: ____________

색깔 변화: ____________

모양 변화: ____________

양의 변화: ____________

색깔 변화: ____________

모양 변화: ____________

양의 변화: ____________

색깔 변화: ____________

모양 변화: ____________

양의 변화: ____________

색깔 변화: ____________

모양 변화: ____________

양의 변화: ____________

색깔 변화: ____________

모양 변화: ____________

양의 변화: ____________

➔ 관찰을 통해 새롭게 알게 된 사실을 세 가지 써 봅시다.

1 ________________________________

2 ________________________________

3 ________________________________

6-2 아이디어와 영향

우리가 읽는 책, 보는 영상, 듣는 이야기에는 모두 누군가의 생각이 담겨 있습니다. 이 생각은 다른 사람들의 의견이나 감정, 행동에 영향을 줄 수 있는 힘이 있습니다. 어떤 아이디어는 좋은 영향을 주지만, 어떤 것은 오해를 만들거나 잘못된 판단으로 이어질 수도 있습니다.

예를 들어, 친구가 "이 책은 재미없어."라고 말했을 때, 그 생각이 어디에서 나왔는지 따져 보는 것이 필요합니다. 그 친구는 평소에 관심 없는 내용이었기 때문에 그렇게 이야기를 했을 수도 있습니다. 하지만 다른 친구는 그 책을 아주 흥미롭게 읽었을 수도 있지요. 이렇게 같은 책을 두고도 생각이 다를 수 있는데 그 생각은 다른 사람의 선택이나 느낌에 영향을 줄 수 있습니다. 그래서 우리는 다른 사람의 생각이 우리에게 영향을 줄 수 있다는 사실을 기억하고 있어야 합니다.

이번 장에서는 남의 의견을 무조건 믿기보다는 그 생각의 출처와 의도를 먼저 생각해 보는 연습을 할 것입니다. 또한 뉴스, 책, 광고, 친구의 말 속에 어떤 생각이 숨어 있고, 그것이 나에게 어떤 영향을 주는지도 알아볼 것입니다.

숙달

누군가의 생각이나 의견이 어디에서 비롯되었는지 알아차릴 수 있으며, 생각이 다른 사람에게 어떤 영향을 줄 수 있는지 알 수 있습니다.

활동하기

공부한 날짜: . . .

활동 1 광고의 영향 탐구하기

➜ 다음 광고를 살펴보며 광고가 어떤 의도를 담고 있는지, 그리고 나에게 어떤 영향을 줄 수 있는지 생각해 봅시다.

➜ 이 광고에서 사용한 말 중 가장 기억에 남는 문장은 무엇인가요?

____

➜ 누가 이 광고를 보고 관심을 가질까요?

____

➜ 이 광고는 사람들에게 어떤 기대를 갖게 하나요?

____

➜ 이 광고는 사람들이 어떤 행동을 하게 하려는 걸까요?

____

활동 2 감상평의 영향 탐구하기

영화에 대한 서로 다른 감상평을 읽고, '이 영화를 보면 어떨 것 같은지'에 대한 내 생각을 적어 보며 앞으로 다른 사람의 의견을 받아들일 때 조심할 점을 생각해 봅시다.

감상평 A

이 영화는 아이와 어른 모두의 마음을 어루만지는 따뜻한 이야기다. 화면도 아름답고, 잔잔한 감동이 오래 남는다. 친구와 꼭 다시 보고 싶다.

감상평 B

내용이 느리고 지루해서 끝까지 집중해서 보기 어려웠다. 감동을 주려는 장면이 오히려 억지스럽게 느껴졌다.

- 내가 이 영화를 본다면 어떤 느낌이 들 것 같나요?

- 더 마음이 가는 감상평은 어떤 것이었나요?

- 왜 그 감상평이 더 설득력 있게 느껴졌나요?

- 다른 사람들의 의견은 나에게 어떤 영향을 줄까요?

6-3 브레인스토밍

새로운 아이디어가 필요할 때, 우리는 머릿속에서 여러 가지 생각을 떠올립니다. **브레인스토밍**은 **어떤 문제를 해결하거나 주제에 대해 생각할 때, 많은 아이디어를 자유롭게 떠올리는 활동**입니다. 이때는 정답을 먼저 찾으려고 하기보다, '이건 어때?', '혹시 이런 방법은 어떨까?' 하고 무엇이든 떠올려 보는 것이 중요합니다.

브레인스토밍을 잘하려면, 생각을 멈추지 않고 계속 확장해 나가는 연습이 필요합니다. 처음엔 엉뚱해 보이는 생각도 괜찮습니다. 말도 안 되는 것처럼 보였던 아이디어가 나중에는 멋진 해결책으로 이어질 수도 있기 때문입니다. 그래서 브레인스토밍을 할 때는 친구들의 아이디어를 비웃거나 바로 반대하지 않고, 서로의 생각을 존중하는 태도가 필요합니다.

앞으로 우리는 다양한 문제 상황에서 브레인스토밍을 활용해 볼 것입니다. 많은 생각을 떠올리고, 정리하고, 발전시키는 과정을 통해 더 나은 아이디어를 만드는 법을 배워 나갈 수 있습니다.

숙달

주어진 주제나 문제에 대해 다양한 아이디어를 자유롭게 떠올릴 수 있습니다.

활동하기

공부한 날짜: . . .

활동 1 주제 정하고 브레인스토밍하기

➔ 주어진 주제에 대해 떠오르는 생각을 자유롭게, 많이, 창의적으로 떠올려 봅시다.

- 다음 주제 중 하나를 골라 봅시다.

☐ 학교에 새로운 공간을 만든다면 어떤 공간이 좋을까?

☐ 학생들을 위한 새로운 애플리케이션을 만든다면?

☐ 미래에는 어떤 교통수단이 등장할까?

- 제한 시간 5분 동안 떠오르는 생각을 최대한 많이 적어 봅시다.

➔ 적은 아이디어 중에서 가장 흥미롭거나 신기하다고 생각한 것 세 가지에 ★ 표시를 해 봅시다.

활동 2 낱말 고르고 아이디어 만들기

➔ 무작위로 뽑은 낱말 두 개를 조합해서 새로운 물건이나 아이디어를 만들어 봅시다.

우산	로봇	시계	사탕	구름	음악
손전등	식물	바퀴	얼음	꿈	지도
마법	안경	집	휴대전화	모래	달
책	바다	그림	편지	비눗방울	전기
나무	친구	음악	주스	달력	텀블러

● 내가 고른 낱말은 무엇인가요?

● 어떤 물건이나 아이디어를 만들었는지 설명해 봅시다.

물건(아이디어) 이름	
그림	소개 글

6-4 다양한 관점 고려

우리는 살아가면서 수많은 의견과 생각을 접하게 됩니다. 어떤 문제나 상황을 바라볼 때, 사람마다 생각하는 방식과 느끼는 감정이 다를 수 있습니다. 다양한 관점을 고려한다는 것은 나의 생각뿐만 아니라, 다른 사람의 입장과 이유도 함께 이해하려고 노력하는 것입니다.

다양한 관점을 고려한다는 건 단순히 '그럴 수도 있지'라고 넘기는 것이 아닙니다. **그 생각이 왜 생겼는지, 어떤 경험이나 상황이 그 사람의 판단에 영향을 주었는지까지 생각해 보는 것**입니다. 나와 생각이 다르다고 해서 바로 틀렸다고 여기기보다는, 그 사람의 입장과 배경을 이해하려는 태도가 필요합니다.

이 기능을 익히면 친구들과의 대화나 토론에서 더 깊이 있는 이야기를 나눌 수 있고, 문제 상황에서도 더 넓고 공정한 시선으로 해결 방법을 찾을 수 있습니다. 또한 세상을 한 가지 시각으로만 보지 않고, 더 풍부하게 이해할 수 있는 힘을 키울 수 있습니다.

숙달

여러 관점을 비교하며, 관점을 가진 사람의 입장과 배경을 이해할 수 있습니다.

활동하기

공부한 날짜: . . .

활동 1 다양한 개인의 관점 고려하기

친구들끼리 소풍을 계획하고 있는데 가고 싶은 장소가 다릅니다. 누가 어떤 의견을 갖고 있는지, 그리고 그 생각의 배경에는 어떤 경험이나 가치관이 있을지 추리해 봅시다.

지민: 놀이공원이 최고야! 재미있는 것도 많고, 사진도 예쁘게 찍을 수 있어.

현우: 난 캠핑장이 좋아. 자연도 보고, 텐트 치면서 친구들과 함께하는 느낌이 좋잖아.

세영: 난 도서관에 가는 게 좋다고 생각해. 조용하고, 책도 읽고 보드게임도 할 수 있어.

하은: 미술관에 가면 좀 더 특별한 시간이 될 것 같아. 평소에 안 가 보는 곳이니까.

- 누구의 의견이 가장 공감되나요? ______
- 각 친구가 그런 생각을 한 이유는 무엇일까요?(어떤 경험, 취향, 감정이 영향을 주었을지 생각해 보세요.)
  - 지민: ______
  - 현우: ______
  - 세영: ______
  - 하은: ______
- 친구들의 다양한 생각을 고려한다면 어디로 소풍을 가는 것이 좋을까요? ______
- 그 이유는 무엇인가요? ______

활동 2 다양한 단체의 관점 고려하기

지역 공원에 대규모 쇼핑몰을 짓겠다는 개발 계획이 발표되었습니다. 여러 단체가 서로 다른 입장을 보이고 있어요. 각 단체의 주장을 읽고, 다양한 관점에 대해 생각해 봅시다.

○○시에 위치한 '푸른숲 공원'에 대형 쇼핑몰을 짓는 계획이 발표되었습니다.
다음은 각 단체의 입장입니다.

- 시청 개발과: "지역 경제를 살리고, 일자리를 만들 수 있는 기회입니다."
- 환경 보호 단체: "푸른숲 공원은 도심 속 마지막 자연 공간입니다. 생태계를 지켜야 해요."
- 인근 주민 대표: "쇼핑몰이 생기면 교통이 더 편리해지고, 편의시설이 많아질 것이 기대됩니다."
- 청소년 문화센터: "우리는 공원에서 청소년 행사와 활동을 많이 해왔어요. 없어지면 갈 곳이 없어요."

● 각 단체의 입장과 중요하게 생각하는 가치에 대해 정리해 봅시다.

단체	입장	중요하게 생각하는 가치
시청 개발과	쇼핑몰 건설 찬성	지역 경제, 일자리 창출
환경 보호 단체		
인근 주민 대표		
청소년 문화 센터		

● 어떤 단체의 입장에 가장 공감하나요? 그 이유는 무엇인가요?

단체	이유

● 다른 입장을 이해하려면 어떤 노력이 필요할까요?

6-5 함의와 추론

우리는 글을 읽거나 사람의 말을 들을 때, 겉으로 드러난 내용만 보고 넘기지 않고 그 속에 숨어 있는 뜻이나 드러나지 않은 의미를 생각해 보는 능력이 필요합니다. 바로 이 능력이 **함의와 추론**입니다. 함의는 말 속에 감춰진 의미를 찾아내는 것이고, 추론은 주어진 단서들을 바탕으로 보이지 않는 사실을 짐작하거나 판단하는 것입니다.

예를 들어, 어떤 친구가 "오늘은 그냥 조용히 있고 싶어."라고 말했다면, 그 말 뒤에는 속상한 일이 있었거나 감정이 좋지 않은 상태라는 속뜻이 있을 수 있습니다. 이야기 속 인물의 행동이 갑자기 달라졌다면, 무언가 큰 변화가 있었음을 추론할 수 있습니다. 이처럼 단서를 모아, 보이지 않는 뜻이나 상황을 짐작해 보는 것이 함의와 추론입니다.

함의와 추론 능력을 기르기 위해서는 겉으로 보이는 정보에만 의존하지 않고, 그 이면에 있는 의미나 가능성을 비판적으로 살펴보는 연습이 필요합니다. '왜 그런 말을 했을까?', '다른 해석도 가능할까?'와 같은 질문을 던지며 깊이 있고 신중하게 생각하는 태도를 기르는 것이 중요합니다. 함의와 추론을 잘하게 되면 글을 더 깊이 있게 이해할 수 있고, 사람들의 말 속 의도나 사회 속 메시지를 해석하고 판단하는 힘이 길러집니다.

숙달

정보나 단서를 바탕으로 직접 말하지 않은 뜻이나 숨겨진 의도를 짐작할 수 있습니다.

활동하기

공부한 날짜: . . .

활동 1 공익광고 속 의미 추론하기

➜ 공익광고를 보고 직접 말하지 않았지만 장면, 말, 배경 등에 숨겨진 의미를 추론하고 그 이유를 설명해 봅시다.

- 이 광고는 겉으로 어떤 내용을 보여 주고 있나요?

____

- 광고가 **진짜로** 말하고 싶은 것(중심 메시지)은 무엇일까요?

____

- 왜 그렇게 생각했나요?

____

- 이 광고는 겉으로 어떤 내용을 보여 주고 있나요?

____

- 광고가 **진짜로** 말하고 싶은 것(중심 메시지)은 무엇일까요?

____

- 왜 그렇게 생각했나요?

____

활동 2 인물의 감정과 생각 추론하기

➔ 이야기 속 인물의 말이나 행동을 통해 겉으로 드러나지 않은 인물의 감정과 생각을 추론해 봅시다.

아침 등굣길, 준희는 평소처럼 급하게 밥을 먹고 가방을 둘러메고 집을 나섰다. 엄마는 현관 앞까지 따라와 "조심히 다녀와." 하고 배웅해 주셨고, 준희는 들은 체 만 체하며 엘리베이터를 탔다. 늘 똑같은 하루의 시작이었다.

1교시 후 쉬는 시간, 같은 반 유진이가 "너희 새로 생긴 케이크 가게 봤어?" 하며 말을 걸었다. 그 순간, 준희의 머릿속에 무언가 번쩍였다.

'이럴 수가! 오늘 엄마 생신이잖아! 이틀 전까지만 해도 기억하고 있었는데….'

준희는 아침에 엄마의 배웅에 한마디 대답도 안 한 것이 마음에 걸렸다. 오늘따라 6교시가 그저 길게만 느껴졌다. 편지도 쓰지 못했고, 지갑을 열어 보니 1,500원이 전부였다.

'이걸로 엄마 선물을 사기엔 턱없이 부족한데….'

학교를 마치고 준희는 일부러 빙 돌아 꽃집을 지나는 길을 선택해 걸었다. 꽃 한 송이라도 사고 싶었지만, 꽃이 1,500원보다 비쌀 것 같은 마음에 꽃집 문 앞에서 한참을 서 있었다.

- 준희의 감정이나 생각을 알 수 있는 부분에 밑줄을 그어 봅시다.

- 이 글에 나타난 준희의 감정이나 생각은 무엇인가요?

활동 3 근거를 보고 주장 파악하기

➔ 다음 글을 읽고, 글쓴이의 주장을 파악해 봅시다.

첫째, 골고루 먹지 않으면 우리 몸에 필요한 다양한 영양소를 제대로 섭취할 수 없습니다. 예를 들어, 채소를 먹지 않으면 비타민이 부족해지고, 고기를 먹지 않으면 단백질이 부족해질 수 있습니다. 건강한 몸을 유지하려면 여러 가지 음식을 함께 먹는 것이 중요합니다.

둘째, 다양한 음식을 먹는 것은 올바른 식습관 형성에 도움이 됩니다. 어릴 때 입맛이 한쪽으로만 길들여지면 새로운 음식을 거부하게 되고, 편식 습관은 쉽게 고쳐지지 않습니다.

셋째, 골고루 먹는 것은 식사에 대한 긍정적인 태도를 갖는 데에도 도움이 됩니다. 같은 음식을 계속 먹으면 쉽게 질릴 수 있고, 식사 시간이 즐겁지 않게 느껴질 수 있습니다. 하지만 다양한 음식을 즐기면 식사에 대한 흥미가 생기고, 정서적으로도 안정감을 느낄 수 있습니다.

● 이 글에는 주장에 대한 근거만 써 있습니다. 글쓴이의 주장은 무엇인지 추론하여 써 봅시다.

6-6 상관관계와 인과관계

세상에는 함께 일어나는 일들이 많습니다. 그런데 어떤 일들은 실제로 서로 영향을 주고받는 관계이고, 어떤 일들은 그저 우연히 같이 일어난 것일 뿐입니다. 이 둘의 차이를 구별하는 것이 바로 '상관관계'와 '인과관계'를 구분하는 능력입니다.

상관관계와 인과관계를 구분하기 위해서는 '왜 이 두 가지 일은 함께 일어났을까?'라는 질문을 던져 보는 태도가 중요합니다. 이런 질문을 통해 생각의 깊이를 더하고, 상관관계를 인과관계로 오해하지 않을 수 있습니다. 예를 들어, 어떤 사람이 아이스크림 판매량이 증가하고, 햇빛 알레르기 환자가 증가하는 사실을 발견했습니다. 그런데 이 사람이 "아이스크림을 많이 팔면 햇빛 알레르기 환자가 늘어난대!"라고 말한다면 이것은 잘못된 생각입니다. 이 두 가지 사건은 여름이라는 요인 때문에 동시에 증가한 것이지 원인과 결과의 관계는 아니기 때문입니다.

상관관계와 인과관계를 구분하는 힘은 광고, 뉴스, 통계 자료를 볼 때도 꼭 필요합니다. 겉으로 보기엔 원인과 결과처럼 보이지만 실제로는 잘못 연결된 정보에 속지 않도록, 이 장에서는 여러 활동을 통해 상관관계와 인과관계를 구분하며 비판적으로 사고하는 연습을 할 것입니다.

숙달

서로 관련 있어 보이는 두 가지 사실이 단순히 함께 일어나는 일인지, 하나가 다른 하나에게 영향을 주는 일인지 구별할 수 있습니다.

활동하기

공부한 날짜: . . .

활동 1 상관관계와 인과관계 구분하기

두 가지 일이 단순히 함께 일어난 것이라면 '상관관계'에 연결하고, 두 가지 일이 원인과 결과의 관계에 있다면 '인과관계'에 연결해 봅시다.

- 아이스크림 판매량이 늘어났다. / 워터파크 이용객이 늘어났다. •
- 비가 많이 내린다. / 우산을 쓴 사람들이 많아졌다. •
- 스마트폰 사용 시간이 많다. / 학습 성적이 낮다. •

• 상관관계

• 인과관계

활동 2 인과관계를 활용해 과장한 표현 찾기

광고 글에서 상관관계를 인과관계처럼 표현한 부분을 찾아보고, 어떤 표현이 과장되었는지 판단해 봅시다.

- 이 문장에서 어떤 표현이 사실보다 과장되어 있나요?

____

____

- 키가 자라는 다른 원인에는 무엇이 있을까요?

____

____

활동 3 신문 기사 비판적으로 읽기

→ 상관관계인지 인과관계인지 구분하며 신문 기사를 비판적으로 읽어 봅시다.

스마트폰 사용 늘자 성적 향상, 우연의 일치일까?

요즘 많은 학생들이 스마트폰을 활용해 공부하고 있다. 학생들은 학습 애플리케이션, 온라인 강의, 전자사전 등을 이용해 자기주도 학습을 하고 있으며, 일부 교육 전문가들은 이러한 디지털 학습 방식이 학생들의 성적 향상에 영향을 줄 수 있다고 말한다.

실제로 A 교육청이 발표한 자료에 따르면, 지난 2년 동안 스마트폰 사용 시간이 늘어난 학생들 중 상당수가 학업 성적도 함께 향상된 것으로 나타났다. 이에 대해 일부 언론은 스마트폰이 공부 도구로 활용되면서 학생들의 학업 수준이 높아졌다고 보도했다. 그러나 스마트폰 사용 증가가 성적 향상의 직접적인 원인인지는 아직 명확하지 않다. 전문가들 또한 "성적이 오른 이유는 단순히 스마트폰 때문만은 아닐 수 있다."라고 지적한다.

- 기사에서 같이 일어난 두 가지 사건을 찾아봅시다.

- 이 두 사건은 정말 인과관계일까요? 아니면 상관관계일까요?

- 성적이 오른 다른 원인에는 무엇이 있을까요?

⁉ 생각해 보기

→ 여러분 주변에 상관관계를 인과관계인 것처럼 표현한 것이 있는지 찾아봅시다.

6-7 가정 인식

우리는 어떤 생각을 할 때, 그 생각의 바탕이 되는 '숨겨진 믿음'이나 '전제'를 가지고 있습니다. 그런데 이런 생각은 말로 표현되지 않는 경우가 많지요. **가정 인식**은 이렇게 **숨은 전제를 찾아내고, 그게 정말 옳은지 다시 생각해 보는 능력**입니다.

예를 들어, 친구가 "재는 조용하니까 친구도 별로 없을 거야."라고 말한다면, 그 말 속에는 '조용한 사람은 친구가 적다.'는 가정이 숨어 있어요. 하지만 실제로는 말수가 적어도 깊은 우정을 가진 친구가 많은 사람도 있죠. 이처럼 말 속에 숨어 있는 '당연하다고 여기는 생각'을 찾아보고, 그 생각이 편견이나 오해는 아닌지 따져 보는 것이 비판적인 사고의 시작입니다.

이 능력이 생기면, 내가 어떤 것을 당연하다고 여기고 있는지 스스로 돌아볼 수 있고, 다른 사람의 말이나 글 속에 어떤 생각이 숨어 있는지도 인식할 수 있어요. 앞으로 우리는 말, 글, 상황 속에 숨어 있는 전제를 찾아보고, 그 가정이 타당한지 스스로 판단하는 연습을 해 볼 것입니다.

숙달

사람들의 말이나 글 속에 숨어 있는 전제를 발견할 수 있으며, 잘못된 가정을 비판적으로 살펴볼 수 있습니다.

활동하기

공부한 날짜: . . .

활동 1 사람들의 말 속 가정 인식하기

→ 사람들의 말 속에 숨어 있는 생각이 무엇인지 찾아봅시다.

친한 친구는 항상 같은 편이어야 해.

운동을 잘하는 학생들은 공부를 못 해.

유명한 사람이 말한 거니까 틀릴 리가 없어.

활동 2 대화 속 가정 인식하기

다음 글을 읽고 민우의 말 속에 숨어 있는 생각(가정)을 살펴보고, 내가 갖고 있는 생각을 돌아봅시다.

다음 주 학급 발표회를 앞두고 있다. 선생님은 "누가 먼저 발표할까요?"라고 물었고, 많은 친구들이 고개를 숙였다. 그때 수진이가 조용히 손을 들었다.

발표가 끝난 후, 민우는 친구에게 이렇게 말했다.

"수진이는 발표 잘 못할 줄 알았는데 의외네?"

친구가 "왜 그렇게 생각했어?"라고 묻자, 민우는 "음… 평소에 말도 별로 없고, 조용하니까."라고 대답했다.

- 민우의 말 속에는 어떤 숨어 있는 생각(가정)이 있었나요?

- 이 가정을 바탕으로 판단할 때 어떤 문제가 생길 수 있을까요?

- 여러분은 사람을 판단할 때 어떤 점을 먼저 생각하나요? (외모, 직업, 옷차림, 말투 등)

- 그렇게 했을 때 생길 수 있는 문제점은 무엇일까요?

활동 3 서로 다른 의견 속 가정 인식하기

사람들은 서로 다른 생각을 가지고 있기 때문에 같은 상황을 보고도 다르게 생각할 수 있어요. 다음 대화를 읽고, 각 인물의 숨은 생각(가정)이 무엇인지 찾아봅시다.

환경 동아리 친구들끼리 회의를 하던 중, 윤서와 지호가 이런 이야기를 나눴다.

윤서: 나는 사람들이 더 이상 플라스틱을 쓰지 못하게 법으로 금지해야 한다고 생각해.
지호: 음… 나는 그런 건 개인의 선택에 맡겨야 한다고 봐. 강제로 하지 않아도 사람들이 점점 바뀌고 있으니까.
윤서: 하지만 지금처럼 느리게 바뀌면 너무 늦을지도 몰라.
지호: 그래도 무조건 금지하는 건 너무 과한 것 같아. 불편한 사람도 있을 수 있잖아.

- 윤서와 지호는 어떤 주제에 대해 이야기하고 있나요?

- 친구들의 말 속에 숨어 있는 생각(가정)은 무엇인가요?

윤서: ______

지호: ______

- 여러분은 누구의 생각에 더 공감하나요? 그 이유는 무엇인가요?

6-8 데이터 분석

우리는 뉴스를 보거나 필요한 자료를 찾을 때, 숫자나 표, 그래프와 같은 데이터를 자주 만납니다. **데이터 분석**이란 **숫자와 정보 속에 담긴 의미를 이해하고, 상황에 맞게 해석하며, 적절하게 활용하는 능력**을 말합니다. 이 능력이 있으면 정보에 휘둘리지 않고, 스스로 생각하고 판단하는 힘을 기를 수 있습니다.

데이터를 분석하려면 먼저 숫자나 그래프가 보여 주는 사실을 정확히 이해하는 것이 중요합니다. 예를 들어, 표에서 어떤 음식이 1년에 팔린 개수를 나타낸다면, 가장 많이 팔린 항목이 무엇인지, 어느 시기에 판매량이 높았는지 등 자료에 드러난 정보 그대로를 파악하는 능력이 필요합니다. 그다음에는 그 데이터들을 바탕으로 경향성을 파악하거나, 두 항목의 차이를 비교하거나, 앞으로의 결과를 추론해볼 수도 있습니다.

어떤 사람들은 자신이 원하는 방향으로 보이게 하려고 숫자나 그래프를 일부러 다르게 보여 주기도 합니다. 예를 들어, 중요한 내용을 빼거나, 보여 주고 싶은 부분만 강조하기도 하지요. 그래서 데이터를 볼 때는 정보가 정확하게 표현되었는지, 속이려는 의도는 없는지, 중요한 내용이 빠진 건 아닌지 잘 살펴야 합니다.

숙달

데이터에서 의미 있는 정보를 찾아낼 수 있으며, 그 결과가 신뢰할 만한지 비판적으로 판단할 수 있습니다.

활동하기

공부한 날짜: . . .

활동 1 표 데이터 분석하기

학교 도서관의 도서 대출 데이터를 읽고 물음에 답해 봅시다.

2025년 장르별 도서 대출 건수

	3월	4월	5월	6월
동화	40	38	46	42
만화	50	55	60	62
과학	20	18	22	25
위인전	15	10	12	10
잡지	10	12	8	9
전체	135	133	148	148

- 6월에 대출 수가 가장 적은 장르는 어떤 것인가요?

- 가장 많이 대출된 장르는 무엇인가요?

- 3~6월 중 만화책 대출 수는 어떤 경향을 보이나요?

- 전체 대출량에서 과학책의 비율은 어느 정도일까요?

- 이 자료를 통해 우리 반 친구들의 책 읽기 습관에 대해 무엇을 알 수 있나요?

활동 2 막대그래프 데이터 분석하기

➜ 쓰레기 배출량에 대한 그래프를 분석하고, 물음에 답해 봅시다.

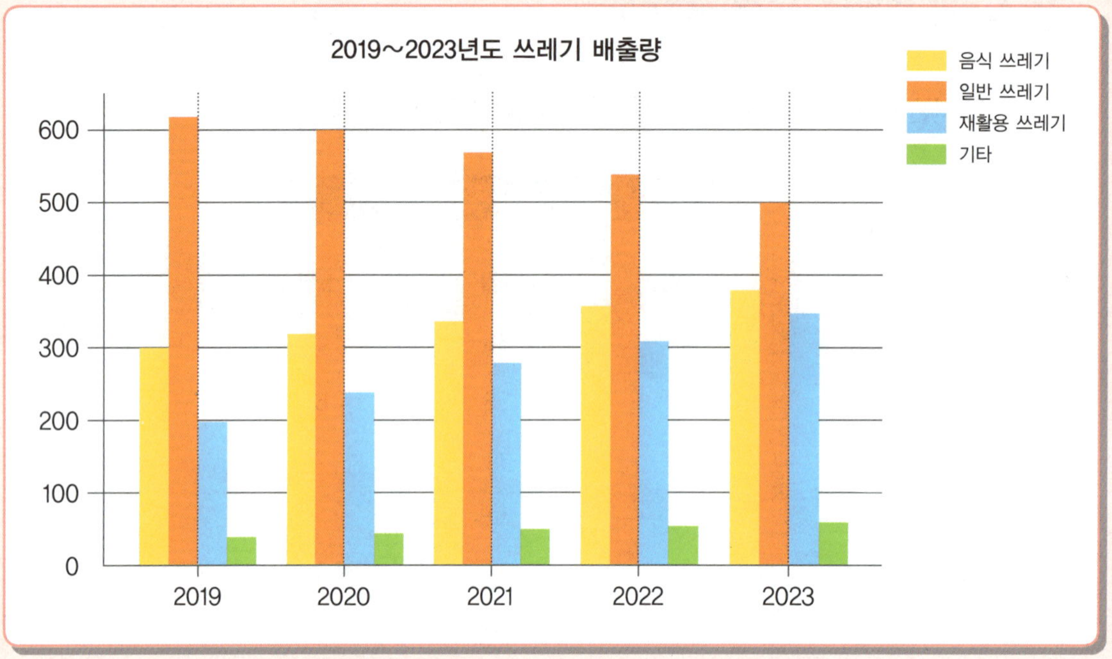

● 2020년도에 가장 많은 양을 차지한 쓰레기는 무엇인가요?

● 점점 늘어나고 있는 쓰레기의 종류는 무엇인가요? (2가지)

● 2024년에 일반 쓰레기의 양은 어떻게 변화할 것 같은지 예상해 봅시다.

● 이 그래프와 관련하여 우리 생활에서 어떤 점을 바꿔야 할까요?

활동 3 광고 속 데이터 분석하기

➜ 광고에서 제시된 데이터를 보고 어떤 의도가 숨어 있는지 분석해 봅시다.

- 이 광고에서 홍보하려고 하는 제품은 무엇인가요?

- 이 광고가 강조하고 싶은 점은 무엇인가요?

- 치약의 효과성을 연구한 사람은 누구일까요?

- 100명의 사람들은 어떻게 모집되었을까요?

- 2명에 대한 정보는 왜 제시하지 않았을지 생각하며, 앞으로 광고 속 데이터를 볼 때 주의해야 할 점을 써 봅시다.

6-9 응용

우리는 수업 시간에 여러 가지 지식과 정보를 배웁니다. 그런데 그것을 단순히 아는 데 그치지 않고, 새로운 문제를 해결하거나 다른 상황에 적용하는 것도 정말 중요합니다. 이렇게 **배운 내용을 다른 곳에 활용하는 것**을 **응용**이라고 합니다. 예를 들어, 과학 시간에 배운 '기체의 성질'을 이용해 풍선을 더 오래 뜨게 만드는 방법을 생각해 보는 것도 바로 응용입니다.

응용은 과학뿐 아니라 수학, 사회, 국어 등 모든 교과에서 나타납니다. 수학 시간에 배운 비율을 이용해 음식 재료를 나눠 보거나, 사회 시간에 배운 교통 표지판 지식을 실제 길에서 활용하는 것도 모두 응용입니다. 어떤 문제를 만났을 때 '배운 것을 어떻게 사용하면 좋을까?'라고 스스로 물어보는 습관이 응용 능력을 키우는 첫걸음입니다.

응용 능력이 길러지면, 우리는 학교에서 배운 지식으로 현실 속 문제를 해결하거나 새로운 아이디어를 떠올릴 수 있습니다. 그리고 한 가지 지식을 다른 교과나 새로운 상황에 연결해서 활용할 수도 있습니다.

숙달

배운 것을 실제에 적용하거나 문제 해결에 활용할 수 있습니다.

활동하기

공부한 날짜: . . .

활동 1 배운 내용으로 문제 해결하기(과학)

→ 배운 내용을 응용해 문제를 해결해 봅시다.

문제 상황 친구들과 여름 소풍을 가게 되었어요. 아이스팩이 없는데, 얼음을 3시간 동안 녹지 않게 가져가야 해요! 어떻게 하면 얼음을 지킬 수 있을까요?

배운 내용

✓ 열은 온도가 높은 곳에서 온도가 낮은 곳으로 이동한다.
✓ 구리, 철과 같은 금속은 플라스틱, 나무보다 열이 빠르게 이동한다.
✓ '단열'은 열이 들어오거나 나가는 걸 막는 방법이다.
✓ 단열재는 열을 잘 전달하지 않는 재료이다(예: 스티로폼, 천, 신문지).

● 어떤 재료를 쓰면 좋을지 다음 중 세 가지를 골라 봅시다.

신문지 수건 알루미늄 호일 스티로폼 텀블러 뽁뽁이(완충재)

● 위에서 고른 재료를 사용하여 나만의 얼음 보관 상자 설계도를 그려 봅시다.

활동 2 배운 내용으로 문제 해결하기(사회)

➜ 배운 내용을 응용해 문제를 해결해 보세요.

문제 상황 주민들을 위한 자연 친화형 캠핑장을 새로 만들려고 해요. 캠핑장 후보지는 모두 우리 지역 안에 있지만, 여러 가지 조건을 만족하는 장소로 결정해야 합니다. 여러분은 '캠핑장 입지 선정 위원회'의 일원이 되어 지도를 분석하고, 캠핑장으로 적합한 장소를 선정해 주세요.

조건

- 산에서 3km 이내에 위치해야 한다.
- 시청과 학교의 주변에는 캠핑장을 만들 공간이 없다.
- 화재의 위험이 있으므로 소방서에서 가까운 장소로 선정해야 한다.

배운 내용

▶ 지도의 기호

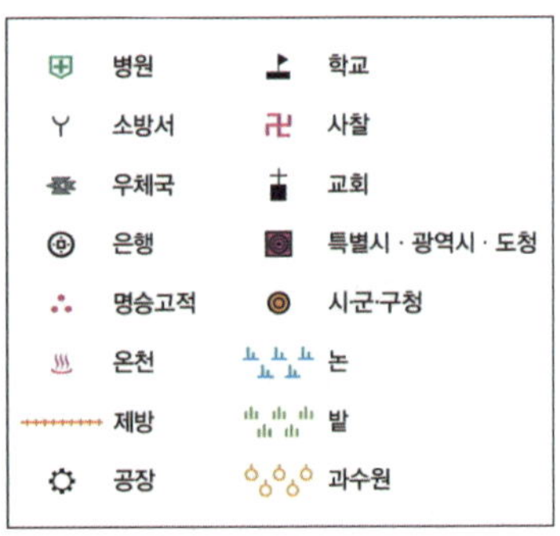

▶ 축척: 실제 거리를 지도상에 줄여서 나타낸 비율

예 지도에서 1cm는 실제 1km이다.

● 다음 지도를 보고 캠핑장으로 적합한 장소를 선택해 봅시다.

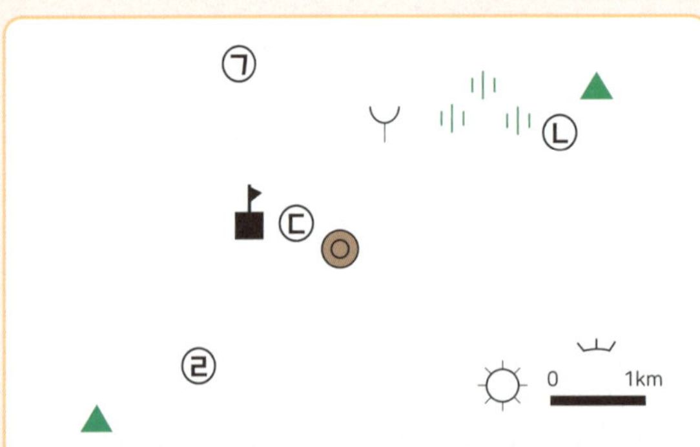

6-10 문제 해결(글로벌 사고, 지역적 행동)

우리가 사는 세상에는 해결해야 할 다양한 문제가 있습니다. 가난한 사람과 부유한 사람의 차이가 커지는 문제, 지구가 점점 더워지는 기후 위기 문제, 쓰레기와 오염으로 힘들어지는 환경 문제도 그중 하나입니다. 이런 문제들은 나 혼자만의 문제가 아니라 모두 함께 힘을 모아 해결해야 할 중요한 일입니다.

이런 글로벌 문제를 해결하려면 먼저 문제가 어떤 부분으로 이루어져 있는지 세심하게 살펴보는 분석적 사고가 필요합니다. 그러고 나서 어떤 방법이 좋을지 생각해 보고, 새롭고 다양한 해결 방법을 떠올려 보는 창의적인 사고도 필요합니다. 문제를 잘게 나누어 보고, 관련된 정보나 증거를 확인하면서 더 나은 해결책을 찾을 수 있습니다.

문제를 잘 해결하기 위해서는 문제가 무엇인지 정확히 이해하고, 여러 가지 해결 방법 중에서 가장 효과적인 것을 선택해야 합니다. 이 장에서는 친구들과 함께 생각을 나누고, 여러 아이디어를 비교해 보면서 지속 가능한 세상을 만드는 데에 도움이 되는 해결 방법을 생각해 볼 것입니다.

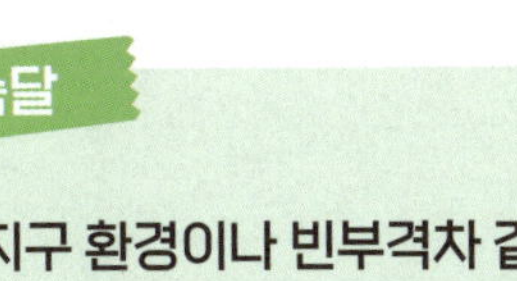

숙달

지구 환경이나 빈부격차 같은 문제를 깊이 이해하고, 미래를 위해 긍정적인 영향을 줄 수 있는 해결 방법을 생각할 수 있습니다.

활동하기

공부한 날짜: . . .

활동 1 글로벌 환경 문제 관심 갖기

→ 미세 플라스틱 문제에 대한 글을 읽고, 검색 도구를 활용하여 해결 방법을 생각해 봅시다.

이제는 지구의 문제, 미세 플라스틱

플라스틱은 가볍고 튼튼해서 사람들이 사용하기에 매우 편리합니다. 하지만 한번 버려지면 오랫동안 썩지 않고 땅이나 바다에 그대로 남아 있게 됩니다. 이 때문에 해마다 많은 플라스틱이 강, 바다, 들판 등 여러 곳에 쌓이고 있습니다. 또한 플라스틱은 햇빛, 바람, 파도 등에 오랫동안 노출되면 점점 잘게 부서지게 되는데 이렇게 생긴 작은 조각을 '미세 플라스틱'이라고 합니다. 미세 플라스틱은 크기가 5mm보다 작아 눈에 잘 보이지 않기 때문에 많은 문제를 일으키고 있습니다.

물고기나 조개 같은 바다 생물이 먹이로 착각해 미세 플라스틱을 삼킬 수 있습니다. 이로 인해 미세 플라스틱은 먹이사슬을 따라 더 큰 동물, 그리고 사람에게까지 전달될 수 있습니다. 또한 미세 플라스틱에는 몸에 해로운 화학물질이 달라붙을 수 있습니다. 이런 물질이 몸속에 들어가면 생물은 영양분을 제대로 섭취하지 못하거나, 몸이 아프고, 번식에도 어려움을 겪게 됩니다.

결국 바닷속 생물들이 줄어들고, 생태계가 무너질 위험이 생깁니다. 또한 우리가 먹는 해산물이나 마시는 물을 통해 우리 몸속에도 미세 플라스틱이 들어올 수 있습니다.

● 검색 도구를 활용하여 '미세 플라스틱' 문제의 원인과 영향을 찾아봅시다.

원인	영향
•	•
•	•
•	•

● 미세 플라스틱을 줄이기 위한 방법을 여러 가지 관점에서 생각해 봅시다.

내가 실천할 수 있는 방법	
우리 가족이 실천할 수 있는 방법	
나라에서 정할 수 있는 규칙	
전세계적으로 노력하는 방법	

활동 2 글로벌 인권 문제 관심 갖기

➜ 검색 도구를 활용해 어린이에게 힘들고 위험한 일을 시키는 아동 노동 착취 사례를 알아보고, 해결 방법을 생각해 봅시다.

아동 노동 착취

어떤 나라에서는 어린이들이 학교에 가지 못하고, 벽돌 공장이나 의류 공장에서 하루 10시간 이상을 일합니다. 많은 아이들이 가난 때문에 일자리를 찾게 되고, 위험한 환경에서 낮은 임금을 받고 일하며 교육을 받지 못한 채 성장합니다. 이 문제는 세계 여러 나라에서 계속되고 있으며, 국제 사회가 함께 해결해야 할 과제입니다.

- 다양한 나라의 아동 노동 착취 사례를 검색해 찾아봅시다.

나라 이름	아동 노동 착취 사례
예 방글라데시	전체 아동 인구의 45퍼센트인 740만 명의 어린이들이 노동을 하고 있다. 배터리 공장에서 일하는 한 소년은 하루에도 서너 번씩 전기에 감전되지만 월급은 성인의 1/10 수준인 6달러밖에 안 된다. 열두 살인데도 일을 하기 위해 학교를 그만두는 경우가 많다.

- 아동 노동 착취는 어떤 문제점을 일으킬까요?

● 아동 노동 착취 문제를 해결하기 위한 방법은 무엇일까요?

해결 방법	내용
법	
교육	
경제적 지원	

● 어린이들이 힘들고 위험한 일을 하게 되지 않도록 다음 활동 중 하나를 선택하여 표현해 봅시다.

□ 만화 그리기 □ 홍보 포스터 그리기 □ 편지 쓰기 □ 동영상 만들기

Chapter 7

컴퓨팅 사고 기능

컴퓨팅 사고란 문제를 컴퓨터처럼 논리적이고 체계적으로 해결하려는 생각의 방식입니다. 컴퓨팅 사고는 문제를 잘게 나누고, 규칙을 찾고, 절차를 만들어 해결책을 찾아가는 과정을 포함합니다. 이러한 사고는 컴퓨터가 아닌 일상생활 속 다양한 상황에서도 유용하게 쓰일 수 있습니다.

컴퓨팅 사고는 크게 다섯 가지 핵심 요소로 나눌 수 있습니다. 바로 분해, 패턴 인식, 추상화, 알고리즘 사고, 컴퓨팅 사고를 활용한 문제 해결입니다. 분해는 복잡한 문제를 작게 나누어 이해하는 것이며, 패턴 인식은 비슷한 점이나 반복되는 규칙을 찾는 것입니다. 추상화는 꼭 필요한 정보만 골라내는 능력이고, 알고리즘 사고는 문제 해결을 위한 절차를 단계적으로 만들어 내는 능력입니다. 마지막으로, 컴퓨팅 사고를 활용한 문제 해결은 컴퓨팅 사고를 종합적으로 활용하여 실제 문제를 해결하는 것입니다. 이 요소들은 서로 연결되어 있으며, 실제 생활 속 다양한 문제 해결에 함께 활용됩니다.

이제부터 우리는 컴퓨팅 사고 기능 다섯 가지를 함께 배우고 연습해 볼 것입니다. 이 과정을 통해 체계적이고 효율적으로 문제를 해결하는 능력을 기를 수 있습니다.

7-1 분해

분해란 **복잡한 문제나 작업을 더 작고 단순한 부분으로 나누어 이해하고 해결하는 사고방식**입니다. 일상에서도 우리는 종종 큰 일을 여러 단계로 나누어 처리하곤 합니다. 이렇게 나누면 각 단계에 집중할 수 있어 부담이 줄고, 효율적인 해결이 가능해집니다.

분해는 문제의 복잡함을 줄여 주고, 해결 과정을 체계적으로 조직할 수 있도록 도와줍니다. 문제를 작게 나누면, 어떤 부분에서 어려움을 겪고 있는지도 쉽게 파악할 수 있습니다. 컴퓨터 프로그래밍에서도 큰 프로그램을 여러 개의 작은 기능으로 나누어 작성하듯, 분해는 복잡한 과제를 관리하기 쉬운 단위로 전환하는 데 핵심적인 역할을 합니다.

분해 기능을 익히는 것은 사고의 틀을 넓히고, 문제 해결력을 기르는 데 큰 도움이 됩니다. 처음에는 생활 속 활동을 순서대로 나누는 연습부터 시작할 수 있습니다. 예를 들어, '도시락 싸기'라는 활동을 '반찬 고르기', '재료 준비하기', '요리하기', '도시락에 담기'처럼 나누어 보는 식입니다. 이렇게 작은 단계로 나누는 경험을 통해, 어떤 일이든 차근차근 접근할 수 있다는 자신감을 가지게 됩니다. 이는 앞으로 더 복잡한 문제를 만났을 때도 두려워하지 않고 도전할 수 있는 바탕이 됩니다.

숙달

복잡한 문제나 과제를 더 작고 명확한 단계로 나누어 정리할 수 있습니다.

활동하기

공부한 날짜: . . .

활동 1 생활 속 활동 분해하기

아침에 일어나서 교실에 도착하기까지의 과정을 떠올려 보면서 세부 단계로 나누어 봅시다.

잠에서 깨어 일어나기
↓
↓
↓
↓
↓
↓
↓
↓
교실에 도착하기

활동 2 실험 과정 분해하기

➔ 다음 실험 단계들을 잘 읽고, 실험 순서를 바르게 나열해 봅시다.

달걀을 물에 띄웠을 때랑 소금물에 띄웠을 때 달걀이 뜨는 데 차이가 있는지 알아보고 싶어. 그런데 실험에 쓸 유리컵은 한 개뿐이야.

㉠ 달걀을 넣고 소금물에 가라앉는지 뜨는지 관찰한다.

㉡ 유리컵에 아까 담았던 물의 양만큼 물을 담는다.

㉢ 달걀이 물에 가라앉는지 뜨는지 관찰한다.

㉣ 달걀을 뺀다.

㉤ 유리컵에 물을 담고 높이를 표시한다.

㉥ 물에 소금을 넣어 섞는다.

㉦ 물이 담긴 컵에 달걀을 넣는다.

알맞은 실험 순서

( ) → ( ) → ( ) → ( ) →

( ) → ( ) → ( )

활동 3 게임 요소 분해하기

➜ 내가 좋아하는 모바일/컴퓨터 게임을 골라 게임을 구성하는 요소를 분해해 봅시다.

예시

게임 이름	빛의 숲 탈출하기
게임 내용	마법의 숲에 갇힌 주인공이 빛의 열쇠를 찾아 나가는 모험 게임

요소 이름	설명
주인공(인물)	빛을 모으는 능력을 가진 고양이 요정
목표	제한 시간 안에 빛의 열쇠 5개를 모아 숲을 빠져나가기
장애물	어둠의 나무, 방향을 바꾸는 미로
배경	점점 어두워지는 환상 숲(스테이지별로 색이 달라짐)
점수	빛 조각을 모으면 점수 + 숲에서 오래 머무르면 점수 감소
조작 방법	점프(↑), 회피(← →), 아이템 사용(Space)
아이템	반딧불 램프, 시간 되감기 시계, 순간 점프석

게임 이름	
게임 내용	

요소 이름	설명

7-2 패턴 인식

패턴 인식이란 **문제나 상황 속에서 반복되거나 공통적인 요소를 찾아내는 사고 과정**입니다. 사람들은 다양한 경험을 통해 비슷한 상황에서 비슷한 결과가 나타나는 것을 자연스럽게 인식합니다. 예를 들어, 식물에 물을 자주 주면 잘 자란다는 경험을 통해 물 주기와 식물의 성장 간의 관계를 이해하는 것이 패턴 인식의 예입니다.

패턴을 인식하면 복잡한 정보를 더 쉽게 이해하고, 비슷한 문제를 빠르게 해결할 수 있습니다. 예를 들어, 여러 수학 문제를 풀다 보면 '이거 전에 푼 문제랑 비슷한데?' 하고 느낄 때가 있습니다. 그럴 때는 전에 썼던 방법을 다시 사용해서 더 빨리 정답에 도달할 수 있지요. 컴퓨터도 마찬가지로, 비슷한 일이 반복될 때는 같은 방식으로 처리하도록 만들면 훨씬 편리해집니다. 이렇게 패턴을 알아차리면 문제를 더 쉽고 효율적으로 풀 수 있습니다.

패턴 인식 능력은 생각하는 힘을 기르고, 문제를 해결하는 데 중요한 역할을 합니다. 또한 비슷한 실수를 반복하지 않도록 도와주며, 자신만의 해결 전략을 세울 수 있게 도와줍니다.

숙달

문제나 상황 속에서 반복되거나 비슷한 점을 스스로 찾아낼 수 있습니다.

활동하기

공부한 날짜: . . .

활동 1 패턴 속에서 규칙 찾기

패턴의 흐름을 살펴보고 다음에 올 알맞은 숫자를 쓰거나 도형을 그려 봅시다.

50, 55, 60, 65, 70	
♩, ♪, ♪, ♫, ♩, ♪, ♪	
2, 4, 7, 11, 16	
◍▲, ◍▲◍, ◍●, ◍●	
2, 6, 12, 20, 30	
A, C, F, J, O	
3, 6, 18, 72, 360	

활동 2 반복되는 명령어 규칙 찾기

로봇이 어떤 명령어를 반복하면서 이동하고 있습니다. 로봇이 움직인 경로를 살펴보고, 그 속에 숨은 명령어의 규칙을 찾아봅시다.

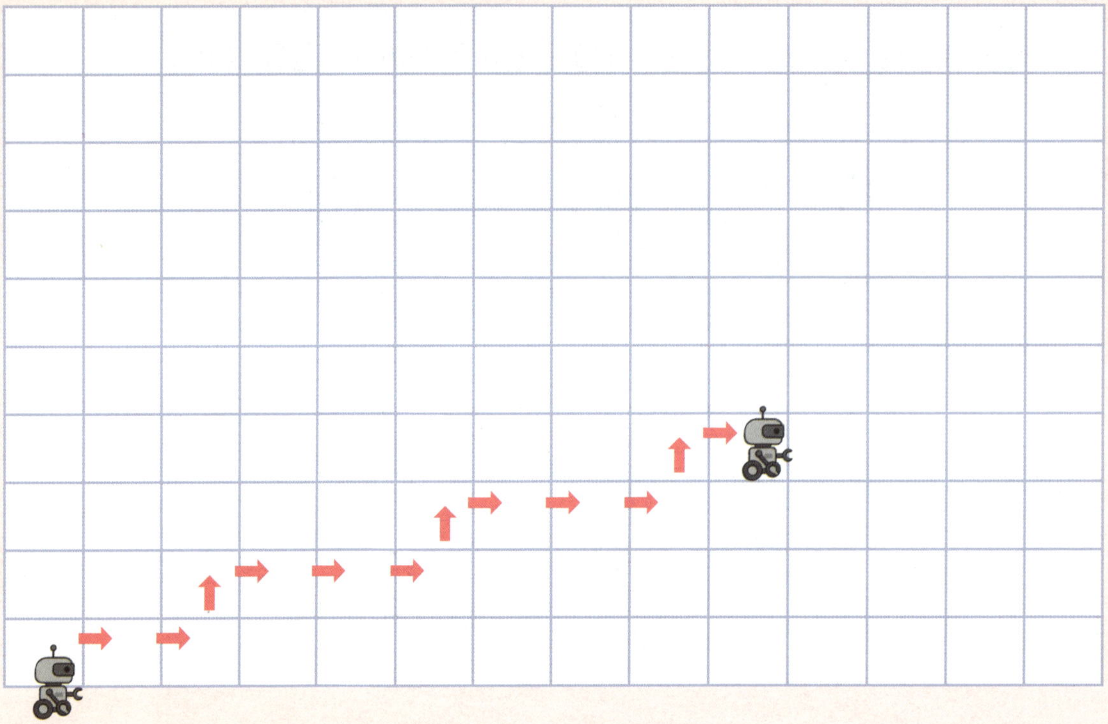

- 로봇이 반복한 명령어는 무엇인지 보기에서 골라 완성해 봅시다.

1칸 전진　　오른쪽으로 돌기　　왼쪽으로 돌기

① ______ → ② ______ → ③ ______

→ ④ ______ → ⑤ ______ → ⑥ ______

- 계속해서 로봇이 같은 명령어를 반복하며 움직일 때, 마지막으로 로봇이 도착할 칸에 색칠해 봅시다.

활동 3 생활 속에서 패턴 인식하기

책장에 꽂힌 책들의 규칙을 파악하여 써 보고, 책상 위에 있는 책들을 알맞은 자리에 정리해 봅시다.

● 책들은 어떤 규칙으로 꽂혀 있나요?

● 다음 책들이 책장에 들어갈 알맞은 자리를 찾아봅시다.

(　　　　　　)　　(　　　　　　)　　(　　　　　　)

7-3 추상화

추상화란 문제 해결에 꼭 필요한 정보만 골라내고, 덜 중요한 것은 생략하는 사고 과정입니다. 예를 들어, 친구에게 길을 알려 줄 때 '빨간색 큰 건물 옆'처럼 특징만 말해 주는 것이 바로 추상화입니다. 이렇게 핵심만 뽑아내면 복잡한 상황도 훨씬 단순하게 정리할 수 있습니다.

추상화를 잘하면 복잡한 문제를 쉽게 이해하고, 실수를 줄일 수 있습니다. 필요 없는 정보에 너무 신경 쓰지 않기 때문에 중요한 것에 더 집중할 수 있게 됩니다. 예를 들어, 여러 가지 장난감 중 '노란색 자동차'를 찾으려고 할 때, '색깔'과 '모양'에만 집중하면 더 빨리 찾을 수 있지요. 컴퓨터도 복잡한 데이터를 다룰 때 핵심 정보만 뽑아내어 처리하는데, 이때 추상화가 중요한 역할을 합니다.

추상화를 연습하면 생각을 정리하는 힘이 커지고, 문제를 해결하는 능력이 길러집니다. 또 글쓰기에서는 중심 생각에 맞는 내용을 중심으로 구성하는 것도 추상화의 한 예입니다. 추상화는 정보를 선별하고 조직하는 힘을 키워 주기 때문에 학습뿐만 아니라 일상생활에서도 매우 유용한 사고 도구가 됩니다.

숙달

문제 해결에 꼭 필요한 정보만 골라내고, 복잡한 상황에서도 핵심을 중심으로 생각을 정리할 수 있습니다.

활동하기

공부한 날짜: . . .

활동 1 공통점이 있는 것끼리 모으기

→ 어질러져 있는 물건들을 공통된 특성이 있는 것끼리 상자에 연결하여 정리해 봅시다. 물건을 정리한 상자에 이름도 붙여 봅시다.

tip 사용할 상자의 개수는 자유롭게 정해 봅시다.

활동 2 명령어 단순화하기

여러 단계로 되어 있는 명령어를 잘 살펴보고 반복되는 명령을 단순화하여 나타내 봅시다.

예시

앞으로 1칸 이동 → 앞으로 1칸 이동 → 앞으로 1칸 이동 → 앞으로 1칸 이동

▶ 단순화하기: 앞으로 4칸 이동

앞으로 1칸 이동 → 왼쪽으로 돌기 → 앞으로 1칸 이동 → 왼쪽으로 돌기 → 앞으로 1칸 이동 → 왼쪽으로 돌기

▶ 단순화하기: ______________________ 세 번 반복하기

앞으로 1칸 이동 → 앞으로 1칸 이동 → 왼쪽으로 돌기 → 앞으로 1칸 이동 → 앞으로 1칸 이동 → 오른쪽으로 돌기

▶ 단순화하기: ______________________

기판 위에 부품 올리기 → 부품 고정하기 → 회로 납땜하기 → 센서 연결하기 → 다음 기판으로 이동 → 기판 위에 부품 올리기 → 부품 고정하기 → 회로 납땜하기 → 센서 연결하기 → 다음 기판으로 이동

▶ 단순화하기: ______________________

활동 3 핵심 정보 요약하기

➜ 여러분이 정보 편집 요원이 되었다고 생각하고 긴 뉴스에서 핵심 정보만 남기고 간단하게 요약해 봅시다.

기상 관측소 특별 보도

2025년 5월 27일 화요일 오전, 서울특별시 강남구 일대에서는 예상치 못한 기상 현상이 포착되며 시민들의 이목을 집중시켰다. 한국 기상청에 따르면 이날 오전 7시 43분경부터 강남구 삼성동을 중심으로 갑작스러운 우박이 쏟아졌으며, 그 크기는 직경 약 0.7cm에서 1.3cm 사이로 관측되었다.

기상청 기후분석과 홍진수 과장은 "이번 우박 현상은 따뜻한 남서풍과 찬 공기의 충돌로 인해 대기의 불안정성이 극에 달하면서 생긴 것으로 보인다."며, "5월에 서울 도심에서 이 정도 규모의 우박이 떨어지는 것은 최근 10년 사이에서 두 번째로 관측된 이례적인 현상"이라고 밝혔다.

실제로 이날 출근길을 나선 김지영 씨(35세, 회사원)는 "갑자기 하늘이 어두워지더니 우박이 쏟아져 놀랐다."며, "우산으로 막았지만 우박에 맞아 우산이 찢어질 뻔했다."고 전했다. 이에 따라 지역 상점들 중 일부는 출입문을 일시적으로 폐쇄했으며, 차량 파손 신고도 소규모로 접수된 것으로 알려졌다.

한편, 서울시청 재난안전과는 해당 시간대에 시민들에게 긴급 기상 알림을 전송했으며, 우박 종료 직후 빗물 배수 점검에 나섰다. 전문가들은 향후 며칠간 대기 불안정이 지속될 가능성이 있으므로 시민들에게 기상 예보를 주의 깊게 확인하고 외출 시 대비할 것을 권고하고 있다.

- 가장 중요하다고 생각하는 문장 3개에 밑줄을 그어 봅시다.
- 인터뷰 내용을 요약해 봅시다.

기상청 기후분석과	
우박을 경험한 시민들	

- 기사의 내용을 요약해 봅시다.

7-4 알고리즘 사고

알고리즘 사고란 **문제를 해결하기 위한 절차나 순서를 단계별로 생각하는 사고방식**입니다. 예를 들어, 계란 프라이를 만들 때 '프라이팬 꺼내기 → 불 켜기 → 기름 두르기 → 계란 깨기 → 익히기'처럼 순서를 정해서 따라가는 것이 바로 알고리즘 사고입니다. 종이접기 순서를 설명하거나, 미로 탈출 게임에서 방향을 정해 가며 움직이는 활동도 모두 알고리즘 사고와 관련이 있습니다.

알고리즘 사고는 문제 해결을 더 체계적이고 논리적으로 만들어 줍니다. 어떤 문제든 단계를 나누어 차근차근 해결하는 방식을 익히면, 어려운 문제도 당황하지 않고 처리할 수 있게 됩니다. 특히 컴퓨터는 정해진 순서에 따라 작동하므로 알고리즘 사고가 꼭 필요합니다. 컴퓨터 프로그래밍에서도 문제가 생기면 어떤 순서로 코드를 실행할지 계획하는 것이 핵심입니다.

알고리즘 사고를 배우면 생각을 정리하고 순서대로 실천하는 능력이 함께 자랍니다. 일상 속 활동이나 놀이 속에서 자연스럽게 순서를 정하고 따라가는 연습을 하면서 알고리즘 사고를 기를 수 있습니다. 알고리즘 사고는 계획적으로 생각하고 정확하게 수행하는 데 도움이 되는 중요한 능력입니다.

숙달

문제를 해결하기 위해 필요한 순서를 스스로 정하고, 단계별로 차근차근 실행할 수 있습니다.

활동하기

공부한 날짜: . . .

활동 1 명령어 순서 배열하기

명령어 순서가 잘못되어 로봇이 실수를 반복하고 있어요. 로봇이 수행한 명령어를 읽고 잘못된 순서를 찾아내서 올바른 명령어 순서를 다시 짜 봅시다.

초코 바나나 간식 만들기

1. 초콜릿을 그릇에 담는다.
2. 원하는 토핑을 올린다.
3. 초콜릿을 전자레인지에 넣고 30초간 녹인다.
4. 냉장고에 5분간 넣어 굳힌다.
5. 바나나를 접시에 가지런히 담는다.
6. 녹인 초콜릿을 숟가락으로 바나나 위에 뿌린다.
7. 바나나 껍질을 벗긴다.

- 올바른 순서로 다시 배열해 봅시다.

바나나 껍질을 벗긴다.
↓
↓
↓
↓
↓
↓

활동 2 알고리즘 명령어 만들기

배달 로봇이 A, B 두 곳에 물건을 정확하고 빠르게 배달해야 해요. 다음 조건들을 고려해서 로봇이 어떤 경로로 움직여야 하는지 직접 알고리즘 명령어를 만들어 봅시다.

조건

- A 지점에 먼저 배달해야 합니다.
- 배달 로봇은 최대 5칸 이동하면 연료가 바닥나므로 충전소에 들러서 충전해야 합니다.
- 장애물이 있는 곳은 절대 지나갈 수 없습니다.

- 로봇이 이동할 경로를 격자판 위에 표시해 봅시다.

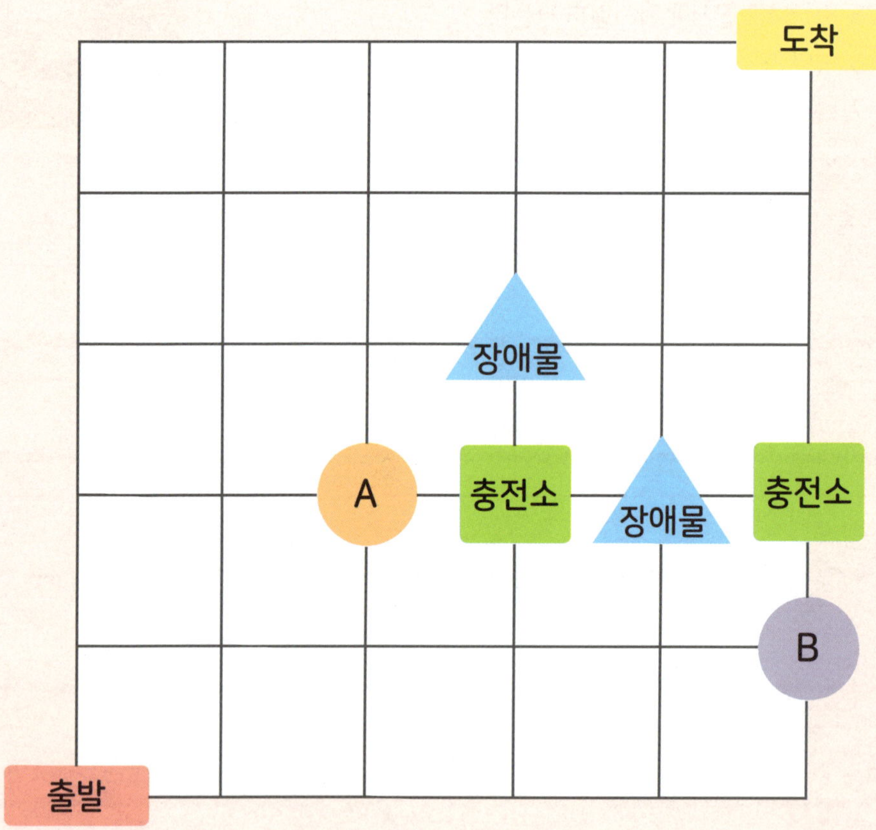

● 다음과 같은 형식으로 알고리즘 명령어를 작성해 봅시다.

① 앞으로 2칸
② 오른쪽으로 돌기
③ 앞으로 1칸
④ 물건 배달하기 (A) …

순서	명령어
1	
2	
3	
4	
5	
6	
7	
8	
9	
10	

7-5 컴퓨팅 사고를 활용한 문제 해결

컴퓨팅 사고를 활용한 문제 해결이란 **문제를 체계적인 방법으로 해결하는 과정**을 말합니다. 이를 위해서는 문제를 잘게 나누고, 반복되는 패턴을 찾으며, 핵심 정보를 뽑아내고, 해결 절차를 계획하는 능력이 모두 필요합니다. 이 네 가지 기능이 하나로 연결될 때, 진짜 컴퓨팅 사고의 힘이 발휘됩니다.

실생활에서는 다양한 문제들이 컴퓨팅 사고를 통해 해결될 수 있습니다. 예를 들어, 교실을 깨끗하게 유지하기 위한 환경 정리 계획을 세울 때, '정리해야 할 공간을 나누는 것'은 문제 분해이고, '늘 지저분해지는 장소나 시간대를 떠올리는 것'은 패턴 인식입니다. 또 '특히 신경 써야 할 구역만 골라내는 것'은 추상화이며, '누가 언제 무엇을 정리할지 순서를 정해 계획표를 만드는 것'은 알고리즘 사고입니다.

컴퓨팅 사고는 문제를 논리적이고 체계적으로 해결하는 데 큰 도움이 됩니다. 컴퓨팅 사고를 활용한 문제 해결을 경험하면, 단순한 지식이 아니라 삶에 적용 가능한 '생각의 도구'를 얻게 됩니다.

숙달

컴퓨팅 사고의 네 가지 기능을 활용하여 문제를 분석하고, 효과적인 해결 방법을 스스로 계획할 수 있습니다.

활동하기

공부한 날짜: . . .

우리 동네 교통 신호 프로젝트!

우리 동네의 교통 상황을 살펴보고, 차량과 보행자가 더 빠르고 안전하게 지나갈 수 있도록 가장 적절한 신호등 시간 계획을 세우는 활동입니다.
4일간 교통 상황을 관찰한 자료를 살펴보고, 컴퓨팅 사고의 네 가지 요소(분해, 패턴 인식, 추상화, 알고리즘 사고)를 종합적으로 적용해 가장 알맞은 신호등 시간 계획을 세워 보세요.

교통 상황 관찰 자료

요일	관찰한 내용
월	- 7:30~8:00 사이에 차량 45대 지나감, 보행자는 23명 지나감. - 8:00~8:30 사이에 차량 30대 지나감, 보행자는 80명 지나감. - 8:30~9:00 사이에 차량 68대 자나감, 보행자는 17명 지나감.
화	- 07:30~08:00 사이에 차량 40대 지나감, 보행자는 20명 지나감. - 08:00~08:30 사이에 차량 28대 지나감, 보행자는 85명 지나감. - 08:30~09:00 사이에 차량 72대 지나감, 보행자는 14명 지나감.
수	- 07:30~08:00 사이에 차량 38대 지나감, 보행자는 18명 지나감. - 08:00~08:30 사이에 차량 32대 지나감, 보행자는 90명 지나감. - 08:30~09:00 사이에 차량 75대 지나감, 보행자는 16명 지나감.
목	- 07:30~08:00 사이에 차량 42대 지나감, 보행자는 25명 지나감. - 08:00~08:30 사이에 차량 29대 지나감, 보행자는 88명 지나감. - 08:30~09:00 사이에 차량 70대 지나감, 보행자는 15명 지나감.

활동 1 분해하기

➔ 교통 상황을 관찰한 자료를 보고 시간대, 차량 통행량, 보행자 통행량을 정리하여 표로 만들어 봅시다.

	월		화		수		목	
시간대	차량	보행자	차량	보행자	차량	보행자	차량	보행자
7:30~8:00								
8:00~8:30								
8:30~9:00								

활동 2 패턴 인식하기

➔ 활동 1 에서 완성한 표를 보고, 요일별로 가장 많은 차량 수에 ○표, 보행자 수에 △표를 해 봅시다.

활동 3 추상화하기

➔ 내가 발견한 차량 통행량의 반복되는 특징과 보행자 통행량의 반복되는 특징을 글로 정리해 봅시다.

- 차량 통행량의 반복되는 특징

- 보행자 통행량의 반복되는 특징

활동 4 알고리즘 사고로 문제 해결하기

➔ 앞에서 정리한 차량 통행량의 특징과 보행자 통행량의 특징을 보고, 시간대별로 어떤 신호를 더 길게 줄지 결정하는 규칙을 만들어 봅시다.

① 시간이 7:30~8:00일 때, 차량 신호를 (　　　)초, 보행자 신호를 (　　　)초로 설정한다.

② 시간이 8:00~8:30일 때, 차량 신호를 (　　　)초, 보행자 신호를 (　　　)초로 설정한다.

③ 시간이 8:30~9:00일 때, 차량 신호를 (　　　)초, 보행자 신호를 (　　　)초로 설정한다.

1-1
A+

Part III

창의적 사고 역량

창의적 사고 역량은 새로운 생각으로 문제를 해결하는 능력이에요. 모르는 문제가 나왔을 때 다양한 방법으로 풀어 보거나, 그림을 그리거나 말로 설명해 보는 것도 창의적 사고예요. 친구와 다투었을 때 기발한 아이디어로 사이좋게 지내는 방법을 찾는 것도 포함돼요. 이 능력이 자라면 어려운 일도 재미있게 풀 수 있고, 나만의 멋진 생각으로 친구들을 놀라게 할 수 있어요.

창의적 사고 역량은

'새로운 생각으로 세상을 바꾸는 힘'이에요.☺

Chapter 8

아이디어 생성

아이디어 생성 기능은 문제를 해결하기 위해 최대한 다양한 생각을 떠올릴 수 있는 능력이에요. 예를 들어, 학급에서 환경을 지키는 방법을 찾는다고 할 때 '분리수거 철저히 하기', '재활용품으로 미술 작품 만들기', '물 마실 때 텀블러 사용하기'처럼 여러 가지 아이디어를 자유롭게 떠올리는 것이 아이디어 생성이라고 할 수 있지요. 또 '재활용품으로 미술 작품 만들기'와 '환경 캠페인 열기'라는 아이디어를 연결해 '재활용품 전시회를 열고 캠페인도 함께 진행하기' 같은 새로운 해결책을 만드는 것도 이 능력에 포함돼요.

아이디어 생성을 잘하는 사람은 처음부터 정답을 고르기보다, 짧은 시간에 많은 생각을 쏟아내고(발산) 그중에서 쓸 만한 씨앗을 골라 키워요(수렴). 다른 사람의 생각을 빌려 오거나 두 생각을 결합해 전혀 새로운 해법을 만들기도 하지요. 때로는 비슷한 사례를 떠올려 추측하고, 때로는 크기, 형태, 용도를 바꾸어 색다른 가능성을 찾을 수도 있어요.

이렇게 아이디어를 많이 떠올리고 연결하는 것은 좋은 해결책을 찾기 위해 반드시 필요한 능력이에요.

8-1 불가능한 해결책

여러분은 어떤 문제를 해결하기 위해 정말 특별하고 독창적인 생각을 해 본 적이 있나요? 우리는 때로 어떤 문제에 대한 해결책을 보며, '이건 효과적인 방법이 될 수 있겠지만 정말 실현하기는 어렵겠는데?'라고 생각할 때가 있습니다. 그런 해결책을 '불가능한 해결책'이라고 부를 수 있겠지요. 예를 들어, 지구온난화를 예방하기 위해 '모든 사람들이 하루에 한 그루씩 나무를 심어서 이산화탄소를 줄이자!'라는 생각은 멋지지만, 현실적으로는 쉽지 않을 수 있습니다.

하지만 이런 불가능해 보이는 아이디어들은 우리가 문제를 새롭게 바라보고, 이를 실현할 기술과 방법을 고민하도록 만듭니다. '왜 이 해결책이 실현되기 어려울까?', '이 해결책이 실현될 수 있는 방법이 있을까?'와 같은 질문은 이전의 생각을 새롭고 창의적인 방향으로 발전시킬 수 있도록 합니다.

예전에는 불가능하다고 여겨졌던 것들 중 많은 것들이 현재는 실현되고 있습니다. 이번 활동에서 불가능한 해결책을 탐구하며 문제를 창의적으로 해결하기 위한 새로운 방법과 기술을 배우고, 생각을 발전시켜 봅시다.

숙달

불가능한 해결책을 탐구하여 새로운 해결책으로 발전시킬 수 있어요.

활동하기

공부한 날짜: . . .

활동 1 이야기 결말 바꾸기

지금부터 여러분은 친구들과 함께 동화 작가가 되어 이야기의 결말을 꾸며 볼 것입니다. 상상력과 협동심을 발휘해 창의적인 결말을 만들어 봅시다.

- 1단계: 여러분 모두가 잘 알고 있는 동화나 옛이야기를 정해 봅시다.

- 2단계: 친구들과 함께 중요한 사건을 중심으로 이야기의 줄거리를 정리해 봅시다.

처음	가운데	끝

- 3단계: 여러분 각자 이야기의 새로운 결말을 준비해 봅시다.

활동 2 불가능한 해결책 찾아보기

해결하고 싶은 문제를 찾아보고, 해결책에 대해 이야기 나누어 봅시다.

해결 문제 예시

게임 중독　따돌림 예방하기　동물권 보장하기　친구와 친해지기

- 1단계: 문제를 선택하고, 문제를 해결하기 위한 해결 방안을 브레인스토밍해 봅시다. '실현가능성'을 고려하지 않고 문제에 대한 해결책을 최대한 많이 만들어 봅시다.

해결할 문제

해결 방안

–

–

–

–

–

- 2단계: 모둠원과 함께 1단계에서 만든 해결책을 살펴보고, 실현 가능할 것으로 생각되는 해결책을 모두 지워 봅시다.

● 3단계: 실현하기 어려울 것이라고 생각되는 해결책 중 탐구해 보고 싶은 해결책 두 가지를 선택하여 다음 활동을 진행해 봅시다.

실현하기 어려운 해결책은 무엇인가요?	예시 SNS 중독 문제를 해결하기 위해 SNS를 폐지하자.		
그 해결책을 실현하기 어려운 까닭은 무엇인가요?	예시 SNS는 이미 전 세계 사람들이 사용하고 있다. SNS와 관련된 기업에는 많은 돈이 투자되어 있다.		
그 해결책이 실현되려면 어떤 조건이 필요할까요?	예시 SNS 개발자가 SNS 중독 문제를 해결하려는 의지를 가져야 한다. 사람들이 SNS 콘텐츠를 소비하지 않아야 한다.		
그 해결책이 실현 가능해진다면 어떤 결과가 나타날까요?(긍정적인 결과, 부정적인 결과)	예시 긍정: SNS 중독으로 삶이 망가지는 사람이 없어질 것이다. 부정: SNS와 관련된 일자리를 가진 사람은 피해를 볼 수 있다.		

8-2 아이디어 연결

아이디어 연결이란 **서로 다른 정보나 개념을 조합하여 새로운 아이디어를 만들어 내는 과정**입니다. 우리는 이미 알고 있는 지식을 활용하여 새로운 개념을 형성할 수도 있고, 서로 관련이 없어 보이는 요소들을 연결하여 독창적인 해결책을 찾아낼 수도 있습니다. 창의적이고 유용한 아이디어를 만들기 위해 아이디어 연결 기술을 익히는 것은 매우 중요합니다.

이번 시간에는 두 가지 유튜브 콘텐츠를 참고하여 새로운 콘텐츠를 만들어 보는 활동을 해 봅시다. 주어진 내용을 자세히 살펴보며 '만약 이 두 가지 아이디어를 결합한다면?'이라는 질문을 스스로에게 던져 봅시다. 이 질문을 통해 각 콘텐츠의 핵심 요소를 조합하거나 변형하여 색다른 시각에서 새로운 콘텐츠를 구상할 수 있습니다.

내가 선택한 두 가지 콘텐츠가 결합하면 어떤 시너지를 낼 수 있을지 고민하며 활동을 시작해 봅시다.

숙달

다양한 연결을 쉽게 만들어 낼 수 있을 때, 여러분은 전문가 수준에 도달했음을 알 수 있습니다.

활동하기

공부한 날짜: . . .

활동 1 내가 좋아하는 유튜브 콘텐츠

➔ 다음 유튜브 콘텐츠 예시를 참고로 하여 자신이 알고 있는 유튜브 콘텐츠를 그림으로 간단하게 표현해 봅시다.

예시

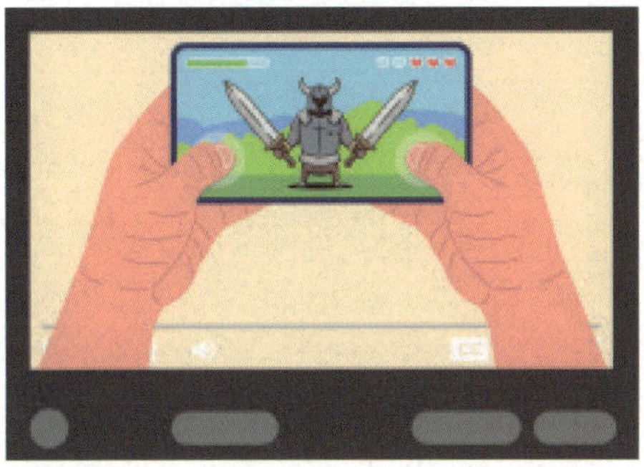

1

2

3

4

활동 2 유튜브 콘텐츠를 연결해 보기

➔ 앞에서 활동한 유튜브 콘텐츠를 두 개씩 연결해 봅시다.

선택 1

	+	

선택 2

	+	

선택 3

	+	

● 가장 자연스럽게 연결한 내용과 그 이유를 써 봅시다.

● 가장 특이하게 연결한 내용과 그 이유를 써 봅시다.

활동 3 썸네일로 표현하기

➔ 앞에서 자신이 연결한 유튜브 콘텐츠의 내용을 썸네일로 표현해 그려 봅시다.

➔ 주변에 있는 물건 중 두 가지 아이디어를 연결해 만들어진 물건을 생각해 봅시다.

8-3 추측하기

추측하기란 주어진 정보를 바탕으로 일어날 수 있는 일에 대해 생각해 보는 것을 말해요. 아직 정답이 확실하지 않을 때, 내가 알고 있는 단서나 경험을 바탕으로 답을 미리 생각해 보는 거예요.

예를 들어, 구름이 잔뜩 낀 하늘을 보고 "곧 비가 올 것 같아."라고 말하는 것도 하나의 추측이에요. 추측은 상상력과 관찰력을 함께 쓰기 때문에 새로운 아이디어를 떠올릴 때 도움이 돼요. 정답이 틀릴 수도 있지만, 그 과정에서 더 좋은 생각이 나오기도 해요.

우리는 부분적인 지식을 활용하여 이미 정해진 내용을 추측해 볼 수 있고, 상황이 바뀌었을 때 어떤 결과가 발생할지 예상해 볼 수 있어요. "만약…"이라는 질문은 상황의 요소를 다양하게 바꾸어 보며 사건의 흐름, 이야기의 결말, 문제의 해결점 등을 추측해 보게 하는 좋은 질문이에요. 추측하기는 새로운 것을 배우고 생각을 넓히며 자신감 있게 표현할 수 있게 해 주는 중요한 능력이에요.

추측하기는 문제를 해결하거나 창의적인 아이디어를 만드는 첫걸음이에요.

숙달

훨씬 더 깊고 넓게 생각하며, 논리적이고 창의적인 아이디어를 만들어 낼 수 있어요!

활동하기

공부한 날짜: . . .

활동 1 이야기 상상하기

➔ 그림을 보고, 이야기의 순서를 예상해 봅시다.

➔ 내가 정한 순서를 고려하며, 이야기를 간단하게 상상해 봅시다.

활동 2 이야기 엿보기

→ 이야기의 앞부분을 읽고, 인물의 특징과 주요 사건을 정리해 봅시다. 부록 참고

	이름(역할)	성격 및 특징
인물		
주요 사건		

→ 이야기의 앞부분을 고려하여, 이야기의 순서를 다시 정해 봅시다.

다시 정해 본 이야기의 순서대로 이야기의 뒷부분을 완성해 봅시다.

활동 3 이야기 재구성하기

"만약에…" 질문으로 활동 2 에서 완성한 이야기가 어떻게 바뀔지 상상해 봅시다.

만약에…
이야기의 주인공이
엄마였다면?

만약에…
주인공이 할머니의 머리핀을
사지 않았다면?

만약에…
계절이 추운 겨울이었다면?

내가 만들어보기

만약에…

8-4 100가지 사용법

100가지 사용법이란 **창의적인 사고를 통해 하나의 물건이나 아이디어를 다양한 방법으로 활용하는 재미있는 활동**입니다. 비어 있는 공간에 여러분의 상상력을 마음껏 펼쳐 보세요.

예를 들어, 종이컵을 생각할 때, 단순히 음료를 담는 용도에 그치지 않고, 여러 가지 상상력을 발휘해 볼 수 있습니다. 여러분은 종이컵을 꽃병으로 만들거나, 장난감으로 활용할 수도 있습니다.

여러분의 독창적인 아이디어를 적어 보세요! 그리고 실제로 사용된다면 어떨지 떠올려 보세요!

이 과정을 통해 여러분은 기존의 것을 모방하는 것이 아니라 여러분이 가진 생각과 감정을 바탕으로 여러분만의 새로운 것을 만들어 낼 수 있습니다. 여러분이 창의적으로 사고하는 능력을 기를 수 있는 소중한 과정이며, 꿈과 상상을 현실로 만들어 가는 첫걸음이 될 것입니다.

숙달

남들과 다른 독창적이고 새로운 아이디어를 쉽게 떠올려 작품을 만들어 낼 수 있어요.

활동하기

공부한 날짜: . . .

활동 1 상상력 폭발! 100개 챌린지

다음 물건의 사용법을 최대한 많이 떠올려 봅시다. (제한 시간은 3분, 목표는 100개!)

예시

종이컵 고무줄 빈 병 종이 접시 종이 클립 촛불 비닐봉투
아이스크림 막대 종이비행기 식빵 클립 알루미늄 포일

tip 엉뚱한 아이디어 환영! 질보다 양이 중요합니다.

활동 2 100개 목표 달성하기

3분 동안 100가지 사용법을 다 채웠나요? 다음 질문을 읽고 100가지 사용법을 더 채워 봅시다.

- 사람들은 이 물건으로 주로 어떤 동작을 하나요? 나라면 이 물건으로 어떤 동작을 할 수 있을까요?

- 지금 이 물건을 다른 장소에서 사용한다면 어떻게 쓸 수 있을까요?

● 이 물건이 커지거나 작아진다면 어떻게 사용할 수 있을까요?

● 이 물건과 다른 물건 두 가지를 합친다면, 어떻게 사용할 수 있을까요?
(예 종이컵+고무줄, 포일+종이비행기)

활동 3 상상이 현실이 된다면?

➔ 내가 떠올린 100가지 사용법 중, 실제로 만들고 싶은 것 한 가지를 골라 봅시다. 그리고 다음 질문에 답해 봅시다.

- 이 물건은 누가 사용하나요? 어떤 사람들이 사용하면 좋을까요?

____

- 이 물건은 언제 사용하나요? 어떨 때 사용하면 좋은가요?

____

- 이 물건을 실제로 만든다면, 어떤 재료가 필요한가요?

____

- 물건을 실제로 만든다면, 만드는 과정에서 더 개선해야 할 부분은 무엇인가요?

____

➔ 나의 아이디어를 바탕으로 한 물건이 실제로 출시되었습니다! 이 물건을 처음 보는 사람들에게 소개하는 내용을 글이나 그림으로 나타내어 봅시다.

tip 물건의 사용 설명서를 단계별로 적거나, 물건의 설계도를 그리고 간단한 설명을 쓰거나, 물건을 홍보하는 포스터를 그려도 좋습니다. 실제로 이 물건을 만들어 보아도 좋습니다.

8-5 비유적으로 생각하기

비유란 어떤 현상이나 사물을 직접 설명하지 아니하고 다른 비슷한 현상이나 사물에 빗대어서 설명하는 것입니다. '일기는 마음의 거울 같다.'는 문장을 살펴볼까요? 거울은 나의 모습을 그대로 반영하여 보여 준다는 특성을 갖고 있고, 일기는 나의 마음을 드러내 보여 준다는 특성이 있어요. 이렇게 비슷한 특성을 찾아내서 일기를 거울에 비유한 것이에요.

이렇듯 **비유적으로 생각**한다는 것은 **두 가지 사물의 비슷한 점을 찾아 연결해 보면서 새로운 아이디어를 만드는 것**입니다. 여러분이 생각하는 것보다 우리 주변에는 비유적인 표현을 사용하는 경우가 많답니다.

비유적으로 생각하면 '관찰력'이 좋아집니다. 한 가지 사물이 어떤 특성을 갖고 있는지 다양한 각도에서 바라보아야 하기 때문이에요. 또한 비유적으로 생각하면 '창의력'이 높아집니다. 공통점이 없을 것 같은 두 개념을 의식적으로 연결해 보려고 노력하는 과정에서 새로운 아이디어를 자연스럽게 많이 떠올리게 되기 때문이지요.

숙달

두 가지 개념 사이의 공통적인 특성을 찾아 연결하여 새로운 아이디어를 생각할 수 있습니다.

활동하기

공부한 날짜: . . .

활동 1 비슷한 점 찾아보기

→ 다음 그림을 보고 비슷한 점을 찾아보고, 문장을 만들어 봅시다.

예시

비슷한 점

- 하얗다
- 부드러워 보인다
- 깨끗한 느낌이 든다

→ 눈은 세상을 하얗게 지우는 지우개 같다.

비슷한 점

- ______________________
- ______________________
- ______________________

→ ____

비슷한 점

- ______________________
- ______________________
- ______________________

→ ____

활동 2 그림과 낱말 연결하기

➔ 왼쪽의 그림과 오른쪽의 낱말을 마음대로 연결하고, 문장을 만들어 봅시다.

성공

여행

외로움

가족

음악

즐거움

자신감

예시

자신감은 우산이다. 우산이 비를 맞지 않도록 지켜 주는 것처럼 자신감은 내가 무슨 일을 할 때마다 나를 지켜 주기 때문이다.

활동 3 랜덤 질문-대답하기

➔ 주사위를 세 번 굴려 질문, 낱말 1, 낱말 2를 차례로 선택하고, 질문에 대한 나의 생각을 써 봅시다.

첫 번째 주사위: 질문	
1	어떤 것이 더 부드러운가요?
2	어떤 것이 더 건강한가요?
3	어떤 것이 더 재미있나요?
4	어떤 것이 더 강한가요?
5	어떤 것이 더 쓸모있나요?
6	어떤 것이 더 편안한가요?

두 번째 주사위: 낱말 1	
1	깃털
2	우주
3	외투
4	초콜릿
5	눈사람
6	도서관

세 번째 주사위: 낱말 2	
1	구름
2	피아노
3	주스
4	사랑
5	휠체어
6	인터넷

질문	낱말	나의 생각
예 어떤 것이 더 쓸모 있나요?	① 초콜릿 ② 피아노	피아노가 더 쓸모 있다고 생각한다. 초콜릿은 순간의 달콤한 맛이 있지만 피아노는 시대를 넘어 아름다운 음악으로 감동을 주기 때문이다.
	① ②	
	① ②	
	① ②	

Chapter 9

적응적 사고 기능

우리는 세상을 살면서 한 가지 방법만으로 문제를 해결할 수 없습니다. 상황에 따라 생각을 바꾸고, 새로운 아이디어를 떠올리며, 더 나은 방법을 찾는 것이 필요합니다. 이렇게 상황에 알맞게 생각을 조절하고, 새롭게 생각하는 능력을 '적응적 사고'라고 합니다.

적응적 사고가 뛰어난 사람은 어려운 문제를 만나도 겁내지 않습니다. 이미 알고 있는 방법뿐 아니라 다른 사람의 생각을 참고하거나, 여러 가지 방식으로 바꿔 보며 해결책을 찾아갑니다. 때로는 비슷한 상황을 떠올려 보고, 때로는 완전히 새로운 방식으로 바꾸기도 하지요.

또한 적응적 사고를 가진 사람은 모양, 특징, 쓰임새 등 다양한 관점에서 사물을 바라보고 생각할 줄 압니다. 그리고 '어떻게 하면 더 좋아질까?', '이것을 다르게 쓰면 어떨까?' 하고 계속해서 생각을 확장해 나갑니다. 이 장에서는 생각을 새롭게 열고, 더 나은 방향으로 조정해 보는 연습을 해 볼 것입니다.

9-1 시각적 사고

우리는 눈으로 본 정보뿐 아니라 머릿속으로 장면을 떠올리며 생각을 확장할 수 있어요. 이렇게 **눈에 보이는 것을 넘어서 마음속에서 그림을 그리고, 상상하며 생각을 이어 가는 능력**을 **시각적 사고**라고 해요.

시각적 사고의 핵심은 마음속에서 이미지를 생생하게 떠올리고, 그 이미지를 다양하게 바꾸며 새로운 가능성을 상상하는 것입니다. 그림처럼 생각을 떠올리면 문제를 해결하거나 창의적인 아이디어를 만들어 내는 데 큰 도움이 됩니다. 또한 시각적 사고는 내가 바라는 목표나 해결하고 싶은 문제를 더 명확하게 이해하는 데도 중요합니다. 예를 들어, '이렇게 바뀌면 좋겠어.' 하는 모습을 머릿속에 또렷하게 그려 보면, 어떻게 행동해야 할지 방향이 더 잘 보입니다.

이 장에서는 그림, 이미지, 도형 등을 활용해 생각을 정리하고, 머릿속에서 다양한 가능성을 떠올리며 문제를 해결하는 연습을 해 볼 것입니다. 눈으로 본 것을 넘어서 머릿속으로 상상하고 바꿔 보는 힘, 그것이 바로 시각적 사고입니다.

숙달

필요할 때 생각을 그림처럼 떠올려 문제를 해결하거나 아이디어를 만들 수 있습니다.

활동하기

공부한 날짜: . . .

활동 1 장면 상상하기

다음은 어떤 이야기 속 한 장면입니다. 글을 읽고 머릿속으로 그 장면을 떠올린 뒤, 상상한 그림을 그려 봅시다.

해가 막 지고, 초록빛 이끼가 가득한 숲속 오솔길에 작은 하얀 문이 나타났어요. 문을 열자 부드러운 안개가 발끝까지 밀려오고, 은은하게 빛나는 나무들이 펼쳐졌지요. 나뭇가지마다 별처럼 반짝이는 열매들이 매달려 있었고, 그 아래엔 말을 하는 다람쥐 한 마리가 나를 기다리고 있었어요. 다람쥐는 작고 반짝이는 보라색 지도 한 장을 내밀며, "이제 너의 모험이 시작될 시간이야!"라고 말했어요.

활동 2 조건에 따라 그림 바꿔 보기

다음 주어진 그림을 잘 살펴보고, 조건에 따라 머릿속으로 그림을 변화시켜 새롭게 그려 봅시다.

조건

- 배경을 사막으로 바꾸기
- 등장인물 중 한 명을 없애기
- 그림에 없는 동물 한 마리 추가하기

활동 3 글의 내용 시각화하기

➜ 다음 글을 읽고 글의 내용을 한눈에 보기 쉽게 마인드맵으로 정리해 봅시다.

겨울 스포츠의 축제, 동계 올림픽

동계 올림픽은 눈과 얼음 위에서 펼쳐지는 세계적인 스포츠 대회이다. 이 대회에는 다양한 겨울 종목들이 포함되어 있으며, 그중에서도 많은 사람이 관심을 갖는 인기 종목이 있다. 이번 글에서는 피겨 스케이팅, 스키 점프, 쇼트트랙, 컬링에 대해 알아보자.

피겨 스케이팅은 음악에 맞춰 빙판 위에서 회전, 점프, 예술적인 동작을 선보이는 종목이다. 선수들은 미끄러지듯 아름답게 움직이며, 예술성과 기술을 함께 보여 준다. 표정, 연기, 연기의 완성도까지 점수에 반영되어 '빙판 위의 발레'라고도 불린다.

스키 점프는 높은 경사대에서 빠르게 내려와 공중으로 점프해, 멀리 날아가는 거리와 자세를 겨루는 경기이다. 선수는 공중에 뜨는 순간 몸을 앞으로 쭉 뻗어 안정적으로 날아야 좋은 점수를 받을 수 있다. 높은 곳에서 날아가는 모습이 멋지고 긴장감이 넘쳐 보는 사람들의 손에 땀이 나게 한다.

쇼트트랙은 얼음 위에서 여러 명의 선수가 좁은 트랙을 빠르게 달리며 순위를 겨루는 경기이다. 몸싸움과 추월이 자주 일어나서 경기의 흐름이 빠르게 바뀌는 것이 특징이다. 선수는 빠른 판단력과 순발력이 필요하며, 마지막까지 결과를 예측할 수 없어 매우 흥미진진하다.

컬링은 얼음 위에서 돌을 미끄러뜨려 원 모양의 표적 안에 최대한 가깝게 놓는 종목이다. 팀원들은 돌이 움직이는 방향을 조절하기 위해 얼음을 쓸며 섬세한 전략을 세운다. 말보다는 눈빛과 손동작으로 팀워크를 맞추는 장면이 인상적이고 독특한 재미를 준다.

이처럼 동계 올림픽에는 다양한 종목이 있으며, 각 종목은 다른 매력과 특징을 가지고 있다. 경기를 보는 것만으로도 겨울 스포츠의 세계를 즐길 수 있으며, 좋아하는 종목을 찾아보는 것도 즐거운 일이다.

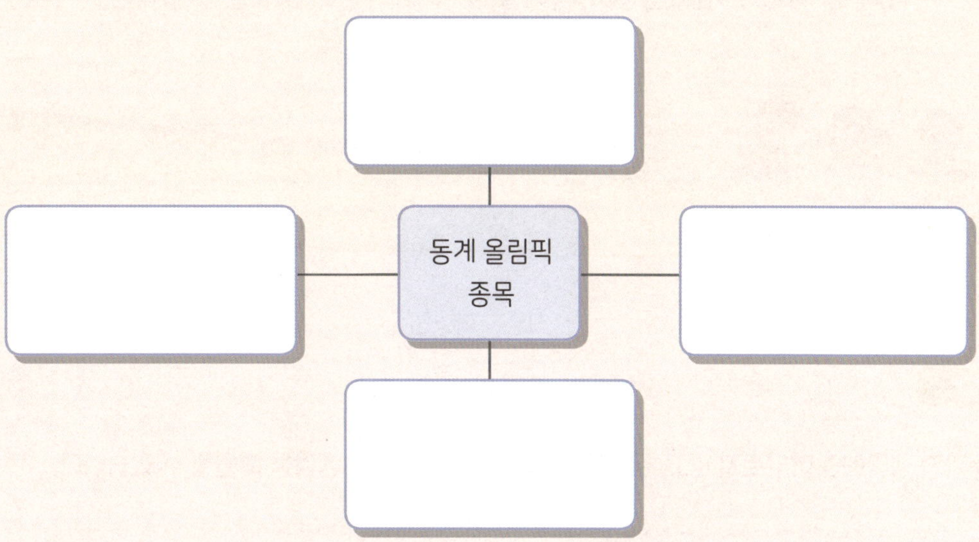

9-2 유연한 사고

우리는 살아가면서 많은 생각을 하고, 서로 다른 의견을 만나게 됩니다. 이때 '내 생각만 맞아!' 하고 고집을 부리는 것보다, 다른 사람의 말도 들어 보고 여러 가능성을 떠올리는 것이 중요합니다. 이렇게 **생각을 바꾸거나 넓힐 수 있는 능력**을 **유연한 사고**라고 합니다.

유연한 사고를 가진 사람은 여러 가지 관점을 받아들이고, 문제를 다양한 방법으로 해결하려고 합니다. 때로는 내가 처음 생각한 방법보다 친구의 아이디어가 더 좋을 수도 있고, 여러 방법을 섞어서 더 나은 해결책을 만들 수도 있습니다.

또한 유연한 사고를 하면 자신에 대한 생각까지도 바꿔 볼 수 있습니다. '나는 원래 이걸 잘 못해.'라고 단정 짓는 대신, '조금 다르게 해 보면 나도 잘할 수 있을 거야.'라고 생각할 수 있습니다. 이렇게 마음을 열고 생각을 바꾸다 보면, 스스로를 더 성장시킬 수 있습니다.

이 장에서는 여러 의견을 비교해 보고, 내가 몰랐던 관점도 받아들이며, 더 나은 생각을 만들기 위한 연습을 합니다. 유연하게 생각할 수 있다면 더 많은 사람과 협력하고, 새로운 아이디어를 찾는 데 큰 도움이 될 것입니다.

숙달

한 가지 생각에만 머무르지 않고, 문제를 해결하기 위해 다양한 생각을 떠올릴 수 있습니다.

활동하기

공부한 날짜: . . .

활동 1 자유롭게 상상하기

'만약에' 이렇다면 어떤 일이 일어날지 상상하여 글로 써 봅시다.

- 만약에 중력이 없어진다면, 교실에서 어떤 일이 일어날까?

- 만약에 모든 동물들이 말을 할 수 있다면, 어떤 세상이 될까?

- 만약에 나에게 투명인간이 되는 능력이 생긴다면, 나는 무엇을 할까?

- 만약에 하루 동안 내가 선생님이 된다면, 어떤 수업을 할까?

- 만약에 타임머신이 생긴다면 나는 어떤 시대로 갈까?

활동 2 여러 관점에서 생각하기

➔ 하나의 주제에 대해 여러 관점으로 바라보며 생각을 써 보세요.

주제	긍정적 관점	부정적 관점	중립적 관점
스마트폰을 학교에서 사용한다면?	정보를 빠르게 찾을 수 있다.	수업에 집중하지 못할 수 있다.	과목이나 상황에 따라 달라질 수 있다.
로봇이 인간의 일을 대신하는 사회가 된다면?			
교실에서 반려동물을 키운다면?			
모든 수업이 온라인으로 진행된다면?			

활동 3 SCAMPER 기법 적용하기

➔ 'SCAMPER' 기법을 활용하여 일곱 가지 질문을 통해 새로운 아이디어를 떠올려 봅시다.

SCAMPER는 기존의 물건이나 이야기, 생각을 '바꿔 보고, 합쳐 보고, 빼 보고, 거꾸로 해 보는' 활동이에요. 어렵게 생각하지 말고, '이걸 다르게 해 보면 어떨까?'라고 생각하면 돼요!

예 연필을 SCAMPER로 바꿔 보기

단계	질문	연필에 적용한 예시
S 바꿔 본다면?	재료를 다른 걸로 바꿔 볼까?	나무 대신 젤리로 된 연필
C 합쳐 본다면?	다른 물건이나 기능과 합치면?	지우개+연필+형광펜이 한 몸
A 바꾸어 써 본다면?	다른 곳에서 쓰던 걸 여기에도?	텐트 폴대 재료로 만든 연필
M 크기/모양을 바꿔 본다면?	더 크거나 작게 혹은 모양을 바꾼다면?	손가락에 끼우는 고리형 연필
P 다른 용도로 써 본다면?	원래 용도 말고 또 어떻게 쓸까?	마술지팡이 장난감이 되는 연필
E 빼 본다면?	어떤 부분을 없애면?	심만 있는 연필(껍질 없음)
R 반대로 해 본다면?	순서나 방향을 바꾼다면?	심이 옆에 있는 연필

(   )을 SCAMPER로 바꿔 보기

단계	새로운 아이디어 만들기
S 바꿔 본다면?	
C 합쳐 본다면?	
A 바꾸어 써 본다면?	
M 크기/모양을 바꿔 본다면?	
P 다른 용도로 써 본다면?	
E 빼 본다면?	
R 반대로 해 본다면?	

9-3 모방을 통한 창작

우리는 완전히 새로운 아이디어를 갑자기 떠올리는 것보다, 다른 사람이 만든 것을 보고 배우면서 생각을 키우는 경우가 많습니다. 이런 방식으로 **좋은 점을 따라 하되, 내 식으로 새롭게 바꾸는 것**을 **모방을 통한 창작**이라고 합니다.

이 능력을 기르기 위해서는 먼저 다른 사람의 작품이나 생각을 관찰하고, 그 안에 담긴 구조와 아이디어를 분석해 보는 사고가 필요합니다. 예를 들어, 멋진 이야기나 그림, 발명품을 볼 때, '어떤 방식으로 만들었을까?' 하고 자세히 들여다보는 거예요.

하지만 그 작품과 동일하게 만들면 따라 하기일 뿐입니다. 진짜 창작은 그다음 단계에서 시작됩니다. 기존의 아이디어를 새로운 방식으로 연결하거나, 거기에 나만의 생각을 더해서 전혀 다른 무언가를 만들어 보는 창의적인 사고가 필요합니다.

이 장에서는 물건이나 아이디어를 관찰하며 분석하고, 그것을 바탕으로 나만의 방식으로 새롭게 만들어 보는 경험을 하게 됩니다. 있는 것을 자세히 탐구하고, 새로운 아이디어를 덧붙이는 연습을 통해 창의적인 생각을 키워 나갈 수 있습니다.

숙달

다른 사람의 작품이나 아이디어를 자세히 관찰하고, 그 아이디어를 나만의 방식으로 새롭게 만들 수 있습니다.

활동하기

공부한 날짜: . . .

활동 1 단계적으로 창작하기

하나의 물건(필통)을 관찰하고, 점점 다르게 바꾸어 보며 나만의 창의적인 아이디어로 발전시켜 봅시다.

0단계: 관찰과 분석

• 내가 사용하는 필통은 어떤 재질로 되어 있나요? 어떻게 여닫나요? 어떤 모양인가요?

⬇

1단계: 그대로 따라 하기

• 관찰한 필통을 최대한 똑같이 그려 보세요.

⬇

2단계: 부분 바꾸기

• 재질, 여는 방식, 모양 등 일부만 바꾸어 나만의 필통을 만들어 보세요.

⬇

3단계: 큰 틀만 남기고 바꾸기

- '필통'이라는 기능은 유지하면서, 완전히 다른 모양이나 구조로 바꿔 보세요.

  (예 팔찌처럼 차는 필통, 가방 속에 붙이는 필통 등)

⬇

4단계: 완전히 새롭게 만들기

- 필통의 기능을 넘어, 전혀 다른 물건처럼 바꿔 보세요!

  (예 알람 기능이 있는 스마트 필통, 메시지를 전달하는 필통 등)

활동 2 장르 바꾸어 창작하기

➔ 이야기 글을 읽고, 뉴스 기사로 바꾸어 표현해 봅시다.

아기돼지 삼형제

둘째 돼지는 막 완성한 나무집 안에서 땀을 닦으며 말했어요.
하지만 그날 밤, 나무숲 사이에서 무시무시한 발소리가 들려왔어요.
"나와! 안 나오면 집을 불어 버릴 테다!" 늑대의 목소리가 울려 퍼졌지요.
"무, 무슨 소리야…?"
겁에 질린 둘째 돼지는 문을 잠그고 떨고 있었어요.
그 순간, "후우우우우웅~!"
커다란 바람 소리와 함께 집이 와르르 흔들리기 시작했어요.
결국 나무집은 무너졌고, 첫째와 둘째는 서로 손을 꼭 잡고
셋째 돼지의 벽돌집을 향해 온 힘을 다해 달렸어요.
셋째 돼지는 형들의 얼굴을 보자마자 문을 열어 주었어요.
"어서 들어와! 여긴 괜찮아!"
세 형제는 재빨리 문을 닫고, 숨을 고르며 조용히 창문 너머를 바라보았어요.
잠시 뒤, 늑대가 벽돌집 앞까지 따라왔어요.
"이번에도 불어 버리겠어! 후우우우우웅~!"
하지만 벽돌집은 단단하게 버텼고, 늑대의 얼굴이 빨개질 때까지 불어도 움직이지 않았어요.
늑대는 화가 나서 굴뚝으로 올라갔어요.
하지만 굴뚝 아래에 끓고 있던 물을 보지 못한 늑대는 뜨거운 물에 그대로 풍덩 빠지고 말았습니다.
"으아악! 뜨거워!" 늑대는 비명을 지르며 도망쳤답니다.
세 마리 돼지는 안도의 한숨을 쉬었고, 그날 이후로는 함께 벽돌로 집을 짓고 살아가기로 했어요.

늑대, 벽돌집 침입 실패… 결국 끓는 물에 빠져

20(　)년 (　)월 (　)일 (　)요일　　　　　　　　　　　　　　　　(　　　　　) 기자

활동 3 새로운 명언 창작하기

➔ 명언을 나만의 말로 다시 바꾸어 써 봅시다.

- 다음 명언 중에서 한 가지를 골라 봅시다.

실패는 성공의 어머니이다.	시작이 반이다.
큰 일도 작은 걸음에서 시작된다.	모든 일에는 이유가 있다.

- 선택한 명언을 나만의 말로 다시 바꾸어 써 봅시다.

예시

실패는 성공의 어머니이다. → 질문은 이해의 어머니이다.

	→	

- 내가 만든 명언은 어떤 상황에서 쓰면 좋을까요?

9-4 개선하기

세상에 있는 많은 물건, 도구, 아이디어는 처음부터 완벽하게 만들어진 것이 아닙니다. 누군가가 사용해 보고, 불편한 점이나 더 나아질 수 있는 부분을 찾아 조금씩 바꾸면서 점점 좋아진 거예요. 이렇게 **더 나은 방향으로 바꾸는 것**을 **개선하기**라고 합니다.

개선을 하려면 먼저 기존의 사물이나 아이디어를 잘 살펴보고, 어떤 기능과 형태를 가지고 있는지 분석해 보아야 합니다. 예를 들어, 연필을 보면서 '왜 이 모양일까?', '어떤 기능을 할까?' 생각해 보는 거예요. 이렇게 논리적으로 생각하면서 문제점을 찾아내는 능력이 필요합니다.

그다음에는 더 편리하거나, 더 특별한 방식으로 바꾸기 위한 창의적인 사고가 필요합니다. '이렇게 바꾸면 더 좋지 않을까?', '다른 용도로도 사용할 수 있을까?' 하고 새롭게 생각해 보는 거예요. 기존의 것을 뛰어넘어 새로운 가능성을 떠올리는 힘이 바로 여기에 담겨 있습니다.

이 장에서는 주변에서 자주 사용하는 물건이나 아이디어를 다시 바라보고, 더 나은 방향으로 바꾸는 활동을 해 볼 것입니다. 작은 변화 하나가 세상을 더 편리하게 만들 수 있고, 여러분의 아이디어가 누군가의 삶을 바꾸는 시작점이 될 수도 있습니다.

숙달

더 편리하게 만들기 위해 물건의 기능과 모양을 분석하고 새로운 아이디어를 덧붙여 개선할 수 있습니다.

활동하기

공부한 날짜: . . .

활동 1 물건 분석하고 개선하기

실제로 존재하는 발명품(자동 연필깎이, 셀카봉, 손전등, 빨대컵 등)을 관찰하고, 그것을 더 편리하게 만들기 위해 나만의 아이디어로 새로운 발명품을 만들어 봅시다.

- 발명품을 관찰하고 분석해 봅시다.

재질	
기능	
모양	
장점	
단점	

- 이 발명품을 더 편리하게 만들려면 어떤 것이 변화하면 좋을지 생각해 봅시다.

재질을 바꾸면 어떨까?	다른 기능을 추가하면 어떨까?
모양을 바꾸면 어떨까?	**단점을 보완하려면 어떻게 해야 할까?**

● 새로운 발명품을 그려 보고, 어떤 장점이 있는지 글로 써 봅시다.

내가 만든 발명품 이름

내가 만든 발명품 그리기

내가 만든 발명품의 장점 BEST 3
1 ______
2 ______
3 ______

활동 2 새로운 기능 더해 개선하기

생활 속 물건 하나를 골라, 특정 사람에게 어떤 점이 불편할지 상상해 보고, 문제를 해결할 수 있는 새로운 기능을 더해 봅시다.

예시

선택한 물건	자동문
누가 불편할까?	시각 장애인
어떤 점이 불편할까?	문이 열렸는지 보이지 않아 망설이게 된다.
개선 아이디어	문이 열릴 때 작은 소리나 진동으로 알려 주는 기능 추가
새로운 이름	소리 나는 스마트 자동문
바꾼 이유	눈으로 확인하기 어려운 사람도 안전하고 편하게 사용할 수 있도록 하고 싶어서

선택한 물건	
누가 불편할까?	
어떤 점이 불편할까?	
개선 아이디어	
새로운 이름	
바꾼 이유	

활동 3 불편한 점 개선하기

교실이나 학교에서 '조금 불편한 점' 한 가지를 찾아보고, 모두가 편하게 지낼 수 있도록 바꾸는 방법을 '더 좋게 만들기 사다리'를 통해 생각해 봅시다.

더 좋게 만들기 사다리

4단계 아이디어 구체화 — 그림으로 표현해 보세요.

3단계 아이디어 생성 — 어떻게 바꾸면 좋을까요?

2단계 원인 분석 — 왜 그런 일이 생기나요?

1단계 내가 찾은 불편한 점 — 어떤 점이 불편했나요?

9-5 연결과 확장

학교에서는 국어, 수학, 과학, 사회처럼 과목을 나누어 배웁니다. 하지만 우리가 사는 세상은 그렇게 나뉘어 있지 않고, 모든 것이 서로 연결되어 있습니다. 그래서 배운 내용을 따로따로 생각하는 것이 아니라, 서로 연결해서 보는 힘이 중요합니다.

연결과 확장은 **다른 과목에서 배운 지식을 합쳐서 새로운 아이디어를 떠올리는 능력**입니다. 예를 들어, 과학 시간에 배운 환경 지식을 바탕으로 국어 시간에 환경 보호에 대한 글을 쓰거나, 미술 시간에 그 내용을 담은 포스터를 만들 수도 있어요. 이렇게 지식과 아이디어를 연결하면서 생각이 더욱 풍부해집니다.

또한 연결은 현실 세계와 배운 지식을 이어 주는 다리가 되기도 합니다. 책에서 배운 내용을 실제로 써 보거나, 주변에서 일어나는 문제를 해결하는 데 활용할 수 있습니다. 이런 활동은 단순히 암기하는 공부보다 훨씬 깊은 사고를 만들어 줍니다.

이 장에서는 서로 다른 지식과 아이디어를 연결해 보고, 그것을 바탕으로 더 넓고 창의적인 생각을 만들어 내는 활동을 합니다. 이렇게 배운 것을 서로 엮고, 현실에 적용하는 연습을 통해 배움이 진짜 삶 속으로 확장되는 경험을 할 수 있습니다.

숙달

서로 다른 과목에서 배운 내용을 연결하여, 새로운 아이디어나 해결 방법을 떠올릴 수 있습니다.

활동하기

공부한 날짜: . . .

활동 1 하나의 주제로 여러 과목 연결하기

➜ '강'이라는 단어를 중심으로, 여러 과목에서는 '강'과 관련해 어떤 내용을 배우고 있는지 보기 에서 찾아 빈칸에 알맞게 써 봅시다.

보기

- '강'과 관련된 시를 읽습니다.
- 옛날 사람들은 강 옆에 마을을 지었습니다.
- 강처럼 흐르는 동작을 몸으로 표현해 봅시다.
- 우리나라의 대표적인 강에는 한강, 금강, 낙동강 등이 있습니다.
- 강은 흐르면서 땅을 깎기도 하고 모래를 쌓기도 합니다.
- 강을 표현한 그림을 감상해 봅시다.

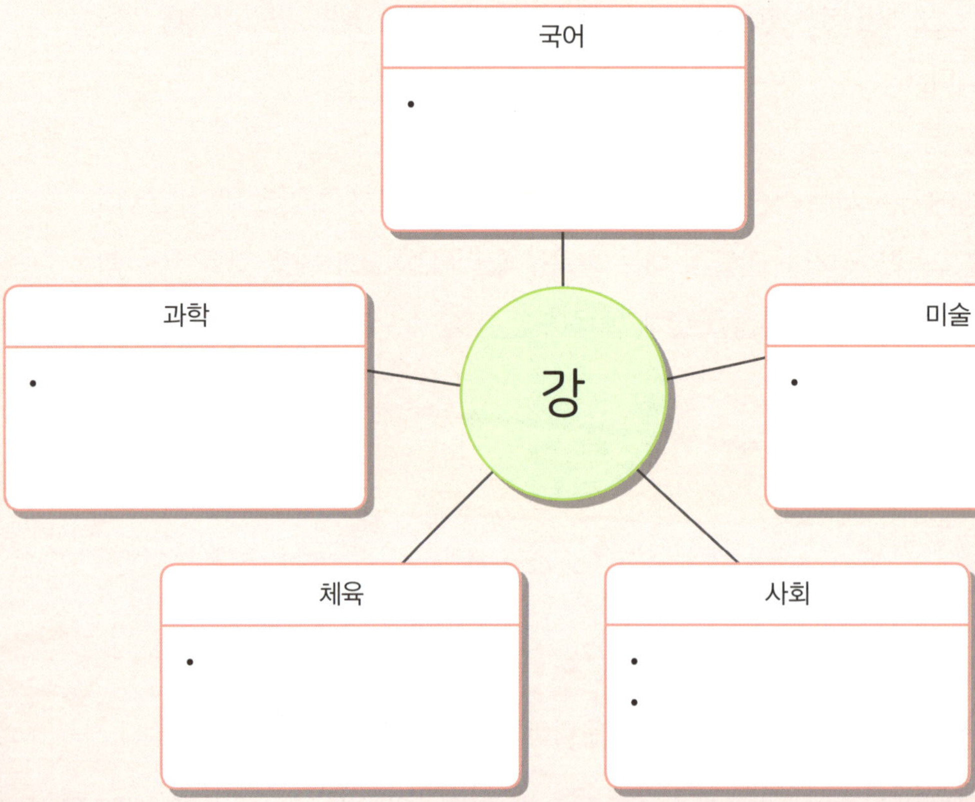

활동 2 하나의 문제로 여러 과목 연결하기

→ 여러 과목에서 배운 지식을 연결해서 현실에서 일어나는 문제에 대한 해결책을 제시해 봅시다.

"지구에 계속 쓰레기가 쌓이고 있어요."

과목	공부한 내용	해결 아이디어
도덕	공동체 의식	
과학	쓰레기가 생태계에 미치는 영향	
사회	지속가능한 발전	
국어	제안하는 글쓰기	
미술	시각 자료 표현	

활동 3 하나의 장면으로 여러 과목 연결하기

➔ 하나의 장면을 미술, 사회, 실과, 수학 등 다양한 학문적 관점에서 살펴보며 관찰한 내용을 써 봅시다.

사회 관점: 사람들의 역할, 경제 활동	미술 관점: 색, 구도, 느낌
• ______	• ______
• ______	• ______

실과 관점: 식량 자원, 경제 동물	수학 관점: 연산(계산)
• ______	• ______
• ______	• ______

9-6 형태와 기능

우리 주변에는 다양한 모양을 가진 물건들이 있습니다. 이 물건들은 그저 보기 좋기 위해서만 그렇게 생긴 것이 아니라, 어떤 기능을 잘 해내기 위해 그런 형태를 갖춘 것입니다. **이렇게 어떤 모양이 어떤 기능을 가지게 되는가를 살펴보는 것**을 **형태와 기능** 사고라고 합니다.

예를 들어, 우산은 빗물을 막기 위해 둥근 반원 모양을 가지고 있고, 냉장고는 차가운 공기가 골고루 퍼질 수 있도록 여러 칸으로 나뉘어 있습니다. 이처럼 모양과 기능은 서로 깊이 연결되어 있어서, 한쪽이 바뀌면 다른 쪽도 영향을 받게 됩니다.

'형태와 기능'을 이해하는 능력은 새로운 아이디어를 만들거나, 문제를 해결할 때 아주 중요합니다. 어떤 기능이 필요한지를 먼저 생각하고, 그 기능을 잘 할 수 있는 모양을 떠올리거나, 반대로 어떤 형태를 보고 그것의 용도나 가능성을 상상할 수 있지요.

이 장에서는 사물의 겉모습(형태)과 하는 일(기능)을 연결해서 생각해 보고, 더 효율적인 구조나 새로운 쓰임새를 만들어 보는 활동을 하게 됩니다. 이렇게 형태와 기능의 관계를 이해하면, 세상을 더 깊이 보고 창의적으로 바꾸는 힘을 기를 수 있어요.

숙달

물건의 형태와 기능을 관찰하며 그 기능을 잘할 수 있는 새로운 형태를 생각할 수 있습니다.

활동하기

공부한 날짜: . . .

활동 1 물건의 형태 해부하기

우리가 사용하는 물건의 겉모습(형태)은 그 물건의 기능을 도와주기 위해 그렇게 생겼습니다. 다음 물음에 답해 봅시다.

- 다음은 어떤 물건의 해부 카드일까요?

(?) 해부 카드	
형태	기능
곡선형 손잡이	손에 쥐기 편하고 미끄러지지 않게 해줌
긴 날카로운 날	종이를 깔끔하게 자를 수 있게 해 줌
나사 연결 부분	두 날이 벌어지고 닫히며 자를 수 있게 도와줌

- 주변 물건을 해부하듯 살펴보며 물건의 형태가 어떤 기능을 하는지 관찰하고 정리해 봅시다.

( ) 해부 카드	
그림	
형태	기능

활동 2 기능에 알맞은 형태 추가하기

우리가 사용하는 물건은 기능에 따라 형태가 달라지고, 형태가 달라지면 새로운 기능이 생기기도 합니다. 물건에 추가하고 싶은 기능을 떠올린 뒤, 그 기능에 맞는 새로운 형태를 상상해 봅시다.

예시

내가 고른 물건	책가방
원래 물건이 가진 기능	책이나 필통 같은 짐을 넣고 다닐 수 있다.
내가 추가하고 싶은 기능	비가 올 때 막아 주는 우산 기능이 있었으면 좋겠다.
형태 바꾸기	책가방 윗부분에 접이식 우산을 달아서 비 올 때 버튼을 누르면 펼쳐지도록 형태를 바꾼다. 

내가 고른 물건	
원래 물건이 가진 기능	
내가 추가하고 싶은 기능	
형태 바꾸기	
상상하여 그리기	

활동 3 생물의 형태와 기능 활용하기

➜ 자연에 사는 생물의 형태가 어떤 기능을 하는지 관찰해 보고 아이디어를 활용해 새로운 발명품을 상상해 봅시다.

예시

생물	연잎
형태	표면이 미세한 돌기로 덮여 있어서 물방울이 닿으면 흡수되지 않고 동그랗게 맺혀서 굴러떨어짐
기능	빗물이나 오염물질이 닿아도 쉽게 흘러내려 스스로 깨끗해짐

발명 아이디어
방수 코팅 기능이 있는 유리, 외투, 운동화

- 생물의 형태와 기능 관찰하기
  - 내가 고른 생물은? ______
  - 이 생물의 어떤 형태가 눈에 띄나요? ______
  - 이 형태는 어떤 기능을 도와주나요? ______
- 발명품 상상하기
  - 이 아이디어를 활용해 만들고 싶은 발명품의 이름은 무엇인가요? ______
  - 이 아이디어를 활용해 만들고 싶은 발명품의 형태를 그려 보세요.

Part IV

심미적 감성 역량

심미적 감성 역량이란 바른 마음과 태도로 생활하고, 우리 주변에서 아름다움을 느끼며, 그것을 소중히 여길 수 있는 힘을 뜻해요. 여기에는 멋진 그림을 보고 감탄하거나 노래를 들으며 마음이 따뜻해지는 것, 용기를 내어 자신의 생각을 표현하거나 화가 날 때 감정을 잘 조절하며 차분히 대화하는 것도 포함되지요.

심미적 감성 역량을 기르면 우리 삶에서 정신적인 풍요로움을 느끼며 살 수 있어요.

심미적 감성 역량은

'세상을 아름답고 따뜻하게 느끼도록 하는 힘'이에요.☺

Chapter 10

인성 기능

인성 기능은 마음을 긍정적으로 관리하고 스스로를 바르게 이끄는 능력이에요. 예를 들어, 어려운 문제를 만났을 때 끈기와 인내를 가지고 끝까지 노력하거나, 시험이나 발표를 앞두고 불안할 때 스트레스를 잘 다스리는 것도 우리가 갖추어야 할 인성의 모습이에요. 또 누가 시켜서가 아니라 스스로 옳다고 생각하는 일을 주체적으로 실천하는 것도 여기에 포함돼요.

이렇게 인성 기능을 기르면 우리는 힘든 상황에서도 긍정적인 마음을 잃지 않고 스스로의 삶을 책임 있게 이끌 수 있어요.

10-1 집중과 마음챙김

우리는 때때로 생각이 복잡하거나 마음이 불편해서 집중이 잘 안 되는 순간을 경험하게 돼요. 그럴 때 지금 내가 어떤 상태인지 알아차리고 마음을 가라앉히는 힘이 필요해요. 집중과 마음챙김은 바로 이런 상황에서 도움이 되는 활동이에요.

집중과 마음챙김은 **지금 이 순간의 나의 감정과 생각을 있는 그대로 알아차리고 조절하는 연습**이에요. 예를 들어, 기분이 좋지 않거나 마음이 산만할 때 '나는 지금 무슨 생각을 하고 있지?' '내 집중을 방해하는 건 뭘까?' 하고 스스로에게 물어보는 것도 마음챙김이에요. 좋고 나쁨을 판단하지 않고 나의 상태를 있는 그대로 바라보는 것이 중요하지요.

마음챙김을 연습하면 복잡했던 마음이 차분해지고, 방해되는 생각을 조절할 수 있게 돼요. 이로 인해 집중력과 주의력이 자라고, 감정도 안정되기 시작해요. 나의 마음에 더 귀 기울이게 되고, 나와 주변의 관계를 더 잘 이해할 수 있어요. 이렇게 마음을 돌보는 일은 나를 더 잘 알고 건강하게 살아가는 데 꼭 필요한 힘이에요.

숙달

학습 상황과 일상생활에서 자신의 마음을 관리하고 필요한 순간에 집중할 수 있어요!

활동하기

공부한 날짜: . . .

활동 1 감각과 생각 알아채기

마음챙김은 우리가 느끼는 감각과 내가 하고 있는 생각을 알아채는 것에서부터 출발합니다. 잠시 멈춰 현재의 나를 살펴봅시다.

항목	답
눈에 보이는 것	
맡을 수 있는 냄새	
귀에 들리는 것	
피부로 느껴지는 것	
입에서 느껴지는 맛	
내 기분이나 감정	
지금 드는 생각	

활동 2 산만한 생각 없애기

수업 시간에 딴생각을 하기 시작하면 집중력이 떨어지게 됩니다. 무언가에 집중해야 할 때 방해가 되는 생각이 무엇인지 떠올려 봅시다.

- 1단계: 집중해야 할 때 주로 나를 방해하는 생각을 적어 봅시다.

예 가족이나 친구와의 추억, 가고 싶은 장소, 내가 해야 할 일

- 2단계: 산만한 생각을 극복하는 방법을 생각해 봅시다.

예 선생님이 사용하는 단어 머릿속으로 반복하기, 선생님이 다음에 할 말 예측하기

- 3단계: 친구들의 발표를 들어 보고 자신이 적용해 보고 싶은 방법을 적어 봅시다.

활동 3 방해 요소 관리하기

1단계: 집중하는 데 도움이 되는 환경을 떠올려 봅시다.

환경적 요인	집중하는 데 도움이 되는 것
공부 환경	예 넓은 책상, 푹신한 의자, 밝은 조명
온도	예 따뜻함, 시원함
시간대	예 아침, 방과 후, 밤
음악	예 악기 연주
음식	예 따뜻한 물, 초콜릿
보상	예 학습 후에 얻는 간식
그 외 다른 것	

2단계: 방해 요소를 제어한 나만의 공간을 그림으로 표현해 봅시다.

10-2 위험 관리

우리는 매일 다양한 선택을 하며 살아가요. 이 중에는 다치거나 손해를 볼 수 있는 위험한 선택도 있어요. **위험 관리** 능력은 **자신의 주변에서 생길 수 있는 위험을 미리 살펴보고, 안전하게 선택하고 행동할 수 있는 능력**이에요.

어떤 행동을 할 때는 그 일이 어떤 위험을 가져올 수 있는지 생각해 보아야 해요. 잘 알지 못하는 일을 충동적으로 하거나, 순간의 즐거움을 위해서 하는 일들은 우리에게 좋지 않은 결과를 가져다줄 수 있어요.

위험을 잘 관리할 수 있는 사람은 자신이 그 일을 왜 하려고 하는지를 알고 있어요. 그리고 그 일을 하는 것이 어떤 이익을 가져올 것인지, 얼마만큼의 비용을 지불해야 하는지를 따져 볼 수 있지요. 위험 관리 능력은 나와 다른 사람 모두의 안전을 지키고 책임 있는 선택을 하도록 도와주는 중요한 힘이에요.

숙달

자신의 주변에 존재하는 잠재적인 위험 요소를 알고 위험이 예상되는 행동이나 생각을 멀리할 수 있습니다.

활동하기

공부한 날짜: . . .

활동 1 나쁜 행동의 위험 평가하기

➜ 우리가 무심코 할 수 있는 나쁜 행동의 위험을 평가해 봅시다.

항목	예시	혼자서 해 봐요	친구와 해 봐요
행동	친구를 놀리기		
행동을 하는 이유	친구의 반응이 재미있어서		
행동으로 인해 얻을 수 있는 이익	즐거움.		
행동으로 인해 지불할 수 있는 대가	친구의 마음이 다침, 친구 관계가 나빠짐, 선생님께 꾸중 들음.		
행동이 만들어 내는 최상의 결과	친구와 내가 함께 즐거움.		
행동이 만들어 내는 최악의 결과	학교폭력 위원회가 열림.		
결정 내리기: 그 행동을 할 만한 가치가 있나요?	없음.		
그 이유는 무엇인가요?	이익에 비해 대가가 너무 큼, 나만 즐거운 것을 이익이라고 하기도 어려움.		

활동 2 도전에 따르는 위험 평가하기

➔ 도전해 보고자 하는 목표를 선정하고 도전에 따르는 위험을 평가해 봅시다.

보기

다른 지역 여행하기, 유튜브에서 본 과학 실험하기, 곤충 도감 만들기,
새로운 운동 기술에 도전하기, 용돈을 모아 비싼 자전거 사기

질문	예시	도전 1	도전 2
어떤 도전을 해 보고 싶나요?	유튜브에서 본 과학 실험하기		
도전을 해 보고 싶은 이유는 무엇인가요?	유튜브에서 본 대로 실험 결과가 나올지 궁금하다.		
행동으로 인해 얻을 수 있는 이익과 대가는 어떤 것이 있을까요?	실험 결과가 제대로 나오면 기분이 짜릿할 것이다. 실험할 때 돈이 들고 실험하는 공간이 오염될 수 있다.		
도전에 어떤 위험이 따를 수 있을까요?	낮은 확률로 사고가 날 수도 있을 것이다.		
위험을 줄일 수 있는 방법은 무엇인가요?	안전 장비를 착용한다.		
도전 과제를 공유하고 위험을 나눌 수 있는 사람과 함께하나요?	친구나 부모님과 실험 준비와 실험을 함께할 수 있을 것이다.		
예상치 못한 문제가 발생했을 때 누구에게 도움을 구할 수 있나요?	부모님이나 119 구급대에 도움을 요청할 수 있을 것이다.		
계획한 대로 일이 진행되지 않을 때 어떤 대안이 있나요?	실험을 포기하고 좀 더 안전한 실험을 찾아볼 것이다.		
이상의 질문에 대한 대답을 바탕으로 도전 여부를 결정해 봅시다.	위험할 수 있으니 하지 않는 게 좋겠다.		

10-3 끈기와 인내

끈기와 인내란 어려운 일이 있어도 포기하지 않고 참고 해내는 힘이에요.

우리 주변에는 우리가 손쉽게 해낼 수 있는 일뿐만 아니라, 오래도록 시간과 노력을 들여야 이룰 수 있는 일들도 많아요. 끈기와 인내는 우리 생활 속의 힘들고 어려운 일을 해내기 위해 꼭 필요한 마음의 능력이에요. 이 능력이 없으면 해야 할 여러 일들을 너무 쉽게 포기해 버리게 돼요. 그럼 우리가 살아가기 위해 꼭 갖추어야 할 능력들을 기르고 멋지고 어려운 일을 해내기도 정말 어려울 거예요.

어려움이 있어도 포기하지 않고 시간을 들여 노력하는 과정을 통해 더욱 단단한 마음을 가진 우리가 되어 보아요!

숙달

목표한 일을 포기하지 않고 끈기 있게 해낼 수 있어요.

활동하기

공부한 날짜: . . .

활동 1 인내했던 경험 떠올려 보기

1단계: 어떤 일을 끈기 있게 해냈던 경험과 그때 느꼈던 감정을 떠올려 봅시다.

나의 경험	느꼈던 감정
예 어려운 게임을 클리어했던 경험	예 뿌듯했다, 자신감이 생겼다

2단계: 일을 끈기 있게 해내기 위해 사용했던 방법을 떠올려 봅시다.

예 일을 마친 뒤 내가 좋아하는 것을 할 계획 세우기, 일을 끝냈을 때의 결과 상상하기

3단계: 친구들의 경험을 들어 보고, 내가 인내하는 데 도움이 될 만한 방법을 적어 봅시다.

활동 2 미루는 습관 극복하기

일을 미루는 습관은 어려운 일을 해내는 데 큰 장애물이 되는 습관입니다. 다음 활동을 통해 일을 미루는 습관을 극복해 봅시다.

- 1단계: 중요한 일의 시작을 미룰 때 마음속에 드는 생각을 적어 봅시다.

예 당장 하고 싶은 일을 먼저 하는 게 더 좋을 것 같다., 조금 있다 해도 되겠지?

- 2단계: 내가 해야 할 일 중 하기 싫은 일을 하나 선택해 봅시다. 그리고 선택한 일을 완료했을 때와 완료하지 못했을 때 일어날 수 있는 결과를 적어 봅시다.

하기 싫은 일	
완료했을 때 일어날 긍정적 결과	**완료하지 못했을 때 일어날 부정적 결과**
예 선생님과 부모님께 칭찬을 받는다.	예 스스로에게 실망감이 든다.

- 3단계: 해야 할 일을 바로 시작하기 위해 스스로에게 할 수 있는 말을 적어 봅시다.

예 지금 시작하지 않으면 다 해내지 못하겠는걸?

활동 3 인내심 4컷 만화 그리기

➜ 최근 자신이 인내심을 가지고 어떤 일을 해낸 과정을 '인내심 4컷 만화'로 나타내 봅시다.

# 1 해내고자 계획한 일을 표현해요.	# 2 해야 할 일을 완료하는 데 방해됐던 것들을 표현해요.
# 3 인내심을 가지고 일을 해내는 데 도움이 됐던 것들을 표현해요.	**# 4 완료한 일을 표현해요.**

10-4 충동과 분노

때로 **어떤 행동을 갑자기 하고 싶어질 때가 있고, 속상하거나 억울한 일을 겪으면 화가 나기도 하지요?** 이런 마음을 각각 **충동과 분노**라고 불러요.

충동은 충분히 생각하지 않고 행동하게 만들고, 분노는 마음을 이성적인 판단을 하지 못하게 만들어요. 우리가 감정들을 잘 조절하지 못할 때 여러 가지 문제를 일으키기도 해요. 그리고 마음이 가라앉고 나면 자신이 한 일에 대해 후회하곤 하지요.

충동과 분노를 느끼는 것은 자연스러운 것이에요. 다만, 우리는 그것들을 잘 관리할 수 있어야 해요. 충동과 분노를 느낄 때 어떻게 대처해야 할지 함께 알아봐요!

숙달

충동과 분노를 느낄 때 마음을 다스리는 전략을 알고 사용할 수 있어요.

활동하기

공부한 날짜: . . .

활동 1 화났을 때 내 모습은?

➜ 내가 화났을 때 이를 알아차릴 수 있는 신호가 무엇인지 알아봅시다.

- 1단계: 내가 짜증이 나기 시작할 때 나의 몸과 마음에서 어떤 변화가 일어나는지 떠올려 보고, 글과 그림으로 표현해 봅시다.

  예 호흡이 빨라진다 / 머리가 지끈거린다 / 속이 답답하다 / 눈물이 난다

나의 모습(그림)	설명

- 2단계: 내가 화를 낼 때 나의 모습이 어떤지 친구에게 물어보고, 글과 그림으로 표현해 봅시다.

  예 표정이 어두워진다 / 얼굴이 빨개진다 / 목소리가 커진다

나의 모습(그림)	설명

활동 2 감정 조절 방법 찾기

➔ 충동과 분노를 느꼈던 경험을 떠올려 보고, 나만의 감정 조절 전략을 세워 봅시다.

- 1단계: 기억 떠올려 보기. '그때 나는 왜 그랬을까?'

최근 내가 충동적으로 했던 일을 떠올려 보세요.
그 행동을 하고 난 뒤의 결과는 어땠나요?
그때 어떻게 했으면 더 좋았을까요?
친구들의 경험을 들어 보고, 감정을 조절해야 할 필요성을 생각해 보세요.

- 2단계: 조절 방법 찾기

자신의 감정 조절 전략을 적어 보고, 발표해 봅시다. 그다음, 친구들의 조절 전략 중 자신에게 도움이 될 것 같은 전략을 적어 봅시다.

tip 예시 전략 말고도 자신이 직접 전략을 적어 보아도 좋아요!

예시 전략

숨을 크게 세 번 쉬기 　10초 세기 　선생님, 친구, 부모님께 말하기 　걷기
종이에 감정 쓰기 　그림 그리기 　"지금 너무 화가 나."라고 말하기

나의 조절 전략	친구들의 조절 전략

활동 3 나만의 감정 리모컨 만들기

이전 활동에서 알아본 감정 조절 전략을 토대로 상황에 따른 나의 감정 조절 전략을 나타내는 감정 리모컨을 만들어 봅시다.

예시

버튼	기능 이름	설명
↓	감정 작게 하기 버튼	어깨에 힘을 빼고 손을 주무르며 몸을 편안하게 한다.
▶	감정 멈추기 버튼	눈을 감고 10초 동안 깊게 숨을 쉰다.
↺	기분 전환 버튼	음악 듣기 / 산책하기 / 물 마시기
★	생각 바꾸기 버튼	"괜찮아, 다음에 더 잘할 수 있어."와 같은 긍정적인 말 떠올리기

나의 감정 조절 리모컨

버튼	기능 이름	설명

10-5 압박감과 스트레스

가끔 우리는 **어떤 일을 반드시 잘 해내야 한다는 생각에 답답함을 느낄 때**가 있어요. 이렇게 **마음이 무겁고 힘들게 느껴지는 것**을 **압박감**이라고 해요. 예를 들면, 시험을 잘 봐야 한다는 생각에 긴장되거나 친구들 앞에서 발표를 잘해야 한다고 느낄 때 압박감을 느끼곤 하지요. 또 **해야 할 일이 너무 많거나 걱정이 가득할 때 몸과 마음이 지치고 피로해져요.** 이와 같은 느낌을 **스트레스**라고 해요.

압박감과 스트레스를 관리하는 것은 외부에서 벌어지는 수많은 일로부터 우리의 몸과 마음을 지키기 위해 필수적이에요. 또한 우리가 압박감과 스트레스에 잘 대처한다면 여러 가지 일을 훌륭히 잘 해낼 수도 있지요.

숙달

압박감과 스트레스의 긍정적인 면을 이해하고 의식적으로 관리할 수 있어요.

활동하기

공부한 날짜: . . .

활동 1 내 마음이 답답했던 순간 찾기

1단계: 나는 언제 압박감을 느꼈을까?

질문	답
내가 답답하거나 긴장되었던 순간은?	
그때 나의 몸과 마음은 어땠나요?	
그때 나는 어떻게 극복했나요?	
나를 편안하게 만들어 줄 방법을 생각해 보세요.	

활동 2 스트레스 받을 때 나는 이렇게 해요

➜ 압박감과 스트레스를 느꼈을 때 나를 돌보는 방법을 생각해 봅시다.

내가 스트레스를 받을 때	스트레스 정도	내가 나를 돌보는 방법
예 발표 전 긴장될 때		예 속으로 '할 수 있어.'라고 말해요.

10-6 자기 동기부여

누가 시키지 않아도 스스로 열심히 하고 싶은 마음이 생기는 것을 느껴 본 경험이 있나요? 이렇게 **내 안에서 스스로 힘을 내게 하는 것**을 **자기 동기부여**라고 해요.

어떤 일을 하는 것이 귀찮거나 포기하고 싶은 마음이 들 때가 있지요? 그럴 때 스스로에게 동기를 부여하는 것은 힘들어도 '조금만 더 해 보자!'라는 마음을 갖게 해 줘요.

내가 하는 일의 의미를 떠올리고 나 자신을 믿고 응원하는 마음을 갖는 것이 바로 자기 동기부여의 핵심이에요!

숙달

목표를 달성하기 위해 스스로에게 동기를 부여하고 실행으로 옮길 수 있어요.

활동하기

공부한 날짜: . . .

활동 1 나는 왜 노력할까?

➔ 1단계: 다음의 두 가지 상황을 읽고 물음에 답해 봅시다.

상황 1

민수는 축구를 정말 좋아해서 매일 연습합니다. 누가 시키지 않아도 스스로 골 넣는 연습을 합니다.

상황 2

수지는 엄마가 '시험 100점 맞으면 선물 줄게.' 라고 하셔서 열심히 공부합니다.

- 민수와 수지가 노력한 까닭은 무엇인가요?

____

➔ 2단계: 다음 질문에 답을 적어 봅시다.

- 누가 시키지 않아도 스스로 열심히 했던 일이 있나요?

____

- 누군가의 칭찬이나 보상을 기대하며 열심히 했던 일이 있나요?

____

내 안에서 힘이 생겨서 무언가를 하고 싶어지는 걸 **내적 동기부여**라고 해요.
바깥에서 오는 보상이나 기대 때문에 노력하는 걸 **외적 동기부여**라고 해요.
두 가지 동기부여 모두 우리를 성장하게 도와주지만, 일이 끝날 때까지 계속 나아갈 수 있는 가장 강력한 동기는 **내적 동기부여**예요!

활동 2 성공과 실패 떠올려 보기

→ 목표를 세우고 그것을 달성했던 일을 떠올려 봅시다. 그리고 목표를 세웠지만 달성하지 못한 일을 떠올려 보세요. 여러분은 각각의 경험으로부터 무엇을 배울 수 있었는지 말해 봅시다.

	내가 열심히 해서 잘 해냈던 경험	열심히 하려고 했지만 잘 해내지 못했던 경험
어떤 일이었나요?	예 독서 발표를 잘했던 일	예 원하는 성적을 얻지 못했던 일
성공과 실패의 원인은 무엇이었나요?	예 내가 좋아하는 책이었고, 발표 준비가 재밌었다.	예 외우기만 했고 잘 이해하지 못했다.
이 경험을 통해 알게 된 점은 무엇인가요?	예 내가 좋아하고 재미를 느끼면 더 오래 집중할 수 있다.	예 공부할 때 그냥 외우기보다는 이해하는 것이 중요하다.

활동 3 나는 할 수 있어! 긍정적 사고 연습하기

→ 부정적인 사고를 긍정적인 사고로 바꾸는 연습을 해 봅시다.

상황	처음 떠오른 부정적인 생각	바꾼 긍정적인 생각
예 발표하다가 말이 막혔을 때	예 '망쳤어, 창피해….'	예 '괜찮아, 다음엔 오늘 부족했던 부분을 고치면 잘할 수 있을 거야.'

활동 4 하기 싫었지만, 나는 해냈어! 자기 동기부여 성찰하기

→ 정말 하고 싶지 않았던 일을 결국 해냈던 경험을 떠올려 보고, 물음에 답해 봅시다.

질문	답
어떤 일이었나요?	
일을 해냈을 때 어떤 생각과 감정이 들었나요?	
그 일을 해내는 데 동기가 된 것은 무엇이었나요?	

→ 정말 하기 싫은 일을 해야 할 때, 나를 움직이게 할 수 있는 방법을 적어 봅시다.

예 혼잣말로 용기 내기: '끝나고 나면 좋아질 거야.' '조금만 해 보고 다시 생각해 보자.'

10-7 회복탄력성

사람은 누구나 실수하거나 친구와 다투거나 슬픈 일을 겪는 등 힘든 순간을 만나게 돼요. 이런 일이 있을 때 **마음이 무너지지 않고 다시 힘을 내어 일어설 수 있는 마음의 힘**을 **회복탄력성**이라고 해요.

회복탄력성이 있으면 실수를 했을 때 다시 해 보자고 생각할 수 있어요. 자신의 실수를 자책하고 그 일을 포기하는 것이 아니라, 자신의 실수를 인정하고 더욱 발전하기 위해 노력하는 것이죠!

이 힘은 연습을 통해 키울 수 있어요. 스스로를 믿는 말이나 좋은 친구, 가족의 응원도 회복탄력성을 기르는 데 도움이 돼요. 우리도 매일 조금씩 연습하며 마음의 근육을 튼튼하게 키워 나가 봐요!

숙달

어려움을 마주해도 다시 일어설 수 있는 마음의 힘과 긍정적인 태도를 가질 수 있어요.

활동하기

공부한 날짜: . . .

활동 1 내가 '다시 일어섰던' 이야기

어려움이나 실패를 딛고 일어선 경험을 떠올리고 이야기해 봅시다.

질문	내 이야기
내가 힘들었던 경험은?	예 시험에서 낮은 점수를 받았어요.
그때 어떤 감정을 느꼈나요?	예 속상하고 자신감이 없었어요.
어떻게 다시 일어섰나요?	예 엄마가 응원해 줬고 다시 복습했어요.
그다음엔 어떤 일이 일어났나요?	예 다음 시험에서 점수가 올랐어요.
나를 다시 일어나게 해 준 생각이나 말은?	예 "나는 노력하면 할 수 있어!"

활동 2 마음 회복 상자 만들기

➔ 내가 힘들 때 나에게 힘이 되는 것들로 마음 회복 상자를 채워 봅시다. 듣고 싶은 말, 하고 싶은 행동, 나를 웃게 만드는 것, 나를 도와줄 사람 등을 글과 그림으로 표현해 봅시다.

10-8 실패를 잘 받아들이기

누구나 살아가면서 실패를 경험해요. 열심히 준비했는데 발표할 때 너무 긴장해서 할 말을 잊어버릴 수도 있고, 시험에서 원하는 결과를 얻지 못할 수도 있어요.

우리는 살아가며 수많은 실패를 경험해요. 중요한 건 그런 실패를 우리가 어떻게 받아들이고 다시 나아가느냐예요. 실패를 잘 받아들이는 태도는 다시 용기를 가질 수 있게 해 주지요.

실패는 우리가 잘못하고 있다는 뜻이 아니에요. 아직 더 연습이 필요하거나, 단지 운이 좋지 않았을 수도 있지요. 실패를 받아들이는 것은 정말 어려운 일일 수 있어요. 하지만 실패를 겪으며 한 걸음씩 다시 나아가는 연습을 하다 보면, 우리는 결국 성공을 마주할 수 있을 거예요!

숙달

실패를 통해 더 나은 방향으로 발전하려는 태도를 가질 수 있어요.

활동하기

공부한 날짜: . . .

활동 1 실패 연습장: 내가 경험한 실패 이야기

➔ 과거에 세웠지만 달성에 실패했던 목표를 생각해 보고 물음에 답해 봅시다.

질문	답
어떤 목표를 세웠었나요?	
그 목표를 달성하기 위해 어떤 노력을 했나요?	
목표를 이루지 못한 원인은 무엇일까요?	
그 경험을 통해 내가 배운 점은 무엇인가요?	
다음에 비슷한 일이 생긴다면 나는 어떻게 할 수 있을까요?	

활동 2 실패를 활용하여 새로운 목표 달성하기

➜ 달성하고 싶은 새로운 목표와 이를 이루기 위한 계획을 세워 봅시다.

이번에는 어떤 새로운 목표를 세우고 싶나요? 도전하였지만 실패한 목표는 무엇이었나요?	
그 목표를 이루기 위해 무엇을 할 수 있을까요?	
성공의 가능성을 높이기 위해 어떤 점을 주의해야 할까요? (실패했던 경험을 떠올리며 적어 보세요.)	

➜ 최선을 다해 도전했지만 실패했을 때, 나를 응원해 줄 마음속 한마디를 적어 봅시다.

10-9 용기

용기는 두렵고 힘든 상황에서도 옳은 일을 하고 자신의 생각과 감정을 솔직히 표현하는 마음의 힘이에요.

예를 들어, 자전거를 배울 때 넘어져도 포기하지 않고 다시 시작하는 마음, 친구의 잘못된 행동을 보고 "그건 옳지 않아."라고 당당히 말하는 태도, 내가 잘못한 일에 대해 인정하고 받아들이는 자세, 수업 시간에 친구들 앞에 나와 자신 있게 발표하는 행동 모두 용기와 관련이 있어요.

용기는 우리 주변의 문제를 해결하고 나의 부족함을 개선해 나가는 데 중요한 역할을 해요. 일상 속 용기가 필요한 상황을 알고 용기를 내 보는 건 어떨까요?

숙달

상황에 따라 용기 내어 생각하고 행동할 수 있어요.

활동하기

공부한 날짜: . . .

활동 1 나에게 용기가 부족했던 순간

→ 용기를 내지 못해서 후회했던 경험에 대해 이야기해 봅시다.

활동 2 용기가 필요할 때 나에게 무슨 말을 해야 할까?

→ 각 상황에서 용기를 내기 위해 스스로에게 어떤 말을 해 줄 수 있을지 생각해 봅시다.

용기를 내야 할 상황	용기를 내기 위해 나에게 할 수 있는 말
예 부모님 몰래 학원에 가지 않은 상황	

Chapter 11

심미적 감수성

감동을 느끼고 아름다움을 알아보는 힘!

심미적 감수성은 '눈으로 보거나 귀로 듣는 것 속에서 아름다움이나 느낌을 발견하고, 그 감정을 마음속으로 느끼는 능력'이에요.

이 능력이 있으면 그림, 노래, 시, 글, 건물, 자연, 사람의 말투 속에서도 의미와 아름다움을 발견할 수 있어요.

어떤 장면을 보고 감탄하거나, 색깔이나 소리에 감정을 느끼는 것도 포함돼요.

심미적 감수성이 자라면 세상을 더 따뜻하게 바라볼 수 있고, 다른 사람의 감정에도 더 공감할 수 있게 돼요. 또 나만의 방식으로 표현하고 싶다는 생각도 생기지요.

심미적 감수성은

'내 마음을 더 깊게 만들고, 세상을 더 풍부하게 느끼게 해 주는 아름다운 마음의 힘'이에요!

11-1 문화적 소양과 감수성

문화적 소양과 감수성이란 서로 다른 문화와 생각을 가진 사람을 이해하고, 그 차이를 존중하며 함께 어울리는 능력이에요.

사람들은 각자 다른 나라, 지역, 가족, 학교, 언어, 생활방식을 가지고 있어요. 그래서 같은 말을 해도 다르게 느끼고, 같은 행동도 다르게 받아들일 수 있어요. 문화 간 이해는 '왜 저 친구는 그렇게 말했을까?', '이 행동은 그 친구 나라에서는 자연스러운 걸까?' 하고 생각해 보는 힘이에요.

이 능력이 자라면 친구와 더 깊이 소통할 수 있고, 편견 없이 다양한 문화를 존중하게 되고, 서로의 차이를 있는 그대로 받아들이는 멋진 사람이 될 수 있어요.

문화적 소양과 감수성은 나와 다른 사람을 열린 마음으로 받아들이고,
서로의 다름을 통해 더 넓은 세상을 배우는 마음의 창이에요!

숙달

나와 다른 문화나 생각을 가진 사람의 말과 행동을 열린 마음으로 이해하고, 서로 다름을 존중하며 바르게 소통할 수 있어요!

활동하기

공부한 날짜: . . .

활동 1 낯설다고 이상한 걸까?

우리나라 일본

→ 위의 문화를 처음 접했을 때, 어떤 느낌이 들었나요?

____

→ 왜 그렇게 느꼈나요? (나의 경험, 익숙함, 편견 등)

____

→ '낯설다'는 이유만으로 '틀렸다'고 할 수 있을까요?

____

→ 내가 익숙하다고 느끼는 행동도 누군가에겐 낯설 수 있다는 사실을 받아들일 수 있나요?

____

활동 2 문화 이야기 속 감정 따라가 보기

엘리의 슬픈 점심시간

엘리는 중동 지역에서 한국으로 전학 온 열두 살 학생입니다. 라마단 기간에는 해가 떠 있는 동안 금식을 하기 때문에 점심시간이 되어도 먹지 않고 조용히 앉아 있었어요. 어떤 친구가 "왜 밥 안 먹어? 다이어트 해?"라고 놀리자, 엘리는 얼굴을 붉히며 말없이 고개를 숙였어요.

- 엘리는 왜 점심을 먹지 않았나요?

- 엘리가 점심시간에 어떤 감정을 느꼈을지 상상해 보세요.

- 엘리를 놀린 친구는 어떤 점을 이해하지 못했나요?

- 이 상황을 바꾸려면 내가 어떤 말을 해 줄 수 있었을까요?

활동 3 문화 존중 메시지 카드 만들기

- 라마단을 인터넷에서 찾아보고, 엘리에게 메시지 카드를 써 봅시다.

11-2 문화적 상상력

문화적 상상력이란 나와 다른 사람의 삶, 생각, 경험을 상상해 보며 세상을 더 깊이 있게 이해하려는 능력이에요.

사람은 모두 자란 환경, 습관, 가치관이 달라요. 같은 말을 해도 느끼는 감정이 다를 수 있고, 같은 상황을 겪어도 반응이 전혀 다를 수 있어요. 문화적 상상력은 "저 사람은 왜 저렇게 생각할까?", "나와는 다르지만 그 나름의 이유가 있지 않을까?" 하고 그 사람의 눈으로 세상을 바라보려는 마음에서 시작돼요.

이 능력이 자라면 사람을 판단하기 전에 이해하려 하고, 쉽게 화내기보다 먼저 그 사람의 입장을 헤아리게 돼요. 세상과 타인을 대하는 태도에 여유와 따뜻함이 생기지요.

문화적 상상력은 나와 다른 생각을 미루어 짐작하고, 이해하려는 마음으로 세상을 바라보는 눈이에요.

이 상상력이 자주 쌓이면, 우리는 더 깊고 넓은 사람이 돼요!

숙달

나와 다른 사람의 생각이나 경험을 상상해 볼 수 있으며, 그 입장에서 세상을 바라보고 이해하려는 태도를 가질 수 있어요!

활동하기

공부한 날짜: . . .

활동 1 디지털 속 그 사람의 하루

➜ 한 외국인 유학생이 자기 나라 음식 소개 영상을 올렸더니 악플이 달렸어요. 다음을 읽고 질문에 답해 봅시다.

우리나라에서는 빵에 고등어를 넣어 먹어요.
정말 맛있어요!

↳ A: 말도 안 돼. 진짜야?
B: 엑, 저게 음식이야?
C: 인간이 먹을 수 없을 거야!

- 이 장면에서 나는 누구의 입장에 더 공감하나요?

- 그 사람이 어떤 감정을 느꼈을지, 어떤 생각을 했을지 상상해 봅시다.

- 만약 내가 그 사람이었다면 어떤 반응을 보였을까요?

- 이 상황이 문화적 차이 또는 오해에서 비롯된 점은 없었을까요?

활동 2 활동 1 의 댓글에 대해 생각해 보기

- 표현은 자유지만, 이 말이 누군가에게 미칠 영향은 무엇일까요?

____

____

- 같은 말을 비판적이지 않고 문화적으로 표현하면 어떻게 바꿀 수 있을까요?

____

____

활동 3 댓글 작성해 보기

문화적 상상력을 발휘하여 댓글을 다시 작성해 봅시다.

우리나라에서는 빵에 고등어를 넣어 먹어요.
정말 맛있어요!

↳ A: ______________________

B: ______________________

C: ______________________

11-3 타인의 경험 및 인간에 대한 공감 능력

타인의 경험과 인간에 대한 공감 능력이란 다른 사람이 겪은 일이나 감정을 내 마음으로 함께 느껴 보려는 힘이에요.

누군가가 기뻐할 때, 마치 내가 칭찬을 받은 것처럼 같이 웃게 되고, 누군가가 속상할 때, 나도 가슴이 먹먹해진 적이 있었나요? 그게 바로 공감 능력이에요. 공감은 "그랬구나."라고 말해 주는 마음, '내가 너라면 어땠을까?'라고 상상하는 마음이에요. 타인의 아픔이나 기쁨을 진심으로 함께 느낄 수 있는 힘이지요.

이 능력이 자라면 친구를 더 깊이 이해하게 되고, 누군가를 쉽게 판단하거나 비난하지 않게 돼요. 그리고 다투는 일도 줄어들고, 세상을 더 따뜻한 눈으로 바라볼 수 있게 돼요.

공감 능력은 사람과 사람 사이를 이어 주는 다리이고,
다른 사람의 마음을 존중하는 가장 따뜻한 시작이에요!

숙달

다른 사람의 감정과 경험을 스스로 헤아려 보고, 그 입장에서 생각하며 따뜻하게 행동할 수 있어요!

활동하기

공부한 날짜: . . .

활동 1 내가 받은 위로, 내가 전하는 위로

내가 힘들었을 때, 누군가의 말이나 행동이 나에게 위로가 된 적 있나요? 그 장면을 떠올리고, 다음 질문에 대한 답을 써 봅시다.

질문	나의 답
내가 힘들었거나 마음이 복잡했던 순간은?	
누가, 어떤 말을 해 주었나요?	
그 말이 왜 위로가 되었나요?	
지금 그 말을, 비슷한 상황에 있는 친구에게 다시 해 준다면?	

활동 2 활동 1 을 바탕으로 공감 일기 써 보기

내가 겪었던 일을 떠올려 보고, 어떤 친구가 나와 비슷한 경험을 겪었다고 생각하면서 공감 일기를 써 봅시다.

공감 일기

활동 3 공감 스티커 만들기

➜ 내가 썼던 공감 일기에서 가장 기억에 남는 문장 1개 혹은 내 마음을 가장 따뜻하게 만든 말은 무엇인가요?

➜ 그 말이 필요한 친구는 누구일까요?

➜ 공감 스티커를 만들어 봅시다.

11-4 다양한 가치에 대한 존중

다양한 가치에 대한 존중이란 나와 다른 생각이나 기준이 있어도 그것을 함부로 판단하거나 무시하지 않고 그 안에 담긴 의미를 이해하려고 하는 태도예요.

사람마다 중요하게 여기는 것이 달라요. 어떤 사람은 정직을, 어떤 사람은 배려를, 또 어떤 사람은 용기나 자유를 더 소중하게 여길 수 있어요. 그 차이는 '누가 옳고 그르다'는 문제가 아니라, 서로 다르게 살아온 환경과 마음에서 비롯된 거예요.

예를 들어, 어떤 친구는 말을 솔직하게 하는 걸 중요하게 여기고, 다른 친구는 조심스럽게 말하는 것을 더 가치 있다고 생각할 수 있어요. '왜 저렇게 말하지?' 하고 끝내지 않고, '저 친구는 어떤 가치를 더 소중히 생각하는 걸까?' 하고 한 번 더 생각해 보는 것이 존중의 시작이에요.

이 능력이 자라면 나와 다른 생각을 받아들이는 폭이 넓어지고, 모두가 안전하게 자신의 의견을 말할 수 있는 서로 존중하는 교실과 사회를 만들 수 있어요.

다양한 가치에 대한 존중은 서로를 판단하지 않고 이해하는
넓은 마음의 시작이에요!

숙달

나와 다른 생각과 기준을 함부로 판단하지 않고, 그 안에 담긴 의미를 이해하며 존중의 말과 행동을 스스로 선택할 수 있어요!

활동하기

공부한 날짜: . . .

활동 1 YES / NO 가치 선택 길 따라가기

여러 상황에서 자신의 판단 기준(가치)이 무엇인지 스스로 인식해 봅시다.
('YES/NO', '나의 가치'에 자신의 생각을 동그라미해 봅시다.)

상황	나의 생각	YES / NO	나의 가치
친구가 규칙을 어겼지만 이유가 있었어요.	'나는 규칙보다 상황을 먼저 이해하려고 한다.'	YES / NO	배려 / 공정
발표에서 내가 뽑히면 나보다 말이 느린 친구가 서운해할 수도 있어요.	'나는 내 실력을 보여 주기보다, 모두가 함께하는 걸 더 중요하게 생각해.'	YES / NO	협동 / 자기표현
친구가 실수로 내 물건을 망가뜨렸어요.	'사과했으면 됐다고 생각해. 용서할 수 있어.'	YES / NO	용서 / 책임

나의 가치는 어떤 것들이었나요? ______________________

활동 2 나의 가치와 친구들의 가치 비교하기

친구 이름	중요하다고 생각한 가치	그 이유

활동 3 가치 엽서 쓰기: 너의 생각도 멋져!

➜ 나와 다른 가치를 가진 친구의 생각을 존중하며 따뜻한 메시지를 엽서 형식으로 써 봅시다.

예시

너는 항상 정확하게 하려고 하고, 규칙을 중요하게 여기는 모습이 있었지.
나는 그게 너무 딱딱하다고 느꼈는데, 지금은 너의 그런 태도에
'책임감'과 '신중함'이 있다는 걸 알아차렸어.
우리 생각은 다르지만, 너의 생각도 정말 멋지다고 느껴.
그래서 오늘은, 너의 가치를 존중하고 싶다고 말하고 싶었어.
너와 함께할 앞으로의 시간이 기대돼!

11-5 정서적 안정감

정서적 안정감이란 마음이 너무 흔들리거나 불안하지 않고 스스로를 안전하게 느끼며 상황을 차분히 바라볼 수 있는 힘이에요.

사람마다 안정감을 느끼는 방법과 속도가 달라요. 어떤 사람은 조용한 시간을, 어떤 사람은 따뜻한 한마디를, 또 어떤 사람은 몸을 움직이거나 깊게 숨 쉬는 것이 더 도움이 된다고 느낄 수 있어요. 그 차이는 '누가 옳고 그르다' 하는 문제가 아니라, 서로 다르게 살아온 경험과 몸 · 마음의 방식에서 비롯된 거예요.

예를 들어, 어떤 친구는 힘들 때 마음을 털어놓으며 풀고, 다른 친구는 혼자 조용히 있을 시간이 필요할 수 있어요. '왜 저렇게 예민하지?' 하고 끝내지 않고, '지금 저 친구의 마음은 어떤 상태일까? 무엇이 필요할까?' 하고 한 번 더 생각해 보는 것이 안정감을 돕는 시작이에요.

이 능력이 자라면 힘든 순간에도 마음을 다루는 방법을 스스로 찾을 수 있고, 감정에 휩쓸리기보다 상황을 차분히 이야기할 수 있으며, 모두가 편안하게 감정을 표현하고 의견을 나눌 수 있는 안전하고 따뜻한 교실과 사회를 만들 수 있어요.

정서적 안정감은 스스로를 돌보고
서로를 배려하는 따뜻한 마음의 시작이에요!

숙달

어려운 상황에서도 스스로 감정을 알아차리고 안전하게 조절하며, 필요할 땐 도움을 구하고 차분한 말과 행동으로 나와 주변을 편안하게 할 수 있어요!

활동하기

공부한 날짜:　.　.　.

활동 1 감정 탐정 사건일지

➔ 오늘 나의 마음의 불편한 감정을 포착해 봅시다.

찾기	설명
오늘 불편했던 상황	
몸 단서	예 심장이 두근거림, 얼굴 빨개짐
그때 나의 마음	
그때 나의 행동/말투/표정	

활동 2 나의 감정 이해하기

이해하기	기록/체크
내가 느낀 감정 이름 (2개)	□ 불안 □ 걱정 □ 짜증 □ 서운 □ 화남 □ 슬픔 □ 기타: ________
감정 세기(0~10)	□0 □1 □2 □3 □4 □5 □6 □7 □8 □9 □10
이 감정 뒤에 숨은 필요/가치(2개)	□안전 □인정 □휴식 □공정 □도움 □시간 □선택권 □관계 □ 기타: ________
도움되는 생각 한 문장(사고 바꾸기)	"지금 ________ 하지만, 나는 ________해서 한 걸음씩 나아갈 수 있어."

활동 3 나의 감정 진정하기: 나에게 맞는 방법 실행하기

명상하기: 숨과 주의에 집중하기

항목	기록/체크
목표	생각의 속도를 늦추고 몸-호흡-생각을 차분히 연결하기
자세 세팅(20초)	의자 깊숙이 앉기, 발바닥, 어깨 힘 빼기 □
호흡(1분)	코로 3초 들숨 → 5초 날숨 × 6회(속으로 숫자 세기) □
주의 산책(1분)	소리 두 가지 듣기 → 몸 감각 두 가지 느끼기 → 호흡으로 돌아오기 □
라벨링(1분)	떠오르는 생각에 이름 붙이기('생각', '걱정') → 다시 호흡 □
앵커 단어(30초)	마음속으로 다섯 번 반복(예 '잔잔', '평온') □
메모	오늘 느낀 한 가지: ______

일기 쓰기: 네 줄 감정 일기

항목	기록/체크
목표	사실-감정-다음 행동을 짧게 정리하며 통제감 회복
사실	오늘 나를 불편하게 한 상황: ______
그때 감정 세기	나의 감정 세기(0~10): □0 □1 □2 □3 □4 □5 □6 □7 □8 □9 □10
다음 한 걸음	지금 나는 ______ 을/를 하겠다.
칭찬	고마움 1줄: ______ 자기 칭찬 1줄: ______

음악 감상: 자기가 좋아하는 노래 듣기

항목	기록/체크
목표	내가 좋아하는 음악 한 곡에 집중하여 마음을 안정시키기
오늘의 선택 곡	제목/아티스트: ______ / 장르: ______
선택 이유(1개)	□ 안정 □ 위로 □ 기분 전환 □ 힘내기 □ 익숙해서 편안 □ 기타: ______
시작 준비(10초)	□ 볼륨 편안 □ 방해 알림 끄기 □ 다른 일 하지 않기(멈춤)
마지막 1분 호흡 동기화	음악 박자에 호흡 맞추기(들이마시기 3~4박, 내쉬기 4~6박) □

11-6 의미 있고 행복한 삶의 추구와 향유

의미 있고 행복한 삶의 추구와 향유란 내가 살아가는 방식과 하루하루의 선택을 돌아보며 진짜 나에게 중요한 것이 무엇인지 생각해 보는 활동이에요. 내가 좋아하는 것, 감사한 순간, 뿌듯했던 일들을 떠올리며 삶의 방향을 스스로 점검하는 거예요. 이 과정을 통해 지금의 나를 더 잘 이해하고, 더 행복한 삶을 스스로 만들어 갈 수 있어요.

'오늘 내가 웃었던 순간은 언제였지?', '내가 진짜 좋아하는 건 뭘까?' 하고 스스로에게 질문을 던져 보세요. 그리고 내가 소중하게 여기는 가치나, 힘들었지만 끝까지 해낸 일도 떠올려 보세요.

꼭 멋진 일이나 특별한 날만 적는 게 아니라, 평범한 하루 속에서도 행복했던 감정이나 작지만 감사했던 일을 떠올려 보는 게 더 중요해요. '다음엔 이런 시간을 더 가져봐야지.'처럼 나에게 맞는 삶의 방향을 조금씩 찾아갈 수 있어요.

글로 적다 보면 내가 어떤 삶을 원하고 있는지 점점 더 분명해져요. 누가 대신 정해 주는 게 아니라, 내가 스스로 만들어 가는 '나만의 삶'에 가까워지는 거예요. 지금의 나를 돌아보고, 더 의미 있는 삶으로 나아가기 위한 '생각하는 사람'이 되는 거죠.

의미 있고 행복한 삶의 추구와 향유는, 나를 진짜로 아끼고
성장시키는 특별한 생각 여행이에요.

숙달

내 삶에서 의미 있었던 순간과 행복했던 감정을 돌아보며, 소중하게 여긴 생각이나 행동 중 잘한 점과 아쉬웠던 점을 글로 정리하고, 이를 통해 어떤 삶의 태도와 선택을 해 나갈지 스스로 계획하며 실천할 수 있어요.

활동하기

공부한 날짜: . . .

활동 1 인생 행복 지도 그리기

→ 보기 를 참고하여 나의 인생 행복 지도를 그려 봅시다.

보기

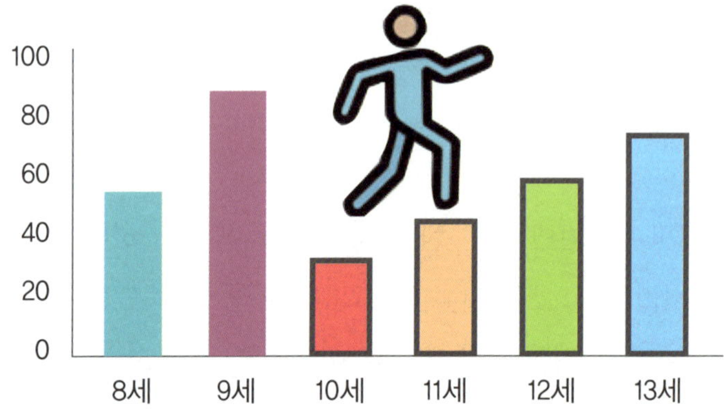

나의 인생 행복 지도

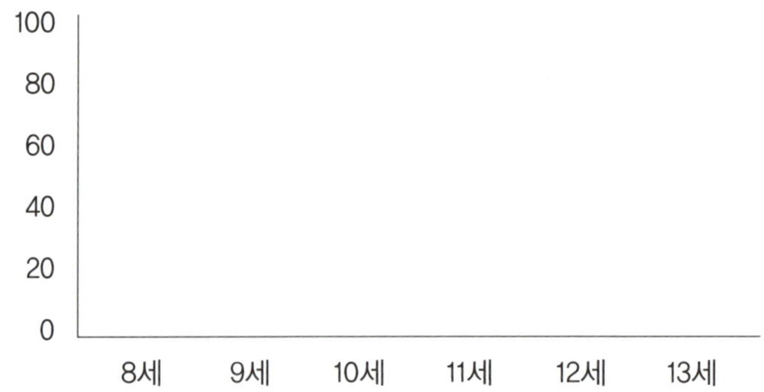

● 내 인생에서 가장 행복했던 일은?

____이다.

● 내 인생에서 가장 아쉬웠던 일은?

____이다.

활동 2 다짐 카드 작성하기

➜ 활동 1 을 바탕으로 '앞으로 이런 삶의 태도로 살아가고 싶어요.'라는 내용의 다짐을 카드로 만들어 봅시다.

Part V

협력적 사고 역량

협력적 사고 역량은 읽기와 쓰기, 말하기와 듣기 그리고 다양한 매체를 활용하여 서로의 생각을 주고받으며 함께 의미를 만들어 가는 힘이에요. 여기에는 다양한 목적의 글쓰기 방법을 익혀 친구들과 한 편의 글을 함께 쓰거나, 온라인 자료를 활용하면서도 미디어 윤리를 지켜 올바르게 소통하는 것이 포함되지요.

협력적 소통 역량을 기르면 우리는 다양한 방식으로 생각을 표현하고 책임 있는 태도로 소통하며, 더 나은 해결책을 찾고 모두가 함께 성장해 나갈 수 있어요.

협력적 사고 역량은

'함께 세상을 이해하고 만들어 가는 힘'이에요.☺

Chapter 12

언어 기능

언어 기능은 목적과 상황에 맞게 효과적이고 적절하게 의사소통할 수 있는 능력이에요. 친구와 이야기를 나누거나 책을 읽고 난 뒤에 생각을 더 깊게 발전시키기 위해 좋은 질문을 던지는 것, 글쓰기 조직자를 활용해 생각을 정리하는 것, 다양한 양식의 글쓰기를 할 수 있는 것도 이 능력에 포함돼요.

언어 기능을 기르면 자신의 생각을 효과적으로 표현하면서 다른 사람과 더 원활하고 의미 있게 소통할 수 있어요.

12-1 피드백 대처

우리는 사람들과 소통하며 서로 피드백을 주고받아요. **피드백**은 **상대방의 생각이나 행동에 대한 자신의 생각을 말이나 행동으로 전달하는 것**을 말해요.

피드백은 상대방이 무언가를 더 잘할 수 있도록 하는 데 목적이 있어요. 상대방의 피드백을 이해하고 적절하게 받아들일 수 있다면 내가 하는 일을 더 잘하게 될 수 있겠지요. 내가 상대방이 무언가를 더 잘 해낼 수 있도록 도움이 되는 피드백을 제공할 수도 있겠구요.

피드백을 어떤 말과 행동으로 표현하는가도 중요하지만 상대방의 피드백을 내가 어떻게 받아들일 것인가도 매우 중요해요. 이번에는 누군가가 나에게 제공하는 피드백에 대처하는 능력을 배워 보아요!

숙달

다른 사람들이 나에게 하는 피드백을 듣고, 받아들이고 적절하게 대처할 수 있어요.

활동하기

공부한 날짜: . . .

활동 1 피드백이 무엇인지 알아보기

→ 피드백의 종류를 알아봅시다.

- 인물의 말이나 행동, 생각을 듣거나 보고 할 수 있는 말을 떠올려 봅시다.

- 인물이 지은 집에 관하여 해 줄 수 있는 긍정적인 말, 중립적인 말, 부정적인 말에는 어떤 것이 있을지 생각해 봅시다.

긍정적인 말	중립적인 말	부정적인 말
예 아주 멋진 집을 지었구나!	예 집 짓느라 고생했어.	예 나무 판자는 튼튼한 집을 짓는 데 적절한 재료가 아닌 것 같아.

피드백의 종류는 긍정적, 중립적, 부정적 피드백으로 구분할 수 있어요. 세 가지 피드백 모두 **상대방이 무언가를 더 잘할 수 있도록 도와주기 위한 말**이에요.

친구의 글이나 미술작품을 선정하여 피드백을 주고받아 봅시다. '핵심 규칙'은, 피드백을 하는 사람은 세 가지 유형의 피드백을 모두 사용할 수 있으며, 피드백을 받는 사람은 친구의 피드백을 "고마워."라고 말하며 받아들이는 것입니다.

tip 피드백을 제시할 때도 상대방의 마음을 생각해야 해요. 상대방을 배려하지 않은 피드백은 오히려 상대에게 해로운 영향을 줄 수도 있어요. 상대를 위하고 존중하는 마음으로 피드백을 해 봐요.

친구가 내게 한 피드백	내가 친구에게 한 피드백

친구의 피드백이 자신에게 어떤 도움이 될 수 있을지 써 봅시다. 그리고 친구의 피드백에 대해 고마움을 표현해 봅시다.

12-2 다양한 목적에 따른 글쓰기

다양한 목적에 따른 글쓰기란 글쓰기의 목적과 글을 읽을 사람을 고려하여 글을 쓸 수 있는 능력이에요.

사람들은 누군가를 설득하기 위해, 무언가를 설명하기 위해, 나의 마음과 경험을 표현하기 위해, 다른 사람과 소통하기 위해 글을 써요. 각각의 목적에 어울리는 글쓰기 방법을 사용하여 글을 쓸 때 글쓰기의 목적을 더 효과적으로 달성할 수 있어요.

글은 사람과 사람이 소통하는 도구예요. 그래서 글을 쓸 때는 글을 읽을 사람을 반드시 고려해야 해요. 내 글을 누가 읽게 될지, 내가 누구에게 글을 쓰는지를 생각하면서 글을 쓴다면 글쓰기의 목적을 더욱 잘 달성할 수 있을 거예요.

숙달

글을 쓰는 목적과 독자에 따라 적절한 글쓰기 방법을 사용하여 글을 쓸 수 있어요

활동하기

공부한 날짜: . . .

활동1 글쓰기의 목적과 독자를 고려한 글쓰기 방법 이해하기

➔ 글쓰기 목적에 어울리는 글쓰기 방법을 선으로 연결해 봅시다.

글쓰기 목적	글쓰기 방법
경험, 생각, 느낌 표현 (일기, 편지) ●	● 기억에 남는 일과 그에 대한 생각이나 느낌이 잘 드러나도록 글쓰기
설명하기 (안내문, 보고서, 레시피) ●	● 다른 사람이 주제에 대해 잘 알지 못하는 것을 가정하고 대상에 대해 묘사하거나 일의 순서에 따라 자세히 글쓰기
설득하기 (홍보, 연설, 주장) ●	● 자신의 경험에 상상력을 더하여 독자가 흥미를 느낄 수 있도록 창의적인 글쓰기
상상하여 작품 쓰기 (시, 동화) ●	● 주제에 대한 자신의 의견과 이유를 구체적으로 밝혀 글쓰기

➔ 독자에 어울리는 글쓰기 방법을 연결해 봅시다(중복 선택 가능).

독자	글쓰기 방법
웃어른 ●	● 친근한 말투로 글쓰기
친구 ●	● 예의 바른 말투로 글쓰기
동생 ●	● 관심사를 고려하여 글쓰기
	● 쉬운 낱말을 사용하여 글쓰기

➔ 연결한 내용을 발표해 봅시다.

➔ 글쓰기 목적과 독자를 선택하여 적절한 글쓰기 방법을 설명해 봅시다.

글쓰기 목적과 독자	적절한 글쓰기 방법
예 친구들에게 급식 잔반을 줄여야 함을 설득하는 글	예 여러 사람을 설득해야 하므로 예의 바른 말투를 사용하여 급식 잔반을 줄여야 한다고 생각하는 이유를 구체적으로 쓴다.

활동 2 글쓰기의 목적과 독자를 고려한 글쓰기

다음 단계에 따라 글을 써 보고, 쓴 글을 친구들과 나누어 봅시다.

1단계
어떤 목적의 글을 써 볼까요?

⬇

2단계
내가 쓴 글을 누가 읽을 건가요?

⬇

3단계	
쓸 내용을 떠올려 볼까요?	쓸 내용의 순서를 정해 볼까요?

⬇

4단계
1~3단계의 내용을 고려하여 글을 써 봅시다.

12-3 비판적 읽기

비판적 읽기란 글을 읽으며 글쓴이의 의도가 무엇인지 짐작하고 글의 내용이 사실인지, 글쓴이의 주장이 적절한지 등을 따져 가며 읽는 것을 말해요.

우리는 글을 읽으면서 무언가를 새롭게 알게 되고, 글쓴이의 생각에 동의하거나 공감하기도 해요. 비판적 읽기는 특히 글쓴이가 무언가를 설득하거나 주장하기 위해 쓴 글을 읽을 때 중요해요. 왜냐하면 글쓴이의 설득이나 주장은 나의 생각이나 행동을 변화시킬 수 있고 잘못된 판단을 내릴 수도 있기 때문이에요. 그래서 글을 읽을 때는 글쓴이가 어떤 목적으로 글을 썼는지 파악하고 비판적으로 읽을 필요가 있어요.

비판적 읽기 능력은 우리가 책이나 인터넷 글, 광고, 뉴스처럼 다양한 글을 읽을 때 꼭 필요해요. 이를 기르면 글의 내용을 잘 이해할 뿐 아니라, 주체적으로 생각하고 판단할 수 있는 힘을 기를 수 있어요.

숙달

글쓴이의 목적을 파악하고, 글에 드러나는 편견, 주장과 이유의 타당성을 살펴보며 글을 읽을 수 있어요.

활동하기

공부한 날짜: . . .

활동 1 글쓴이의 목적 파악하기

서로 다른 목적으로 쓰인 글을 읽어 봅시다.

글 1	글 2
게임은 백해무익합니다 글쓴이: 학부모 게임은 아이들에게 해로운 영향을 주기 때문에 하지 않는 것이 좋습니다. 게임을 하다 보면 쉽게 중독되어 오랜 시간을 보내게 되고 그로 인해 숙제나 공부를 제대로 하지 못하는 경우가 많습니다. 밤늦게까지 게임을 하면 수면 시간이 줄어들고 피곤해서 학교생활에 집중하기 어려운 점도 문제입니다. 게다가 일부 게임은 폭력적인 장면이 많아 공격적인 말이나 행동을 따라 하게 될 위험이 있습니다. 친구들과 어울리는 시간도 줄어들 수 있어 사회성을 기르는 데 방해가 되기도 합니다. 이런 점들을 생각하면 게임은 우리에게 해로우므로, 가능한 한 멀리하는 것이 바람직합니다.	**게임은 개인의 성장에 도움이 됩니다** 글쓴이: 게임 제작사 사람들은 게임을 너무 오래 하면 안 좋다고 말하지만 꼭 그렇지만은 않습니다. 게임을 오래 하더라도 스스로 조절할 수 있다면 문제가 되지 않습니다. 게임을 통해 친구들과 함께 이야기하고 협동하며 더 좋은 결과를 만들기 위해 노력하는 경험은 오히려 사회성과 집중력을 키우는 데 도움이 됩니다. 또한 요즘 게임은 단순히 노는 것을 넘어서 다양한 정보를 배우고 문제를 해결하는 방식으로 만들어져 있어 생각하는 힘을 키우는 데도 좋습니다. 물론 쉬지 않고 계속하면 피곤할 수 있지만 우리가 좋아하는 일을 오래 하는 것처럼 게임도 즐겁게 몰입하며 할 수 있는 활동 중 하나입니다. 얼마나 오래 하느냐보다 어떤 마음가짐으로 하느냐가 더 중요합니다.

글의 내용을 생각하며 다음 질문에 대해 친구와 이야기를 나누어 봅시다.

질문	글 1	글 2
제목과 글쓴이를 살펴보세요.		
글쓴이는 어떤 독자를 생각하며 글을 썼을까요?		
글쓴이가 글을 쓴 목적은 무엇일까요?		
글쓴이의 글에는 어떤 편견이 들어 있을 수 있을까요?		
글을 읽으면서 의문점이 든 부분이 있나요?		

활동 2 비판적으로 글 읽기

➔ 글에서 나타나는 글쓴이의 주장과 이유를 파악해 봅시다.

글의 내용	글 1	글 2
주장		
이유		

➔ 글쓴이가 제시한 주장과 이유가 타당한지에 대해 이야기해 봅시다.

➔ '게임을 하는 것'에 대한 자신의 생각을 구성하는 데 도움이 되는 내용이 무엇인지 정리해 봅시다.

글의 내용	글 1	글 2
도움이 되는 내용		

tip 글쓴이가 인용한 내용의 출처, 글 내용이 사실인지 아닌지도 비판적으로 살펴보는 대상이 될 수 있어요.

활동 3 나의 생각 세우기

➔ '게임'이라는 주제에 대한 나의 생각과 이유를 정리해 봅시다.

생각	
이유	

12-4 다양성을 위한 읽기

다양성을 위한 읽기란 여러 가지 주제와 형식의 글을 다양한 출처에서 읽으며, 서로 다른 관점과 생각을 이해하고 자신의 지식을 넓히는 것을 말해요.

우리는 글을 읽으며 새로운 사실을 배우기도 하고, 다른 사람들의 삶이나 생각을 접하기도 해요. 다양성을 위한 읽기는 특히 한 가지 방식이나 의견에만 머물지 않고, 여러 시선과 배경에서 쓰인 글을 폭넓게 읽을 때 중요해요. 왜냐하면 다양한 글을 읽다 보면 내 생각의 폭도 넓어지고, 한 가지 생각만이 옳다고 믿는 태도에서 벗어날 수 있기 때문이에요.

다양성을 위한 읽기 능력은 우리가 신문, 동화책, 설명문, 광고, 블로그 글 등 다양한 장르의 글을 접할 때 꼭 필요해요. 이를 기르면 글의 내용을 폭넓게 이해할 뿐 아니라, 세상에 존재하는 다양한 사람과 생각을 존중하고 받아들이는 힘을 기를 수 있어요.

숙달

주제에 대한 여러 정보를 다양한 출처에서 찾아 읽고, 그 주제에 대해 다른 사람과 소통할 수 있어요.

활동하기

공부한 날짜: . . .

활동 1 정보를 얻을 수 있는 출처 모아보기

→ 다음 그림이 나타내는 출처가 무엇인지 빈칸에 써 봅시다.

→ 그림에 제시된 것 이외에 정보를 얻을 수 있는 출처들을 더 찾아 말해 봅시다.

활동 2 다양한 출처에서 정보를 찾아라!

→ 궁금한 대상에 대한 정보를 찾을 수 있는 출처를 정리해 봅시다. 특정 대상을 선정하여 다양한 출처로부터 정보를 찾아봅시다.

대상 예시

운동선수	가수	위인	오늘의 날씨	예술가
나의 취미	국가	도시	우리 지역	TV 프로그램

선택한 대상	대상에 대한 정보를 찾을 수 있는 출처	출처로부터 찾은 정보
예 이순신	예 위인전, 인터넷 검색, 백과사전, 지역 신문, 이순신 만화책	예 이순신의 출생, 어린 시절, 참전한 전투, 죽음

→ 다양한 출처로부터 정보를 찾으면 어떤 점이 좋은지 친구들과 이야기해 봅시다.

12-5 좋은 질문하기

좋은 질문하기란 읽거나 보고 들은 내용을 더 잘 이해하거나 문제의 답을 찾아가기 위해 스스로 궁금한 점을 생각해 보고 질문을 만드는 것을 말해요.

우리는 어떤 사실이나 정보나 주장을 접할 때 그냥 받아들이기보다는 '왜 그럴까?', '다른 방법은 없을까?' 같은 궁금증이 생기곤 해요. 친구와 대화할 때 떠오르는 질문은 직접 물어보며 궁금증을 풀 수 있고, 책을 읽거나 영상을 보다가 생긴 질문은 다른 책이나 자료를 찾아보며 답을 찾을 수도 있어요. 이렇게 질문을 만들고 답을 찾아가는 과정에서 생각이 더 깊어지고 스스로 생각하며 배움을 만들어 가는 주체가 될 수 있지요.

좋은 질문하기 능력은 공부할 때는 물론 일상생활에서 문제를 해결할 때도 꼭 필요해요. 이 능력을 키우면 질문을 통해 서로의 생각을 나누고 함께 답을 찾아가며 더 깊이 이해하고 올바른 판단을 할 수 있는 힘이 자라게 돼요.

숙달

읽거나 보고 들은 내용을 더 잘 이해하거나 문제에 대한 답을 찾아가기 위해 필요한 질문을 생성할 수 있어요.

활동하기

공부한 날짜: . . .

활동 1 질문의 종류 알아보기

➔ 인터뷰 장면을 보고, 학생들이 떠올린 질문에 알맞은 종류에 연결해 봅시다.

“우리는 동물과 함께 살아가며 많은 도움을 받고 있어요. 그런데 어떤 사람들은 동물을 함부로 대하거나 괴롭히기도 해요. 동물도 생명을 가진 존재이기 때문에 보호받아야 해요. 동물권은 동물이 고통 없이 살아가고 자유롭게 지낼 수 있도록 지켜 줘야 한다는 뜻이에요. 동물은 사람처럼 말을 하진 못하지만 아픔과 두려움을 느낄 수 있어요. 그래서 우리는 동물을 소중하게 여기고, 학대하거나 괴롭히지 않도록 노력해야 해요. 동물권을 지키는 일은 우리 모두가 함께해야 할 일이에요.

질문			질문의 종류
말하는 이가 동물권을 지켜야 한다고 생각한 까닭이 무엇이었나?	●	●	말이나 글의 내용으로부터 알 수 있는 질문
동물권을 보호하기 위해 의약품 개발을 위한 동물 실험을 중단해야 할까?	●	●	말하는 이나 글쓴이의 생각을 짐작해 보아야 하는 질문
말하는 이는 왜 ‘동물도 아픔을 느낀다’는 것을 강조했을까?	●	●	말하는 이나 글쓴이의 생각과 관련하여 찬성과 반대를 나누어 토론해 보아야 하는 질문

활동 2 좋은 질문이란 무엇일까?

➜ 윗글을 다시 읽고 글을 더 깊이 있게 이해하거나 다양한 생각을 나누는 데 도움이 되지 않는 질문을 만들어 봅시다.

tip 장난스러운 질문이 아닌, 글의 내용과 관련 없거나 중요하지 않은 내용에 대한 질문을 만들어 보세요.

➜ 이와 같은 질문을 실제로 했을 때 어떤 문제가 생길 수 있을지 이야기해 봅시다.

➜ 좋은 질문이란 무엇인지 생각해 봅시다.

활동 3 가상의 전교 임원이 되어 묻고 답해 보기

➔ 가상의 전교 임원이 되어 우리 학교에서 바꾸고 싶은 점에 대해 의견을 제시해 보세요. 여러 가지 바꾸고 싶은 점을 제안하고 그에 대한 이유도 함께 써 봅시다.

저는 전교 임원으로서 다음과 같은 변화를 제안합니다

➔ 친구와 워크북을 바꾸어 제안하는 글을 살펴보고 질문해 봅시다. 질문의 목적은 전교 임원과 협의하여 우리 학교에 긍정적인 변화를 가져오는 것입니다.

질문한 사람	질문 내용

➔ 친구의 질문에 대한 답변을 준비하여 발표해 봅시다.

➔ 좋은 질문을 주고받는 것은 어떤 장점이 있는지 이야기해 봅시다.

12-6 바꿔 쓰기

바꿔 쓰기란 듣거나 읽은 내용을 자신의 경험과 배경지식 따위를 활용하여 이해하고 정리해 쓰는 것을 말해요.

우리는 이야기를 듣거나 글을 읽을 때 다양한 정보와 생각을 접하게 되지요. 그중에서 중요한 내용을 파악하고 자신의 말로 바꿔 쓰는 것은 듣거나 읽은 내용에 대한 이해를 심화하고 핵심을 파악하는 능력을 기르는 데 중요한 역할을 해요.

예를 들어, 친구의 발표를 듣고 중요한 내용이나 인상 깊은 내용을 나의 생각과 경험을 덧붙여 정리하여 글로 쓰거나 책을 읽고 기억에 남는 내용을 중심으로 소개하는 글을 쓰는 것도 모두 바꿔 쓰기 활동이에요. 이때 '무엇이 핵심적인 내용일까?', '내가 알고 있는 것과 어떻게 연관지어 간단히 정리할 수 있을까?'와 같은 생각을 하며 바꿔 쓸 수 있어야 해요.

바꿔 쓰기 능력은 다른 사람과 생각을 나누고 소통할 때도 도움이 돼요. 듣거나 읽은 내용을 바탕으로 자신의 생각을 명확하게 표현하고 다른 사람에게도 내용을 잘 전달할 수 있는 힘이 길러질 수 있어요.

숙달

듣거나 읽은 내용의 핵심을 나의 말로 능숙하게 바꿔 쓸 수 있어요.

활동하기

공부한 날짜: . . .

활동 1 듣고 바꿔 쓰기

→ '피구'에 대한 설명을 듣고, 자신이 경험하거나 알고 있는 것을 바탕으로 '피구'를 소개하는 짧은 글을 써 봅시다. 부록 참고

바꿔 쓴 내용

→ 친구들과 함께 바꿔 쓴 내용을 살펴보며 중요한 내용을 포함하고 있는지 확인하고 추가해 봅시다.

추가할 내용

활동 2 읽고 바꿔 쓰기

자신이 경험하거나 알고 있는 것을 바탕으로 다음 글의 중요한 내용을 정리하는 짧은 글을 써 봅시다.

플라스틱 사용을 줄이자

우리가 일상에서 사용하는 플라스틱은 편리하지만 버려질 때 큰 문제가 생깁니다. 쓰레기로 버려진 플라스틱 중 일부는 강이나 하천을 따라 바다로 흘러 들어가고, 작은 조각으로 쪼개져 미세 플라스틱이 됩니다. 이 미세 플라스틱은 눈에 잘 보이지 않을 정도로 작지만 이미 세계 각지의 바다에 퍼져 있습니다.

바다에 퍼진 미세플라스틱은 물고기나 거북 같은 해양 생물에게 해로운 영향을 줍니다. 미세 플라스틱을 먹이로 착각해 삼킨 생물들은 소화를 시키지 못해 죽거나 병에 걸릴 수도 있습니다. 더 큰 문제는 이런 해양 생물을 사람이 다시 먹게 될 수 있다는 것입니다. 결국 미세 플라스틱은 다시 우리 몸속으로 들어올 수 있는 위험한 물질입니다.

이런 문제를 막기 위해서는 플라스틱 사용을 줄이는 실천이 필요합니다. 예를 들어, 장바구니를 들고 다니며 비닐봉지 대신 사용하기, 플라스틱 빨대를 종이 빨대로 바꾸기, 일회용품 대신 여러 번 쓸 수 있는 물건 사용하기 같은 행동이 있습니다. 작은 실천이지만 많은 사람이 함께하면 플라스틱 오염을 줄일 수 있습니다. 바다를 지키는 일은 곧 우리 자신을 지키는 일이기도 합니다.

바꿔 쓴 내용

친구들과 바꿔 쓴 내용을 살펴보며 중요한 내용을 포함하고 있는지 확인하고 추가해 봅시다.

추가할 내용

듣거나 읽은 내용을 능숙하게 바꿔 쓸 수 있다면 어떤 점이 좋을까요? 어떤 상황에서 바꿔 쓰기 능력을 유용하게 사용할 수 있을지 생각해 봅시다.

12-7 글쓰기 조직자 활용하기

글쓰기 조직자란 **글을 쓰기 전에 머릿속에 떠다니는 다양한 생각들을 시각적으로 정리할 수 있도록 도와주는 유용한 도구**예요. 글을 쓸 때 어떤 내용을 먼저 쓰고 어떤 내용을 나중에 쓸지 미리 정리할 수 있어서 흐름이 자연스럽고 읽기 쉬운 글을 쓸 수 있어요.

글쓰기 조직자에는 표나 그림처럼 생각을 한눈에 볼 수 있게 해 주는 유형과 내용을 설명하듯 정리할 수 있는 유형이 있어요. 이야기 글을 쓸 때는 '처음, 중간, 끝으로 구획을 나누어' 생각을 정리할 수 있고, 설명하는 글을 쓸 때는 '주제와 까닭을 정리하는 식'으로 글의 종류와 쓸 목적에 맞게 조직자를 사용할 수 있어요.

글쓰기가 막막할 때 조직자를 활용하면 머릿속에서 떠오른 내용을 정리하고 쓸 순서를 정하는 데 도움이 돼요. 이렇게 조직자를 잘 활용하면 머릿속 생각을 잘 정리하여 체계적으로 글을 쓸 수 있어요.

숙달

글의 장르와 목적에 따라 적절한 조직자를 활용하여 쓸 내용을 정리할 수 있어요!

활동하기

공부한 날짜: . . .

활동 1 글쓰기 조직자를 알아보기

→ 글쓰기 조직자를 살펴보고 어떤 종류의 글을 쓸 때 유용할 것 같은지 친구들과 이야기해 봅시다.

보기

경험이나 생각을 나타내는 글, 대상을 설명하는 글
일을 하는 방법을 설명하는 글, 이야기, 시, 주장하는 글

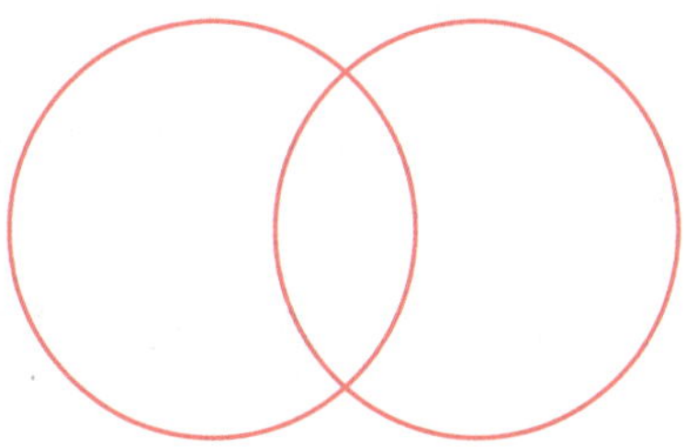

〈글의 종류와 그렇게 생각한 까닭〉

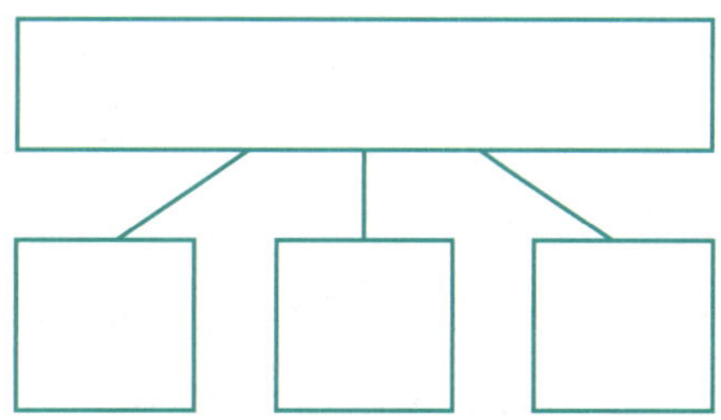

〈글의 종류와 그렇게 생각한 까닭〉

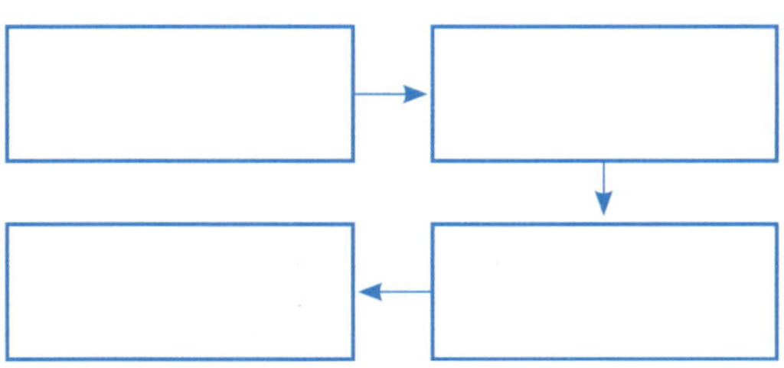

〈글의 종류와 그렇게 생각한 까닭〉

〈글의 종류와 그렇게 생각한 까닭〉

tip 글의 종류에 따라 자주 쓰이는 조직자가 있지만 반드시 그 조직자를 사용해야 하는 것은 아니에요.

활동 2 글쓰기 조직자를 활용하여 쓸 내용 정리하기

→ 어떤 종류의 글을 쓸지 정해 봅시다.

→ 무엇을 주제로 글을 쓸지 정해 봅시다.

→ 쓸 내용을 자유롭게 떠올려 봅시다.

주제:

→ 활동 1 을 참고하여 적절한 글쓰기 조직자를 선택해 봅시다. 그리고 글쓰기 조직자에 쓸 내용을 간단히 정리해 봅시다.

→ 글쓰기 조직자로 나타낸 내용을 발표해 보고 잘 정리된 부분과 보완해야 할 부분을 이야기해 봅시다.

활동 3 새로운 조직자 만들어 보기

➔ 글의 종류를 한 가지 정하여 그 글을 쓰는 데 활용한 글쓰기 조직자를 만들어 봅시다.

예시

"나는 설명하는 글을 쓸 때 활용할 글쓰기 조직자를 물고기 뼈 모양으로 만들겠어.
가시마다 대상을 설명하는 내용을 넣을 거야."

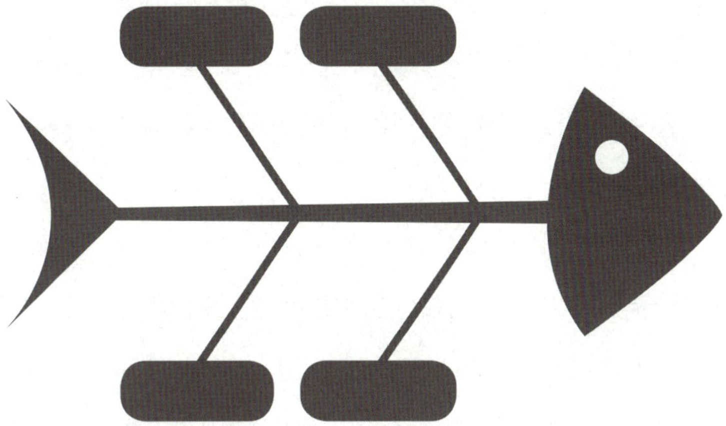

➔ 내가 만든 글쓰기 조직자를 친구들에게 설명해 보고 보완할 점이 있는지 생각해 봅시다.

12-8 에세이 쓰기

이야기 글이 인물, 사건, 배경을 통해 재미있고 흥미로운 이야기를 들려주고, 설명문이 무언가에 대한 상세한 정보를 알려 주는 글이라면, **에세이**는 **어떤 주제에 대한 내 생각을 구체적이고 논리적으로 밝혀 쓰는 글**이에요.

에세이는 주장하는 글이나 경험과 생각을 나타내는 글과도 닮아 있어요. 에세이는 어떤 문제에 대해 의견과 근거를 말하고 예시를 들어 무언가를 주장하는 글이 될 수도 있고, 어떤 경험을 통해 느낀 점이나 생각을 보고하는 글이 될 수도 있어요.

에세이 쓰기는 여러 교과 학습에도 필요해요. 국어뿐 아니라 과학, 사회, 도덕, 미술 같은 여러 과목에서 내 생각을 쓰고 발표할 때 꼭 필요한 능력이에요. 에세이 쓰기를 배우면 내 생각을 차례대로 정리하고 다른 사람에게 정확하게 전달하는 힘이 길러질 거예요!

숙달

모든 과목과 관련된 에세이를 자신 있게 쓸 수 있어요!

활동하기

공부한 날짜: . . .

활동 1 에세이, 어떻게 쓰는 거야?

tip 에세이는 서론-본론-결론 구조로 구성돼요. 에세이를 쓸 때는 반드시 글의 구조를 생각하며 작성해야 해요.

의사소통은 왜 중요할까?	제목
우리는 하루에도 수많은 말을 주고받으며 살아간다. 친구와 이야기할 때도 부모님과 대화할 때도 모두 의사소통이다. 그런데 왜 사람들은 의사소통을 중요하게 생각할까?	'서론'에는 어떤 내용을 쓸까?
나는 의사소통이 서로를 이해하고 좋은 관계를 만드는 데 꼭 필요하다고 생각한다. 말이나 행동으로 내 마음을 제대로 전하지 않으면 오해가 생기고 사이가 멀어질 수 있기 때문이다. 예를 들어, 친구와 놀기로 했는데 약속을 지키지 못하게 되었다고 해 보자. 그 사실을 미리 말하지 않으면 친구는 배신감을 느낄 수 있다. 하지만 미리 사정을 말하면 친구도 이해해 줄 수 있다. 이렇게 대화는 오해를 줄이고 서로를 더 잘 알게 도와준다.	'본론'에는 어떤 내용을 쓸까?
의사소통은 사람 사이를 잇는 다리와 같다. 내 생각을 바르게 표현하고 다른 사람의 말도 잘 들으려는 태도를 가지면 우리는 더 좋은 관계를 만들 수 있다.	'결론'에는 어떤 내용을 쓸까?

활동 2 사회 과목에서 에세이 써 보기

사회 교과서에서 배운 주제들을 떠올려 보고, 생각그물로 정리해 봅시다.

에세이를 쓸 주제를 선택해 봅시다.

예 님비 현상을 해결할 수 있는 방법은 무엇일까?, 인권은 왜 중요할까?, 역사를 알아야 하는 까닭은 무엇일까?

에세이를 통해 어떤 사실이나 주장을 전하고 싶은지 생각해 봅시다.

에세이 주제와 관련된 책이나 자료를 찾아보고 자신의 생각을 뒷받침할 수 있는 정보를 정리해 봅시다.

자료 제목	정보

→ 에세이의 구조에 따라 내용을 조직해 봅시다.

에세이 구조	쓸 내용
서론	
본론	
결론	

→ 조직한 내용을 활용하여 주제에 대한 짧은 에세이를 써 봅시다.

제목	
서론	
본론	
결론	

12-9 과학 글쓰기

과학 글쓰기란 과학 실험이나 과학적 현상을 탐구하고, 탐구한 과정과 결과가 분명하게 나타나도록 정리하여 글을 쓰는 것을 말해요.

과학 글쓰기를 통해 실험을 했거나 현상을 관찰했을 때 그 내용을 글과 그림으로 표현하며 내가 어떤 과학적 사실을 이해했고 어떤 결과를 도출했는지 정리할 수 있어요. 과학 글쓰기의 과정을 통해 과학 개념도 더 잘 이해하게 되고 과학적으로 사고하는 힘도 기를 수 있지요.

과학 글쓰기는 과학을 배우고 탐구하는 데 꼭 필요한 활동이에요. 과학은 단지 실험을 잘하는 것만으로는 충분하지 않아요. 과학 글쓰기를 잘하게 되면 탐구 과정에서 느낀 점이나 궁금한 점을 스스로 설명할 수 있게 되고, 과학 지식을 친구나 선생님과 나누는 데도 큰 도움이 될 거예요.

숙달

과학 탐구의 과정과 결과가 분명하게 드러나도록 글을 쓸 수 있어요!

활동하기

공부한 날짜: . . .

활동 1 과학 글쓰기, 너 누구니?

→ 다음의 실험 장면을 보고, 과학 글쓰기에 포함되어야 할 내용이 무엇인지 모둠 친구들과 이야기하여 정리해 봅시다.

tip 과학 글쓰기의 목적은 탐구한 내용과 과정을 체계적으로 정리하는 거예요.
과학 실험을 한 뒤, 실험 관찰 내용을 정리할 때 쓰는 내용을 떠올려 봐도 좋아요.

과학 글쓰기를 할 때 포함되어야 할 내용

과학 시간에 실험을 한 뒤, 다음 순서에 따라 과학 글쓰기를 해 봅시다.

탐구 주제	
실험 도구	
실험 절차	
실험 결과	
실험 결과를 나타내는 시각 자료 (표, 그래프, 그림 중 선택)	
결론	
더 알아보고 싶은 것	

실험 결과와 결론은 비슷하지만 달라요. 활동 1 의 실험을 예로 들면,
실험 결과는 '설탕은 다섯 숟가락보다 많이 녹았고, 소금은 네 숟가락까지 녹았다.'이고,
결론은 '설탕이 소금보다 물에 많이 녹는다.'라고 할 수 있어요.

12-10 업무[제안/보고] 글쓰기

업무 글쓰기란 기업이나 공공기관, 사업체에서 어떤 일에 대해 조사하거나 정리한 내용을 다른 사람에게 정확하게 알리기 위해 글을 쓰는 것이에요.

회사에서는 새로운 일을 시작하기 전에 관련된 사람들의 의견을 조사하거나, 어떤 문제가 생겼을 때 그 원인을 알아보고 해결 방법을 찾기 위해 보고서를 써요. 또 공공기관에서는 정책을 바꾸거나 예산을 사용할 때, 현재 문제점이나 정책 및 예산을 집행한 결과를 보고서로 정리하기도 해요.

업무 글쓰기는 일을 계획하고 문제를 해결하고 사람들과 의견을 나누는 중요한 소통 방법이에요. 누가 읽어도 쉽게 이해할 수 있도록 내용을 분명하게 정리하고, 무엇을 왜 제안하는지 논리적으로 설명해야 해요.

학교에서 조사 활동이나 제안 활동을 할 때 보고서 형식의 글을 써 보면 업무 글쓰기 능력을 기를 수 있어요. 업무 글쓰기 능력은 미래에 여러분의 삶에 큰 도움이 될 수 있을 거예요!

숙달

나의 목적을 위해 일을 제안하거나, 상대방으로부터 제안된 일과 관련한 사안을 보고하는 글을 쓸 수 있어요!

활동하기

공부한 날짜: . . .

활동 1 업무 글쓰기의 구조 알아보기

➜ '점심시간 연장'을 제안하는 글의 내용을 보고 업무 글쓰기의 구조를 알아봅시다.

목차	1. 점심시간 연장을 제안하려는 이유(보고서 작성 목적) 2. 현재 점심시간의 문제점(보고서 본문) 3. 점심시간 연장 제안의 이유와 문제점 요약(보고서 결론) 4. 점심시간 연장 제안(제안하는 내용) 5. 점심시간 만족도 설문, 학생 인터뷰(참고한 자료)
보고서 작성 목적	이 보고서는 우리 학교 점심시간이 짧은 것에 대한 문제점을 살펴보고, 점심시간 연장을 제안하려고 한다.
보고서 본문	현재 우리 학교의 점심시간은 50분이다. 하지만 식당 이동 시간과 식사 줄 대기 시간을 포함하면 식사 시간 및 휴식에 30분을 사용하기도 어려울 때가 많다. 점심시간이 짧아서 많은 학생이 급하게 밥을 먹거나 점심을 먹고 수업을 들을 준비를 위한 휴식을 취하기도 어려운 상황이다. 이로 인해 식사와 휴식에 충분한 시간을 보내지 못하여 수업 시간에 잘 집중을 하지 못하는 경우도 많다. 이달 실시한 점심시간 만족도 설문조사에 따르면, 우리 학교 학생들 가운데 75%가 점심시간이 짧다고 응답하였다. 또한 필자가 진행한 인터뷰에서 5학년 5반 ○○○ 학생은 "점심 줄 기다리고 밥 먹고 올라와서 양치하면 점심 시간이 10분 남아요. 친구들이랑 운동장에서 소화도 좀 시키고 오후 수업을 듣고 싶어요."라고 말했다.
보고서 결론	현재 50분인 점심시간은 학생들이 식사 후 휴식하고 오후 수업을 준비하는 데 충분하지 않다. 학교생활의 질을 향상시키기 위해 점심시간을 늘릴 필요가 있다.
제안하는 내용	점심시간을 1시간으로 늘려야 한다.
참고한 자료	점심시간 만족도 설문, 학생 인터뷰

활동 2 업무 글쓰기 해 보기

→ 다음 장면을 보고, 친구들과 함께 우리 학교를 개선하기 위한 보고서를 작성해 봅시다.

목차	
보고서 작성 목적	

보고서 본문	
보고서 결론	
제안하는 내용	
참고한 자료	

➔ 보고서 내용을 다른 모둠과 나누어 보고 수정해 봅시다.

Chapter 13

미디어 기능

세상을 똑똑하게 연결하는 숨은 힘!

미디어 기능은 '영상 · 뉴스 · 광고 · SNS 같은 정보를 바르게 읽고, 믿을 만한 것을 골라 쓰며, 목적에 맞게 글 · 이미지 · 영상으로 표현하는 능력'이에요. 예를 들어, '이 정보의 출처는 확실할까?', '광고나 편집 의도가 숨겨져 있진 않을까?', '왜 이 영상이 계속 추천될까?(알고리즘)', '이 사진은 사실일까?(팩트 체크)', '내가 만든 콘텐츠가 저작권 · 개인정보 · 예의를 잘 지켰을까?' 하고 스스로 물어보는 거예요. 이 능력이 있으면 정보에 휘둘리지 않고 현명하게 선택할 수 있으며, 필요한 때에는 다른 자료로 바꾸거나 사실을 확인할 수 있고, 잘된 표현은 더 또렷하게 다듬어 공유할 수 있어요. 그래서 찾기-판단하기-표현하기 전 과정에서 책임 있는 디지털 시민으로 성장하게 돼요.

13-1 비언어적 의사소통

비언어적 의사소통이란 말을 하지 않아도 마음을 전하고, 서로를 이해할 수 있는 힘이에요. 우리는 말뿐만 아니라 표정, 몸짓, 눈빛, 손짓처럼 몸으로도 많은 이야기를 해요. 친구가 말은 안 했지만 기운 없어 보일 때, 선생님이 조용히 미소 지을 때, 말을 하지 않아도 그 마음이 느껴질 때가 있지요.

비언어적 의사소통은 이렇게 말이 아닌 행동으로 서로의 감정과 생각을 주고받는 것이에요. 또한 내가 어떻게 보일지 생각하면서 표정이나 자세를 조절하는 힘도 포함돼요. 이럴 때, 우리는 스스로 이렇게 물어볼 수 있어요.

"지금 내 표정은 어떤 느낌일까?"
"이 친구는 왜 고개를 숙이고 있을까?"
"내 몸짓이나 눈빛이 상대에게 어떤 인상을 줄까?"

이런 질문을 해 보면, 상대방의 마음을 더 잘 이해하게 되고, 말 없이도 서로 배려하고 어울릴 수 있어요.

비언어적 의사소통은 '말 없이도 마음을 전하는 표현의 힘'이에요!

숙달

말을 하지 않아도 다른 사람의 표정과 몸짓을 잘 이해하고, 나의 표정과 태도도 조심스럽게 표현할 수 있어요.

활동하기

공부한 날짜: . . .

활동 1 나는 어떤 얼굴을 하고 있었을까요?

tip 일기 쓰듯 자연스럽게 써도 괜찮아요!

날짜: 20( )년 ( )월 ( )일 ( )요일	
오늘 있었던 일 중, 감정이 강하게 느껴졌던 순간	
언제였나요? 어떤 일이 있었나요? (짧게 적어 보기)	
그 순간, 내 표정은 어땠나요? 몸짓이나 자세는 어땠나요?	
내 얼굴이나 행동을 본 친구는 어떻게 느꼈을까요?	
지금 다시 떠올려 보면, 그 감정을 더 잘 표현할 다른 방법이 있었을까요? (예 눈 마주치기, 고개 끄덕이기 등)	

활동 2 비언어적 표현해 보기

다음 상황에서 내가 할 수 있는 비언어적 표현을 떠올려 봅시다. 각 칸에 내가 할 수 있는 표정, 몸짓, 시선 등을 자유롭게 써 보세요.

상황	내가 할 수 있는 비언어적 표현
친구가 내 부탁을 거절했을 때	예 눈을 피하고 말없이 가방을 닫는다.
발표를 잘해서 칭찬을 받았을 때	
친구가 내 연필을 빌려갔는데 안 돌려줄 때	
고마운 마음을 전하고 싶을 때	

활동 3 말 없는 마음 읽기

다음 민지의 상황을 읽고 물음에 답해 보세요.

민지는 쉬는 시간에 혼자 공부를 했다. 친구가 다가와 "같이 놀자."라고 했지만, 민지는 눈도 마주치지 않고 고개만 살짝 저었다. 친구는 민지가 화가 났나 걱정했지만, 사실 민지는 그냥 속이 안 좋았을 뿐이었다.

민지의 행동을 보고, 친구들이 어떤 감정을 느꼈을지 써 보세요.	예 걱정, 오해, 당황 등
민지가 '비언어적으로' 어떤 감정을 표현한 것처럼 보였나요?	예 화남
만약 나였다면, 내 감정을 오해 없이 전하기 위해 어떤 비언어적 표현을 썼을까요?	
'비언어적 표현도 나의 마음을 전하는 중요한 언어이다.'라는 문장을 활용해 3문장짜리 미니 에세이를 작성해 보세요.	예 "비언어적 표현도 나의 마음을 전하는 중요한 언어이다. 하지만 오해를 줄이려면 말로도 조금은 표현하는 게 필요하다. 다음부터는 눈짓뿐 아니라 간단한 말도 함께 해 봐야겠다."

13-2 프레젠테이션(시청각 발표)

프레젠테이션이란 내가 알고 있는 것을 다른 사람에게 쉽게 이해시키기 위해 말과 그림, 글, 소리 등을 함께 사용해 전하는 활동이에요.

우리는 발표를 할 때 말로만 설명하지 않아요. 그림, 표, 사진, 목소리, 몸짓처럼 여러 가지 표현을 함께 사용해요.

프레젠테이션은 단순히 '말하기'만이 아니에요. '어떻게 하면 더 잘 이해할 수 있을까?'를 스스로 고민하면서 내 생각을 정리하고 표현하는 힘이에요. 그래서 프레젠테이션을 준비할 땐, 스스로에게 이렇게 물어볼 수 있어요.

"내 설명이 너무 어렵지 않을까?"
"이 그림이 내 말과 잘 어울릴까?"
"친구들이 잘 이해했는지 어떻게 알 수 있을까?"

이런 질문을 해 보면, 듣는 사람을 더 잘 이해할 수 있고, 내 생각도 더 정확하고 자신 있게 표현할 수 있어요.

프레젠테이션은 '보고 듣는 사람의 마음까지 생각하며, 내 생각을 효과적으로 전하는 표현의 힘'이에요!

숙달

내 생각을 다른 사람이 잘 이해할 수 있도록 자료를 알맞게 사용하며, 듣는 사람을 생각하며 조리 있게 발표할 수 있어요!

활동하기

공부한 날짜: . . .

활동 1 책을 읽고 나의 생각 정리하기

→ 책을 읽고 나의 생각을 정리해 봅시다.

책 제목	
책의 주요 내용	
가장 인상 깊은 장면	
느낀 점	
친구에게 추천하고 싶은 이유	

활동 2 책 소개 프레젠테이션 만들기

→ 앞에서 작성한 내용을 바탕으로, 책을 소개하는 나만의 프레젠테이션 자료를 구성해 봅시다.

슬라이드 1	슬라이드 2	슬라이드 3	슬라이드 4
슬라이드 5	**슬라이드 6**	**슬라이드 7**	**슬라이드 8**

활동 3 프레젠테이션 점검하기

→ 앞에서 작성한 프레젠테이션 구성을 점검해 봅시다.

점검 항목	체크	스스로 적는 생각 또는 수정할 점
전체 흐름이 자연스럽게 연결되었나요?	☐	예 줄거리 설명 → 감상 → 추천 순서가 맞는지 확인했어요.
각 슬라이드에 주제가 명확하게 드러나나요?	☐	예 '감상' 슬라이드 제목을 '내가 느낀 점'으로 바꾸면 더 알기 쉬울 것 같아요.
글이 너무 많거나 적지는 않나요?	☐	예 글을 줄이고, 중요한 말은 발표할 때 설명하려고 해요.
그림이나 사진이 내용과 잘 어울리나요?	☐	예 감동 장면에 인물 표정 그림을 추가해 볼 거예요.
글자 크기나 색깔이 보기 편안한가요?	☐	예 제목은 진하게, 설명은 작게 나눴어요. 색이 너무 많진 않은지도 봤어요.
내가 말하고 싶은 중심 생각이 잘 드러나 있나요?	☐	예 '이 책을 추천하는 이유'를 명확하게 정리했어요.

13-3 매체 선택

매체 선택이란 내가 알고 싶은 정보를 찾거나 내 생각을 표현할 때, 어떤 도구나 방법(매체)을 사용하면 좋을지 스스로 선택하는 과정이에요. '나는 지금 무엇을 알고 싶지?', '이건 책으로 알아보는 게 좋을까? 아니면 동영상으로 볼까?', '인터넷 검색이 더 빠를까?' 같은 질문을 스스로 해 보는 거예요.

예를 들어, 어떤 동물에 대해 조사하고 싶다면 책을 찾아볼 수도 있고, 인터넷 백과사전을 검색해 볼 수도 있고, 다큐멘터리를 볼 수도 있어요.

또 친구에게 발표하거나 소개할 때는 그림, 영상, 도표, 말, 글 중 어떤 방식으로 전달하는 게 좋을지도 생각해 볼 수 있어요.

이렇게 다양한 매체를 비교하면서, 어떤 매체가 이해하기 쉬웠는지, 어떤 매체가 정확했는지, 왜 그 매체가 더 도움이 되었는지 생각해 보면, 다음에도 더 똑똑하게 선택할 수 있어요.

매체 선택은, 내가 배울 때도, 조사할 때도,
표현할 때도 꼭 필요한 '정보 선택의 힘'이에요!

숙달

나에게 맞는 정보나 표현 방법을 스스로 선택하고, 목적에 맞게 더 정확하고 효과적으로 탐색하고 표현할 수 있어요!

활동하기

공부한 날짜: . . .

활동 1 나의 매체 선택 계획 쓰기

예시

조사할 내용	사용한 매체	그 매체를 선택한 이유
조선 시대의 의복	교과서, 역사 그림책	그림이 많고 시대별 옷차림이 잘 나와 있어서
조선 시대의 직업	다큐멘터리, 교육용 영상	실제 모습처럼 재현되어 이해하기가 쉬워서

나의 매체 선택 계획
나는 조선 시대 시장 풍경을 조사하기 위해 풍속화와 블로그 글을 함께 사용할 거예요. 눈으로 보고, 글로 설명을 비교하며 이해하고 싶기 때문이에요.

조사할 내용	사용한 매체	그 매체를 선택한 이유

나의 매체 선택 계획

활동 2 조사한 내용을 발표 자료로 정리하기

슬라이드 제목	조사한 내용 요약	사용한 매체	매체를 써 본 느낌
조선 시대 사람들의 의복	양반과 평민의 옷차림이 다르다.	역사 그림책, 교과서	그림이 많아서 이해가 쉬웠어요.

활동 3 내가 고른 매체, 잘 어울렸을까?

점검 항목	스스로 적는 생각 또는 수정할 점
☐ 내가 조사한 주제에 맞는 매체를 골랐나요?	예 옷에 관한 건 글보다 그림이 더 잘 보여서 좋아요.
☐ 여러 매체를 비교하고 골랐나요?	
☐ 매체를 사용해 보니, 이해에 도움이 되었나요?	
☐ 너무 어렵거나 혼란스러운 매체는 없었나요?	예 영상은 좋았지만 길어서 핵심을 찾기 힘들었어요.
☐ 다음에 비슷한 조사를 한다면 어떤 매체를 쓰고 싶나요?	예 교과서와 함께 자료집도 보고 싶어요.

13-4 플랫폼 선택

플랫폼 선택이란 **내가 어떤 활동을 할 때 그 목적에 잘 맞는 디지털 공간이 나 도구(앱, 웹사이트 등)를 스스로 고르는 활동**이에요. 예를 들어, '나는 오늘 조사 활동을 할 건데, 유튜브가 좋을까? 네이버 백과가 좋을까?' 하고 스스로 물어보는 거예요.

공부하거나 조사할 때 사용하는 디지털 플랫폼은 점점 더 다양해지고 있어요. 그래서 어떤 플랫폼이 빠르고 정확한 정보를 줄 수 있는지, 어떤 플랫폼이 내가 표현하기 편한지를 스스로 판단하는 게 중요해요. 그냥 익숙한 앱만 계속 쓰는 것이 아니라, '이게 지금 나에게 가장 좋은 방법일까?', '다른 플랫폼이 더 효과적일 수도 있지 않을까?'를 생각해 보는 것이 필요해요.

플랫폼 선택은 선생님이 시켜서가 아니라, 내가 내 학습 목적에 맞게 판단하고 결정하는 거예요. 이렇게 스스로 고른 플랫폼으로 활동해 보면, 더 책임감도 생기고 자신감도 높아져요. '내가 선택했어!'라는 마음이 들면, 그 활동에 더 집중하고 적극적으로 참여할 수 있어요.

플랫폼 선택은 디지털 세상 속에서 똑똑하고 주도적으로 배우는,
나를 만드는 힘이에요!

숙달

학습 목적이나 상황에 맞는 디지털 플랫폼을 스스로 골라서, 정보를 더 정확하게 찾고, 나에게 잘 맞는 방식으로 표현할 수 있어요!

활동하기

공부한 날짜: . . .

활동 1 다른 플랫폼으로 조사해 보기

➔ 헷갈리는 쓰레기(수박 껍질 등)의 분리수거 방법을 두 가지 플랫폼을 활용해 조사해 봅시다.

플랫폼 1(예 유튜브)	vs	플랫폼 2(예 인터넷 지식 백과)

- 조사하면서 좋았던 점은?

- 조사하면서 불편했던 점은?

활동 2 조사한 플랫폼 비교하기

➔ 두 플랫폼을 비교해 봅시다. 어떤 플랫폼이 더 정확하고 쉽게 이해되었는지 비교하며 나에게 잘 맞는 매체를 분석해 봅시다.

비교 기준	플랫폼 ①: ( )	플랫폼 ②: ( )	더 나았던 쪽
정보가 정확한가요?	예 / 아니요	예 / 아니요	① / ②
이해하기 쉬운가요?	예 / 아니요	예 / 아니요	① / ②
검색하거나 찾기 쉬웠나요?	예 / 아니요	예 / 아니요	① / ②
그림, 예시가 잘 나왔나요?	예 / 아니요	예 / 아니요	① / ②
다시 사용하고 싶나요?	예 / 아니요	예 / 아니요	① / ②

활동 2 플랫폼 활용하여 조사하기

앞에서 정한 플랫폼을 활용하여 분리수거 방법을 조사해 보고, 조사한 내용을 바탕으로 카드 뉴스를 만들어 봅시다.

예시

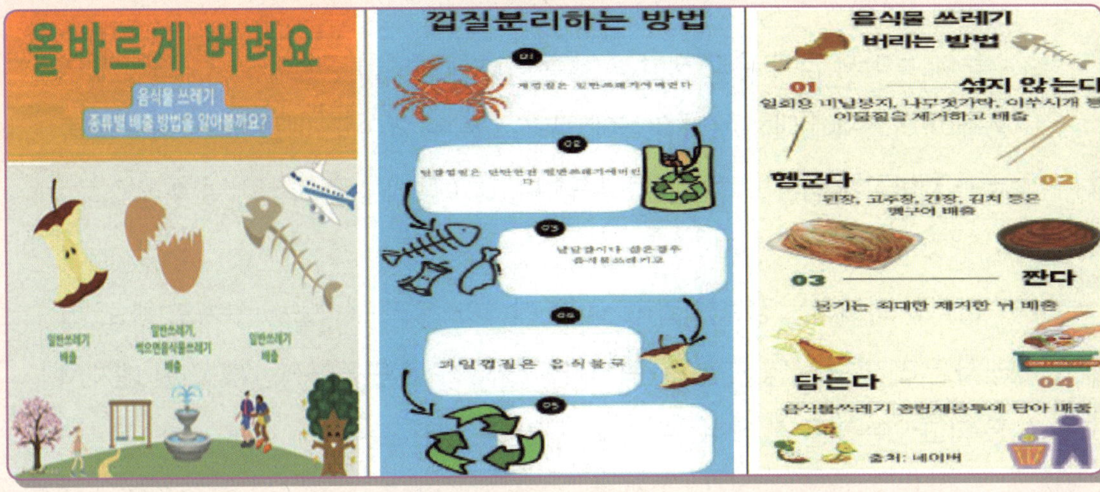

13-5 미디어 영향력

미디어 영향력이란 TV, 유튜브, 광고, 인터넷 같은 미디어가 나의 생각, 감정, 행동에 영향을 주는 힘을 말해요.

눈에 보이지 않게 우리 생활 속에 들어와서 무엇이 좋고 나쁜지, 어떻게 행동해야 하는지에 대해 우리 마음에 영향을 줄 수 있어요. 예를 들어, 어떤 유튜버가 재미있게 먹는 모습을 자주 보면 나도 그 음식을 먹고 싶어질 수 있어요.

이처럼 미디어는 정보를 알려 줄 뿐 아니라, 우리 생각을 바꾸기도 해요. 그래서 우리가 보는 영상, 뉴스, 광고가 어떤 의도로 만들어졌는지, 어떤 메시지를 담고 있는지를 잘 살펴보는 것이 정말 중요해요.

무조건 믿기보다는 '왜 이렇게 보여 줄까?', '이게 정말 사실일까?' 하고 스스로 물어보는 것이 필요해요. 그렇게 하면 미디어에 휘둘리지 않고, 내가 중심이 되어 판단할 수 있어요.

미디어 영향력이란, 나도 모르게 내 생각과 선택에 작용하는 힘이에요.

미디어의 힘을 알고 똑똑하게 판단하는 것이
더 멋진 나를 만드는 시작이에요!

숙달

미디어가 내 생각과 행동에 주는 영향을 스스로 알아차리고, 올바르게 판단하며 현명한 선택을 할 수 있어요!

활동하기

공부한 날짜: . . .

활동 1 호주 사막의 문어는 진짜일까?

다음 SNS 내용을 읽고, 질문에 답해 봅시다.

username

작은 파란고리문어야. 정말 귀엽지? 이번 호주 여행에서 가장 기억에 남는 경험이었어. 사막 한가운데서 이 귀여운 녀석을 만날 줄이야! 호주의 드넓은 사막에서 만날 수 있는 파란고리문어를 한 번쯤 경험해 보길 추천해.^^
그런데 이 귀여운 무늬 때문에 사람들이 문어를 잡아서 가죽 가방을 만드는 바람에 멸종 위기에 처했다고 해. 모두 내 글을 읽고 리트윗해 줘. 그래야 이 작은 파란고리문어를 살릴 수 있어!

이 글은 진짜일까요? 왜 그렇게 생각하나요?	
처음 봤을 때 어떤 느낌이 들었나요? (신기함, 의심, 흥미 등)	
친구가 "진짜래!"라고 말한다면 뭐라고 말해 줄 수 있을까요?	
이 글이 사실인지 어떻게 확인해 볼 수 있을까요?	

활동 2 진짜 정보와 비교해 봐요

➜ 활동 1 의 SNS 내용과 지식 백과 내용을 비교해 봅시다.

파란고리문어 Search

어린이 지식 백과

파란고리문어는 귀여운 모습을 하고 있어서 인기 있는 문어예요. 그런데 귀여운 모습을 했다고 함부로 만지면 절대 안 돼요! 왜냐하면 이빨에 아주 강한 독을 가지고 있기 때문이에요. 매년 호주에서는 파란고리문어에 물려 사람들이 희생되곤 해요. 파란고리문어는 열대 바다에 살아요. 그러나 최근에는 기후 온난로 인해 우리나라 제주도에서 발견되기도 한답니다.

	SNS	지식백과
정보의 출처가 믿을 만한가요?		
표현 방식은 어떤가요?		
내가 받은 인상은?		
나에게 어떤 영향을 주었나요?		

활동 3 다른 플랫폼에서 '파란고리문어'를 찾아보기

➜ 활동 1 의 SNS 내용과 지식 백과 내용 중 어떤 것이 사실인지, 다른 플랫폼에서도 '파란고리문어'에 대해 찾아봅시다.

13-6 미디어 형식

미디어 형식이란 정보를 어떤 방법과 모양으로 보여 주는지를 말해요. 같은 내용을 말하더라도 영상, 광고, 기사, 만화, 뉴스, 다큐멘터리처럼 다양한 형식으로 표현될 수 있어요.

예를 들어, 어떤 환경 보호 내용을 광고로 보면 짧고 강하게 느껴지고, 기사로 보면 자세하게 읽을 수 있어요. 형식에 따라 전달되는 느낌과 정보의 방식이 달라지는 거예요. "이건 왜 만화로 만들었을까?", "왜 이 영상은 자막이 빠르게 지나갈까?" 하는 질문을 해 보면, 미디어 형식이 어떤 의도로 만들어졌는지를 생각해 볼 수 있어요.

그래서 우리가 어떤 형식으로 된 미디어를 보고 있는지, 그 형식이 나에게 어떤 영향을 주는지를 스스로 살펴보는 것이 중요해요. 같은 주제라도 어떤 형식이 더 잘 이해되는지, 어떤 형식이 더 감정에 영향을 주는지도 비교해 볼 수 있어요.

이렇게 미디어 형식을 구별하고 분석하는 능력은 더 똑똑한 시청자, 더 깊이 있는 학습자로 자라게 해 줘요.

미디어 형식은 세상을 다양한 눈으로 바라보게 해 주는 렌즈 같은 거예요!

숙달

정보나 메시지가 어떤 형식으로 전달되는지 알아차리고, 그 형식에 따라 내용을 더 깊이 이해하고 똑똑하게 해석할 수 있어요!

활동하기

공부한 날짜: . . .

활동 1 같은 내용을 여러 형식으로 읽어 보기

➜ AI와 관련한 내용을 여러 형식으로 읽어 봅시다.

	내용
과학 잡지 기사 요약문 형태	최근 인공 지능(AI)이 빠르게 발전하면서, 사람들이 하던 일을 기계가 대신하는 경우가 늘고 있습니다. 공장에서는 로봇이 조립을 맡고, 음식점에서는 AI가 주문을 받고 계산도 합니다. 연구에 따르면, 앞으로 20년 안에 지금 있는 직업 중 40%가 사라질 수도 있다고 합니다. 하지만 어떤 전문가는 "새로운 기술이 생기면 새로운 직업도 생긴다."라고 말합니다. 결국 중요한 건 우리가 AI를 어떻게 활용하느냐에 달려 있습니다.
포스터	
웹툰	

활동 2 미디어 형식에 대한 나의 느낌 말해 보기

➜ 미디어 형식이 느낌을 어떻게 바꾸었는지 다음 질문에 답해 봅시다.

질문	나의 생각
어떤 형식이 내용을 가장 자세히 알려줬나요?	
어떤 형식이 감정을 더 강하게 자극했나요?	
어떤 형식이 가장 오래 기억에 남을 것 같나요? 그 이유는?	
형식에 따라 'AI는 무섭다.', 'AI는 주의가 필요하다.'처럼 다르게 느껴진 부분이 있었나요?	

활동 3 나에게 맞는 미디어 형식 찾아보기

➜ 나에게 맞는 미디어 형식을 선택하고 이유를 써 봅시다.

질문	나의 답
내가 가장 잘 이해할 수 있었던 형식은?	□ 정보글 □ 포스터 □ 웹툰
왜 그 형식이 좋았나요?	
다음에 'AI 관련 정보'를 접할 때 먼저 보고 싶은 형식은?	
자극적인 형식은 어떤 오해를 불러올 수도 있을까요?	

13-7 멀티미디어 의사소통

멀티미디어 의사소통이란 글이나 말만 사용하는 것이 아니라 사진, 영상, 소리, 자막, 애니메이션처럼 다양한 표현 방법을 함께 활용해 내 생각을 더 생생하게 전하는 방법이에요.

요즘은 스마트폰, 컴퓨터, 태블릿으로 앱, 웹사이트, 영상 플랫폼, 게임, 소셜미디어 등 여러 플랫폼을 통해 말하고, 듣고, 쓰고, 보여 줄 수 있어요. 예를 들어, 환경 보호에 대해 말하고 싶을 때, 글로 쓰면 정보가 자세하게 전달되고, 영상으로 만들면 사람들의 마음을 움직일 수 있고, 포스터를 만들면 한눈에 눈길을 끌 수 있어요. 멀티미디어는 이렇게 형식과 도구를 잘 고르면, 듣는 사람(청중)이 더 잘 이해하고 반응할 수 있게 도와줘요.

"이건 영상으로 말하는 게 좋을까?", "앱으로 만들면 더 편할까?", 이런 고민을 해 보는 게 바로 멀티미디어 의사소통의 시작이에요. 내가 하고 싶은 말을 어떤 형식으로, 어떤 도구로 말할지 스스로 결정하고 조절하는 능력이 바로 멀티미디어 의사소통 능력이에요.

미디어 멀티미디어 의사소통은 나의 생각을 더 풍부하게, 더 멀리,
더 잘 전달하게 해 주는 똑똑한 표현의 힘이에요!

숙달

전하고 싶은 내용과 듣는 사람에 맞게 형식과 도구를 스스로 선택하여, 생생하고 효과적으로 의사소통할 수 있어요!

활동하기

공부한 날짜: . . .

활동 1 SNS에 음식점 소개 준비하기

SNS에 자신이 방문한 음식점을 소개하려 할 때 고려할 점을 알아봅시다.

질문	나의 생각
내가 소개하고 싶은 음식점은?	예 OO분식
어떤 점을 소개하고 싶은가요?	예 맛, 가격, 분위기, 서비스, 위치
누구에게 소개하고 싶은가요?	예 친구들
어떤 방식으로 소개하면 잘 전달될까요?	예 사진 중심 / 짧은 영상 / 짧은 글 + 해시태그

활동 2 SNS에 음식점 소개 콘텐츠 계획하기

활동 1 에서 작성한 것을 바탕으로, 어떤 형식으로 음식점 소개 콘텐츠를 만들지 계획해 봅시다.

질문	나의 계획
음식점의 장점을 한 문장으로 표현하면?	예 음식이 푸짐해요!
어떤 형식을 사용할까?	☐ 포스터 ☐ 짧은 리뷰 영상 ☐ 릴스/숏폼 영상 ☐ 카드 뉴스 ☐ 음식 사진 + 설명
넣고 싶은 멀티미디어 요소는?	예 음식 사진 / 간판 사진 / 별점 아이콘 / '맛있어요!' 스티커 등

활동 3 SNS에 음식점 소개하기

→ 앞의 내용을 바탕으로 SNS에 자신이 소개하고 싶은 것을 글과 그림으로 나타내 봅시다.

13-8 미디어의 영향과 윤리

미디어의 영향과 윤리란 우리가 보는 영상, 뉴스, 광고 같은 미디어가 우리의 생각, 감정, 행동에 어떤 영향을 주는지를 알아보고, 그 미디어를 사용할 때 지켜야 할 바른 태도와 규칙을 함께 생각하는 것이에요.

예를 들어, 유명한 유튜버가 자주 말하는 브랜드를 보면, '나도 사고 싶다'는 마음이 생길 수도 있어요. 이처럼 미디어는 나도 모르게 내 생각을 바꾸고, 행동까지 영향을 줄 수 있어요.

그래서 우리는 미디어가 어떤 의도로 만들어졌는지, 그 내용이 진짜인지, 누구에게 어떤 영향을 줄지를 잘 살펴보아야 해요. 그리고 나도 누군가에게 미디어(댓글, 영상, 글 등)를 보낼 때는 사실인지 확인하고, 예의 바르게 쓰고, 누군가를 상처 주지 않도록 조심해야 해요.

'이 댓글은 누군가에게 상처가 될 수도 있겠는데?' 이런 생각을 스스로 해 보는 것이 미디어 윤리를 지키는 첫걸음이에요.

미디어의 영향과 윤리는, 미디어를 더 똑똑하고
바르게 사용하는 따뜻한 마음과 현명한 판단력을 기르는 일이에요!

숙달

매체의 영향을 비판적으로 이해하고, 디지털 윤리 문제에 책임 있게 대응해요.

활동하기

공부한 날짜: . . .

활동 1 신문 내용 비교하기

다음은 동일한 사실에 대한 두 신문의 기사 제목입니다. 제목을 비교해 보고 질문에 답해 봅시다.

A 신문 제목	B 신문 제목
"우유, 뼈 건강 지키는 최고의 자연식품!"	"우유, 성인에게 꼭 필요할까? 과다 섭취 시 위험성도 커져."

- A 신문 제목과 B 신문 제목의 차이점은 무엇인가요?

활동 2 미디어, 내 생각을 바꾸다?

미디어가 내 생각을 바꾼 적이 있는지 ○/×로 나타내 봅시다.

항목	○ / ×
광고를 보고 어떤 물건을 꼭 사고 싶다고 느낀 적이 있다.	
친구가 보내 준 영상이나 기사 제목만 보고 내용을 판단한 적이 있다.	
유튜버가 추천한 제품을 특별한 근거 없이 따라 산 적이 있다.	

활동 3 미디어 상황을 판단하고 행동을 결정해 보기

➔ 다음 상황을 읽고, 유튜브에서 이러한 광고를 한번 찾아봅시다.

친구가 '먹으면 살 빠지는 마법의 알약!'이라는 제목의 건강 영상을 보내 주었다. 제목이 너무 자극적이라 궁금했지만, 내용을 보니 근거가 불확실했다. 나는 이 영상을 바로 공유하기 전에 사실인지 먼저 확인해 보기로 했다.

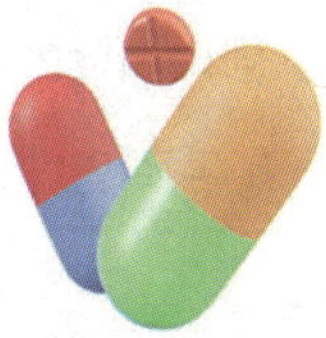

● 1단계: 앞에서 찾은 유튜브 광고의 사실 확인(팩트 체크)

항목	기록
상황 제목(한 줄)	
링크/출처(언론사 · 개인 · 채널명)	
업로드 날짜/시간	
협찬 · 광고 표기 유무	
핵심 주장(사실/의견 구분)	
이미지 · 영상 역검색 결과	
추가 근거(공식 자료/통계 등)	
1차 판단(사실성)	□ 높음 □ 보통 □ 낮음

● 2단계: 영향 분석(나 · 타인 · 사회)

관점	분석
나(감정/생각 변화)	
타인(누가 영향 받나? 이유는?)	
사회(편견 · 혐오 · 과소/과대 공포 가능성)	
제작 의도/이익(광고 · 조회 · 설득 등)	
잠재적 피해/이득(구체 사례)	
균형 정보(반론 · 대안 출처)	

● 3단계: 친구가 보낸 광고에 대한 나의 윤리적 선택(행동 결정)

가능한 선택	내 선택	이유(한 문장)
그대로 공유한다. (설명 덧붙여서)	○ / ×	
사실 확인 후 수정/정정 공유한다.	○ / ×	
신고/차단한다. (근거 포함)	○ / ×	
토론을 연다. (존중어 사용)	○ / ×	

Part VI

공동체 역량

공동체 역량은 함께 잘 살아가는 방법을 배우는 능력이에요. 내가 속한 교실, 학교, 지역, 나라, 지구에서 서로 도우며 바르게 살아가는 데 꼭 필요한 마음과 행동을 기르는 거예요. 교실에서 협동하기, 환경 보호 실천하기, 다른 사람의 생각 존중하기 같은 활동이 여기에 해당돼요. 이 힘이 자라면 어떤 모둠에서도 잘 어울리며 서로에게 힘이 되는 친구가 될 수 있어요. 또한 나와 다른 사람을 이해하고, 더 넓은 사회와 지구 환경까지 생각하는 시민으로 자라나게 돼요.

공동체 역량은

'더불어 살아가는 데 꼭 필요한 마음과 행동을 기르는 힘'이에요.☺

Chapter 14

그룹 기능

함께 생각하고, 나누고, 협력하는 힘! 💪✨

그룹 기능은 여러 명이 함께 모여서 활동할 때 필요한 능력이에요. 혼자서만 잘하는 게 아니라, 친구들과 생각을 나누고 역할을 나누어 함께 하나의 작업을 완성해 보는 거예요. 예를 들어, 모둠 친구들과 '자료 찾기', '발표 자료 만들기', '말할 내용 정리하기', '발표 연습 도와주기'로 역할을 나누어 발표를 준비할 수 있어요.

친구들과 의견이 다를 때 우리는 서로의 생각을 듣고 조율할 수 있어야 해요. 이런 능력이 자라면 나와 생각이 다른 친구와도 긍정적으로 소통할 수 있고, 함께 목표를 이루는 힘이 생겨요. 그래서 그룹 기능은 앞으로 살아가는 데 꼭 필요한 협동 능력이기도 해요.

14-1 공감

공감이란 다른 사람의 감정이나 상황을 내 마음처럼 이해하고, 그 감정을 함께 느끼는 것이에요. "네 마음이 어떤지 알겠어." 하는 마음이 바로 공감이에요.

예를 들어, 친구가 힘들어할 때 "괜찮아?" 하고 먼저 다가갈 수 있어요. "그럴 수 있어.", "네 마음 이해돼." 같은 따뜻한 말로 반응할 수 있어요. 친구의 말을 끊지 않고 고개를 끄덕이며 들어 주는 것도 공감이에요.

공감은 마음을 이어 주는 다리예요. 함께 기뻐하거나 안타까워하면서 서로 더 가까워지고 신뢰가 생겨요. 또한 상대방의 입장에서 생각해 보면서 서로를 더 잘 이해할 수 있게 돼요. 공감의 마음이 있으면 모두가 편안하고 따뜻한 분위기에서 함께할 수 있어요.

공감은 친구의 마음을 내 마음처럼 느끼고,
따뜻하게 반응하는 멋진 능력이에요.

숙달

다른 사람의 감정을 이해하고 따뜻하게 소통할 수 있어요!

활동하기

공부한 날짜: . . .

활동 1 감정 카드 맞추기: 무슨 기분일까?

→ 얼굴 표정과 상황을 보고 다른 사람의 감정을 상상하며 표를 완성해 봅시다.

상황	어떤 기분일까?	왜 그렇게 느꼈을까?	내가 그 상황이라면?
 길에서 우연히 친구를 만났어요.			
 실수로 물건을 고장 냈어요.			
 전학 간 친구에게서 편지가 왔어요.			
 동생이 간식을 다 먹어 버렸어요.			
 핸드폰을 어디에 뒀는지 모르겠어요.			

활동 2 공감 말풍선: 어떤 말을 해 주면 좋을까?

➜ 상황을 보고, 말풍선에 따뜻하게 공감하는 말을 써 봅시다.

● **상황 1:** 실수로 발표를 틀렸을 때

민지가 용기 내어 발표를 시작했지만, 단어를 잘못 읽고 멈춰 버렸어요. 민지는 얼굴이 빨개져서 조용히 자리에 앉았어요.

● **상황 2:** 친구가 혼나고 나서 말이 없을 때

지호는 방금 선생님께 크게 혼났어요. 쉬는 시간이 되었지만, 아무 말도 하지 않고 고개를 푹 숙이고 있어요.

● **상황 3:** 친구가 발표를 잘 마쳤을 때

유빈이는 처음으로 반 친구들 앞에서 발표를 했어요. 목소리는 조금 떨렸지만 끝까지 해냈고, 발표가 끝나자 얼굴이 환해졌어요.

활동 3 공감 미션: 행동으로 옮겨요

일주일 동안 공감 행동을 실천하고 기록해 봅시다.

날짜	내가 한 공감 행동	상대방의 반응

공감 미션을 마친 후 소감을 적어 봅시다.

14-2 협상

협상이란 **생각이 다른 사람끼리 서로의 의견을 듣고, 모두가 괜찮다고 느낄 수 있는 방법을 함께 찾아가는 것**이에요. 서로 다른 생각이나 입장에서 말싸움 없이 함께 해결책을 찾는 멋진 대화 방법이에요.

예를 들어, 모둠에서 역할을 정할 때 "내가 발표하고 싶어!", "나도 하고 싶은데!" 할 경우, 서로의 입장을 이야기하고 차례를 정하거나 나눠 맡는 방법을 함께 고민해 볼 수 있어요.

협상은 누가 이기고 지는 게 아니라 모두가 만족할 수 있는 방법을 찾는 것이 중요해요. 상대방의 말을 잘 듣고, 내 생각도 차분하게 말하면서 양쪽 모두 기분 좋게 결정할 수 있으면 협상이 잘된 거예요. 이런 협상 능력이 있으면 모둠 활동이 원활하게 진행되고, 친구 사이도 더 돈독해져요.

협상은 서로 생각이 다를 때 함께 이야기하며
모두가 만족할 수 있는 해결책을 찾는 능력이에요.

숙달

서로 의견이 달라도 다툼 없이 해결 방법을 찾아낼 수 있어요!

활동하기

공부한 날짜: . . .

활동 1 상황 속으로: 상황 카드 뽑기

➔ 상황 카드를 하나 뽑고, 역할을 나눈 후 각자 자기 입장을 1분간 말해 봅시다.

상황 1

'같은 역할을 맡고 싶어요.'

과학 발표 준비에서 둘 다 '자료 조사자'를 맡고 싶어 해요. 하지만 그 역할은 한 명만 할 수 있어요.

상황 2

'하고 싶은 놀이가 달라요.'

우리 반 놀이 시간에 한 친구는 피구를 하고 싶어 하고, 다른 친구는 축구를 하고 싶어 해요.

상황 3

'청소 구역을 서로 피하려 해요.'

화장실 청소와 복도 청소가 남았어요. 서로 더 쉬운 쪽을 하고 싶어 해요.

상황 4

'한쪽은 빨리 끝내고 싶고,
한쪽은 천천히 하고 싶어요.'

모둠 미술 활동 중, 한 친구는 빨리 완성하고 싶어 하고, 다른 친구는 천천히 꼼꼼하게 그리고 싶어 해요.

나의 입장	
상대방의 입장	

활동 2 협상 준비: 협상 말하기 훈련

➔ 활동 1 의 상황을 고려하며, 다음 말풍선 문장틀을 나만의 말로 채워 봅시다.

단계	말풍선 문장틀	채우는 방법
내 입장 말하기	나는 ______________________ 하고 싶어.	내가 하고 싶은 걸 솔직하게 말해요.
상대 인정하기(1)	너도 ______________________ 하고 싶어 하는 거 알아.	친구의 입장도 존중해요.
제안하기	나는 ______________________ 방법이 좋을 것 같아. 너는 어때?	두 사람 모두 만족할 방법을 제안해요.
상대 인정하기 (2)-1	(나의 제안을 받아들였을 때) 너의 말을 들으니 ______________________.	상대방의 반응이나 새로운 제안에 대해 긍정적으로 검토해요.
상대 인정하기 (2)-2	(상대방이 다른 제안을 했을 때) 너의 말을 들으니 ______________________.	
함께 방법 찾기	그럼 우리 함께 ______________________를 해 보기로 하자.	서로 협상한 방법을 정리해요.

활동 3 적용하기: 협상 대화 나누기

➔ 활동 2 에서 정리한 내용을 바탕으로 협상 대화를 나누며 좋은 해결 방법을 찾아봅시다.

우리가 찾은 해결 방법	

➔ 활동을 되돌아보며 질문에 답해 봅시다.

질문	나의 답변
어떤 상황에서 협상을 했나요?	
내가 처음 한 말은?	
상대방이 처음 한 말은?	
협상 대화 전 나의 마음은? 그 이유는?	
협상 대화 후 나의 마음은? 그 이유는?	

14-3 책임감 갖기

우리는 매일 다양한 역할을 맡으며 살아갑니다. 학생으로서, 친구로서, 가족의 일원으로서, 그리고 지구에 사는 한 사람으로서 말이에요. 이 모든 역할에는 크고 작은 책임이 따릅니다. **책임**이란 **하기로 한 일을 끝까지 해내고, 그 결과에 대해 스스로 행동하는 태도**를 말합니다.

책임감 있는 사람은 자신의 역할이 무엇인지 알고, 그 역할을 미루거나 남에게 떠넘기지 않고 기꺼이 해내려는 마음을 갖고 있어요. 또한 맡은 일을 제때 하려고 시간을 스스로 관리하고, 만약 실수나 문제가 생겼을 땐 솔직하게 인정하고 해결하려는 용기도 필요하지요.

하지만 책임감은 나 혼자 잘한다고 끝나는 일이 아닙니다. 모둠 활동이나 단체 과제처럼 함께하는 일에서는, 모두가 함께 결과를 만들어 내기 때문에 각자의 책임이 얼마나 중요한지 더 잘 느낄 수 있어요.

책임감은 더 넓게 보면 사회 전체, 나아가 지구 전체에도 연결되어 있어요. 물건을 함부로 버리지 않는 일, 에너지를 절약하는 일 등 지구를 아끼는 생활 습관도 모두 '내가 해야 할 책임'에서 시작되는 행동이에요.

이처럼 나의 작은 선택과 실천이 더 좋은 세상으로 연결된다는 걸 알게 될 때, 책임감은 단순한 규칙 지키기가 아니라 세상을 위한 약속 지키기가 됩니다.

숙달

자신의 역할을 인식하고 약속한 일을 수행하여 책임감 있는 태도를 기를 수 있어요!

활동하기

공부한 날짜: . . .

활동 1 책임감이 없다면 어떻게 될까?

➔ 글을 읽으며 책임감을 가져야 하는 까닭을 생각해 봅시다.

상황 A	상황 B
장기 자랑 준비를 위해 5명이 역할을 나누었어요. 그런데 그중 한 친구가 "귀찮아서 안 할래."라며 연습 시간에 오지 않았어요. 발표 당일, 결국 음악은 틀어지지 않았고 순서가 엉켜서 모두 당황했어요. 다른 친구들은 화가 나거나 속상해했어요.	장기 자랑 응원 준비를 위해 5명이 역할을 나누었어요. 모두 각자 맡은 일을 열심히 준비했어요. 음악 담당 친구는 음악이 잘 재생되는지 몇 번이나 확인했고, 순서를 프린트해 나눠 주는 친구도 있었습니다. 모두가 즐겁고 뿌듯한 하루를 보냈어요.

질문	상황 A	상황 B
맡은 일을 잘했나요?		
다른 사람에게 어떤 영향이 있었나요?		
내가 이 팀원이었다면 기분이 어땠을까요?		
왜 이런 차이가 생겼을까요?		

- 책임감이 없으면 어떤 일이 벌어질까요?

- 책임감 있는 행동은 누굴 위해 필요할까요?

활동 2 뉴스 속 책임 찾기

➔ 기사문을 읽으며 책임을 다하지 않는 태도를 찾아보고, 그 결과를 예상해 봅시다.

○○초등학교 교육소식

내가 엎은 물, 내가 닦겠습니다!

2025년 5월 30일

○○초등학교 5학년 1반에서 있었던 노트북 파손 사고가 학생의 솔직한 고백과 책임 있는 행동으로 훈훈하게 마무리되었다는 소식입니다.

점심시간, 책을 읽고 있던 준서는 우연히 책상에 올려 둔 물병을 건드려 옆자리에 있던 노트북에 물을 쏟고 말았습니다. 그 노트북은 선생님이 수업 자료 준비를 위해 사용하던 반 공용 노트북이었습니다. 순간 주변 아이들은 놀라서 "큰일 났다!"라는 반응을 보였고, 일부 친구들은 "몰래 닦고 조용히 있자."라는 말까지 했습니다.

하지만 준서는 조용히 노트북을 닦은 뒤 선생님께 바로 상황을 설명했습니다. 준서는 선생님께 "물병이 넘어가는 걸 보자마자 너무 놀랐지만, 그냥 모른 척하면 더 나쁜 일일 것 같았어요. 제가 잘못했으니, 수리비가 필요하면 부모님께 꼭 말씀드릴게요."라고 말했습니다.

다행히 노트북은 곧바로 말리고 점검을 받은 결과 정상 작동했으며, 담임 선생님은 "사고보다 중요한 건 태도예요."라고 말했습니다. 선생님께서는 "다른 친구들이 놀릴까 봐 걱정했을 수도 있는데 준서가 용기를 내어 스스로 책임지려 했던 모습이 정말 자랑스러웠어요."라고 전했습니다.

- 준서는 자신의 실수를 어떻게 책임졌나요? ____________________
- 만약 실수를 숨겼다면 어떤 결과가 생겼을까요? ____________________
- 이 사건에서 '책임감'은 어떤 감정이나 태도와 연결되어 있나요? ____________________
- 실수를 인정하는 용기와 책임감을 가질 수 있도록 캠페인 문구를 만들어 보세요.

예시 책임은 숨기지 않는 용기	

활동 3 책임 빙고

➔ 내가 책임감 있게 실천한 활동에 표시해 봅시다.

제시간에 등교하기	빌린 물건 사용 후 바로 돌려주기	내가 잘못한 일 먼저 사과하기	친구와 다툰 후 먼저 화해하기
학교(가정)에서 맡은 역할 끝까지 하기	식사 후 자기 그릇 스스로 정리하기	숙제 제시간에 끝내기	내 자리 주변 청소하기
플라스틱 사용 줄이기	물건 잃어버리지 않기	친구와의 약속 지키기	내가 버리지 않은 쓰레기라도 줍기
이부자리 스스로 정리하기	걷거나 대중교통 이용하기	물 아껴 쓰기	다른 친구 도와주기

➔ 몇 줄 빙고를 완성했나요?

➔ 내가 평소에 잘 하지 않는 행동은 무엇이었나요?

➔ 책임감 있게 행동하기 위해 내가 실천하고 싶은 일을 빙고 판에 채워 봅시다. 그리고 책임감 있게 실천할 때마다 표시하여 빙고를 완성해 봅시다.

14-4 업무 분담

우리는 함께 어떤 일을 할 때 서로 역할을 나눕니다. 이를 **업무 분담**이라고 해요. 모둠 활동, 학급 행사, 발표 준비, 청소 당번까지! 학교생활에서 협력이 필요한 순간은 아주 많죠. 모든 사람이 같은 일을 한다면 일이 겹치거나 비효율적일 수 있어요. 그래서 누가 어떤 일을 하면 좋을지 잘 나누는 것이 중요합니다.

업무 분담을 잘하려면 먼저 서로의 강점을 알아야 해요. 말을 잘하는 친구, 정리를 잘하는 친구, 그림을 잘 그리는 친구, 계획을 잘 세우는 친구… 각자의 재능을 살려서 역할을 나누면 훨씬 더 즐겁고 효율적으로 협동할 수 있어요.

또한 같은 역할만 계속 맡는 건 공평하지 않아요. '역할을 바꿔 보는 경험'도 중요해요. 그래야 서로의 처지를 이해할 수 있고, 내가 몰랐던 능력을 발견할 수도 있답니다!

이번 활동에서는 내 강점을 살펴보고 모둠 안에서 역할을 나눠 보고 서로의 역할을 존중하며 협력하는 방법을 연습해 볼 거예요. 마치 퍼즐 조각처럼, 서로의 역할이 딱 맞을 때 우리는 하나의 멋진 팀이 될 수 있어요!

이제, 우리만의 협력 프로젝트를 시작해 볼까요?

숙달

강점을 바탕으로 업무를 나누고 서로 도우며 협력할 수 있어요!

활동하기

공부한 날짜: . . .

활동 1 업무 분담 체크리스트

나는 업무 분담을 할 때 어떤 역할을 잘할 수 있을까요? 다음 문장을 읽으면서 나에게 해당하는 것에 표시해 봅시다.

	강점 내용	체크(✓)	역할
1	나는 여러 사람 앞에서 이야기하는 것이 즐겁고 잘하는 편이다.		발표자
2	친구들의 의견을 정리해서 대신 말해 주는 걸 자주 한다.		
3	중요한 내용을 빠뜨리지 않고 잘 메모하는 편이다.		기록자
4	글씨를 또박또박 쓰고, 다른 친구들도 쉽게 알아볼 수 있다.		
5	색칠이나 꾸미기를 좋아하고, 친구들이 내 작품을 칭찬한 적이 있다.		디자이너
6	포스터, 표지판, 발표 자료 꾸미기를 맡아 본 적이 있다.		
7	친구들이 어떤 말을 하는지 잘 듣고 요약해서 말해 주는 편이다.		회의 진행자 (리더)
8	모둠에서 할 일을 정리하고, 누가 할지 정하는 걸 좋아한다.		
9	시간을 보며 친구들에게 "이제 마무리할 시간이야!"라고 자주 알려 준다.		시간 관리자
10	정해진 시간 안에 일을 끝내려고 노력한다.		
11	도서관이나 인터넷에서 필요한 정보를 찾는 게 재미있다.		자료 조사자
12	모둠에서 필요한 자료를 먼저 찾아보고 정리한 적이 있다.		
13	모둠 자료를 파일이나 폴더에 깔끔하게 정리하는 걸 좋아한다.		자료 정리자
14	여러 자료를 주제별로 분류하거나 정리하는 게 잘 된다.		
15	친구들과 의견이 다를 때 싸우지 않고 조용히 정리하는 편이다.		협동 · 소통 담당
16	누군가 도와 달라고 하면 먼저 손을 들어 도와준다.		
17	맡은 일은 꼭 마무리해야 마음이 편하다.		협력 태도와 책임감이 훌륭합니다!
18	친구가 어려워하는 역할을 자원해서 맡은 적이 있다.		
19	역할을 바꾸더라도 최선을 다하려고 노력한다.		
20	내가 빠지면 팀이 힘들어질까 걱정돼서 더 열심히 하게 된다.		

- 표시한 문항 수가 많은 역할은 무엇인가요? ____________________

- 그 역할을 맡으면 나의 어떤 점이 잘 어울리나요? ____________________

활동 2 역할 분담하기

➔ 반 친구들(또는 가족)과 함께 국내 여행을 가게 되었어요. 친구들(가족)과 함께 여행 계획을 세워 보려고 해요. 역할을 어떻게 나누면 좋을지 역할 분담표를 써 봅시다.

역할 이름	이 역할은 실제로 어떤 일을 하게 되나요?	어떤 강점을 가진 사람이 이 일을 잘할 수 있을까요?
여행지 조사자		
여행 일정 기획자		
자료 꾸미기 담당		
정리/기록자		
발표자		
시간 관리자		

➔ 우리 마을 축제에서 반 친구들(또는 가족)이 부스를 운영하게 되었어요. 우리가 운영할 축제 부스를 기획하고 준비 계획을 세워 보아요. 어떤 역할이 필요할지, 또 각각의 역할이 어떤 일을 하면 좋을지 역할 분담표를 써 봅시다.

역할 이름	이 역할은 실제로 어떤 일을 하게 되나요?	어떤 강점을 가진 사람이 이 일을 잘할 수 있을까요?

활동 3 역할 나누기

➔ 모둠 여행을 기획하고 준비하기 위해서 역할을 분담하려고 해요. 친구들에 대한 설명을 듣고, 누가 어떤 역할을 맡으면 좋을지 써 봅시다.

 준호	성격: 조용하고 꼼꼼해요. 계획을 세우는 걸 좋아해요. 강점: 글씨를 또박또박 쓰고, 일정을 체계적으로 정리해요. 특징: 말은 많지 않지만, 맡은 일은 책임감 있게 끝까지 해요. 좋아하는 일: 시간표 짜기, 기록 정리, 체크리스트 만들기
 유나	성격: 말이 많고 친구들 앞에서 발표하는 걸 좋아해요. 강점: 설명을 조리 있게 잘하고, 자신감이 있어요. 특징: 발표나 사회 같은 역할을 맡으면 빛을 발해요. 좋아하는 일: 발표, 리더 역할, 주목받는 일
 수빈	성격: 밝고 창의적이에요. 그림이나 꾸미기를 좋아해요. 강점: 색칠, 포스터 꾸미기, 시각 자료 만들기를 잘해요. 특징: 시끄럽지 않지만 아이디어가 많고 미적 감각이 뛰어나요. 좋아하는 일: 포스터 만들기, 스티커 꾸미기, PPT 디자인
 지우	성격: 호기심이 많고 똑똑한 질문을 자주 해요. 강점: 정보를 빨리 찾고 요약을 잘해요. 조사에 집중력이 높아요. 특징: 무언가를 깊이 파고들거나 조사할 때 몰입도가 높아요. 좋아하는 일: 책 읽기, 검색하기, 지식 퀴즈 풀기

할 일	맡은 사람
우리 모둠이 여행할 지역을 회의로 결정해요.	
여행할 지역의 볼거리, 먹거리, 즐길 거리 등을 조사해요.	
여행할 지역에서 할 일의 순서를 정해서 일정을 만들어요.	
조사한 내용을 정리하고 요약해요.	
여행 안내 자료를 만들고 꾸며요.	
다른 사람들에게 우리의 여행 계획을 발표해요.	
정해진 시간 안에 여행 계획을 세울 수 있도록 시간을 조절해요.	

- 공평하게 역할을 잘 나누었는지 생각해 보고 이유를 적어 봅시다.

14-5 공정성과 형평성

공정성은 모두에게 똑같이 기회를 주고, 정해진 규칙대로 하는 것이에요. **형평성**은 각자에게 필요한 만큼 도와주는 것이에요.

공정한 것이 항상 '똑같은 것'은 아니고, 때로는 '다르게 도와주는 것'이 더 공평할 수 있어요. 예를 들어, 키가 다른 세 친구가 담 너머 야구 경기를 보려고 해요. 모두에게 같은 크기의 상자를 하나씩 주면, 키가 작은 친구는 여전히 경기를 못 보게 돼요. 하지만 키가 작은 친구에게는 상자를 2개, 큰 친구에게는 1개만 준다면 모두 경기를 볼 수 있게 돼요. 이것이 바로 형평성이에요!

공정성과 형평성을 이해하면, 누군가를 더 잘 도와줄 수 있고, 함께하는 활동에서도 서로 배려하며 협력할 수 있어요.

숙달

공정성과 형평성의 차이를 알고 공정하고 형평성 있게 판단할 수 있어요!

활동하기

공부한 날짜: . . .

활동 1 모두를 위한 놀이터

→ 우리 반만의 놀이터를 만든다면, 어떤 규칙이 필요할까요? 모든 친구가 놀이터에서 즐겁게 참여하여 놀 수 있도록 하려면 어떤 점을 고려해야 할지 생각해 봅시다.

✓ 우리 반에는 다리가 불편한 친구가 있어요.
✓ 우리 반에는 놀이기구를 타기 무서워하는 친구가 있어요.
✓ 우리 반에는 운동을 매우 잘하는 친구가 있어요.
✓ 우리 반에는 언어가 서툰 전학생이 있어요.

● 우리 반의 어떤 친구에게 어떤 도움이 필요할까요?

● 모두를 위한 놀이터를 만들기 위해 어떤 점을 배려해야 할까요?

● 우리 반 모두가 함께 즐겁게 놀기 위해서 어떤 규칙이 필요할까요?

활동 2 각자의 입장 되어 보기

→ 같은 상황을 다른 시선에서 바라보는 연습을 해 봅시다. 다음을 읽고, 친구들이 인터뷰한다면 어떤 말을 할지 상상해 봅시다.

우리 교실에 새로운 공이 생겼습니다.
그런데 세 명의 친구가 모두 공을 가지고 놀고 싶다고 해요.

- 세 명의 감정을 모두 고려했을 때 가장 공정한 해결 방법은 무엇일까요?

활동 3 공정한 심판 되기

심판이 되어 갈등 상황에서 공정한 해결 방법을 생각해 봅시다.

상황 1 민지는 어제 아파서 조퇴하는 바람에 발표 연습을 못 했어요. 오늘 발표 순서가 처음이라 발표 준비 시간을 가지고 마지막에 발표하고 싶다고 주장해요. 하지만 태현이는 어제부터 발표 연습을 하며 발표 시간을 기다렸고, 원래 정한 순서를 바꾸는 건 불공평하다고 생각해요. 누가 먼저 발표하는 것이 공정할까요?

판단 기준	O/X
1. 원래 정한 규칙이 있었나요? 모두가 알고 있었나요?	
2. 한쪽만 생각하지 않고, 다른 친구의 상황도 생각해 보았나요?	
3. 판단 결과가 누군가에게 좋거나 불리한 영향을 주는지 생각해 보았나요?	
4. 기분이 아니라 상황과 사실을 기준으로 판단하려고 했나요?	
5. 모두가 받아들일 수 있는 결정인가요?	

- 나의 결정은? ____________________
- 그 이유는? ____________________

상황 2 세 명이 줄넘기를 하고 있었어요. 줄넘기가 한 개뿐이라서 두 번씩 연습하고 줄넘기를 다음 사람에게 주기로 했어요. 그런데 지후가 줄넘기를 넘자마자 바로 실패했어요. 두 번 연속으로 실패하자 다른 친구는 "두 번이면 끝."이라며 다음 차례로 넘기라고 했어요. 지후는 "한 번만 기회를 더 줘."라고 부탁했어요. 지후에게 기회를 한 번 더 주는 것이 공정할까요?

판단 기준	O/X
1. 원래 정한 규칙이 있었나요? 모두가 알고 있었나요?	
2. 한쪽만 생각하지 않고, 다른 친구의 상황도 생각해 보았나요?	
3. 판단 결과가 누군가에게 좋거나 불리한 영향을 주는지 생각해 보았나요?	
4. 기분이 아니라 상황과 사실을 기준으로 판단하려고 했나요?	
5. 모두가 받아들일 수 있는 결정인가요?	

- 나의 결정은? ____________________
- 그 이유는? ____________________

14-6 합의 도출

사람들은 각자 생각이 달라요. 친구와 무엇을 먹을지, 놀이 시간에 무엇을 할지, 반에서 어떤 활동을 할지 정할 때 의견이 모두 같지 않을 수도 있어요. 이럴 때는 그냥 '가위바위보'나 '다수결'로 정하는 것도 한 가지 방법이에요. 하지만 그렇게 하면 소수의 의견은 무시될 수 있어요. 그러면 마음이 상하거나, 다음에 참여하고 싶은 마음이 줄어들 수도 있죠.

그래서 우리는 모두가 어느 정도 만족할 수 있는 방법, 즉 합의를 찾아보는 거예요. 왜 합의가 중요할까요? 합의하면 서로의 의견을 경청하며 더 좋은 아이디어가 나올 수도 있어요. 또 다수결은 속도는 빠르지만, 모두를 행복하게 만들지는 못해요. 함께 정한 결정은 모두가 책임지고 열심히 참여할 수 있어요.

합의는 한 사람의 주장대로 하는 게 아니라 양보(내가 한발 물러서는 것)와 타협(서로의 의견을 섞는 것)이 필요한 과정이에요. 합의는 싸우지 않고 함께 결정하는 지혜로운 방법이에요. 나만 옳다고 주장하기보다는, '우리 모두에게 좋은 방법은 무엇일까?'를 함께 고민하는 것이죠.

이런 태도를 잘 기르면, 나중에 친구들과 더 좋은 팀이 될 수 있고, 어른이 되어서도 민주적인 사회를 만드는 데 도움이 된답니다!

숙달

양보와 타협의 자세로 합리적인 의사 결정 과정을 거쳐 모두가 만족할 만한 결정을 내릴 수 있어요!

활동하기

공부한 날짜: . . .

활동 1 다른 의견 속 공통점 찾기

생각이 다른 친구들과 해결책을 찾아봅시다. 다른 의견 속에서 공통점을 찾아 합의된 의견을 만들어 봅시다.

다음 주에 학교에서 캠페인을 하기로 했어요. 어떤 주제로 캠페인을 할지 친구들과 토의해야 합니다. 그런데 친구들 의견이 모두 다르네요?

	의견	이유
지민	동물 돕기 캠페인이 필요해요.	유기 동물이 너무 많아요. 유기 동물에게 줄 사료 모으기 캠페인을 해야 해요.
민서	환경 정화 캠페인을 해요.	요즘 길거리에 쓰레기가 너무 많아요. 길거리 청소 활동이 필요해요.
수현	기후 위기 포스터 전시회를 열어요.	이상 기후인 날이 많아 무서워요. 모두가 경각심을 가져야 해요.

- 친구들의 의견에 공통점이 있나요? (예 모두 ○○에 관심이 있다, 같은 장소를 활용할 수 있다)

____

- 친구들의 생각이 어떻게 다른가요? ______________________________
- 세 친구의 생각을 모두 반영하거나, 공통된 주제를 중심으로 새롭게 바꾼 캠페인 아이디어를 생각해 봅시다(예 지구를 위한 하루 캠페인: 오전에는 거리 청소, 오후에는 포스터 전시 & 사료 모으기 부스 운영). 그런 다음, 다음 문장을 완성해서 합의안을 만들어 봅시다.

우리 팀은 ______________________________라는 캠페인을 하기로 했어요. 지민, 민서, 수현이의 의견을 모두 반영했기 때문이에요.
______________ 활동은 __________의 의견을, ______________ 활동은 __________의 생각을, ______________ 활동은 __________의 생각을 반영했어요.
모두가 동의한 만족스러운 결정이라 좋은 캠페인이 될 것 같아요!

활동 2 좋은 결정을 위한 체크리스트 만들기

합의 기준을 만들어 봅시다. 다음 상황을 보고 좋은 합의를 위한 체크리스트를 만들어 봅시다.

우리 반에서 소풍 장소를 정하는 토론이 있었어요. 10명이 '놀이공원'을 골랐고, 3명이 '동물원'을 원했어요. 결국 다수결로 놀이공원으로 결정됐죠. 그런데 동물원을 고른 친구들은 "우리 말은 하나도 반영 안 됐어…."라고 속상해했어요.

- 이 결정은 좋은 합의라고 할 수 있을까요? ______________________
- 만약 내가 동물원을 원했던 친구라면 어떤 기분일까요? ______________________

어떤 모둠에서는 미술 채색 도구를 고르다가 의견이 너무 달라졌어요. 시간이 없어서 결국 한 친구가 큰소리로 "그냥 이걸로 하자!"라고 말했고, 나머지는 조용히 따랐죠.

- 모두가 진짜 동의한 걸까요? ______________________
- 이 결정은 오래가고, 다 같이 책임질 수 있는 결정일까요? ______________________

체육대회 반 티셔츠 디자인을 고르는 토의 시간이었어요. 지윤이가 "이게 제일 멋있어!"라며 한 디자인을 강하게 추천했고, 다른 친구들은 그냥 "그래, 괜찮아 보이네." 하고 따랐어요.

그런데 며칠 뒤, 티셔츠가 도착했는데 색이 너무 진해서 여름 햇빛 아래 땀이 더 났고, 글자 색도 어두워서 티셔츠 문구도 안 보였어요.

모두가 "우리가 왜 이걸로 골랐더라…?" 하고 말했어요.

- 티셔츠를 선택하기 전, 무엇을 고려했어야 할까요? ______________________
- 다음엔 어떤 방식으로 의견을 결정하는 게 좋을까요? ______________________

모두가 만족하는 좋은 결정을 위한 나만의 체크리스트

참고 단어

모든 선택 결과 예상 감정 생각 공정 이유 다른 존중 장단점

- ☑
- ☑
- ☑

활동 3 대사 상상하기

수아네 반 친구들이 요리 실습 시간에 만들 메뉴를 정하고 있어요. 대화를 통해 수아네 반 친구들 모두가 만족할 만한 결정을 내렸다고 해요. 어떤 이야기를 나누었을지 떠올리며 빈칸에 적절한 대사를 써 봅시다.

세훈: 나는 김밥이 좋아. 채소랑 달걀 등 여러 재료가 다양하게 들어가서 맛도 좋고 몸에도 좋고, 또 재료 넣고 마는 게 재밌기도 하고, 만들기 간단하잖아!

서윤: 음… 난 샌드위치가 더 좋은 것 같아. 손에 기름도 안 묻고 만들기 간단하잖아.

다현: 둘 다 너무 싱거워~! 나는 떡볶이 하고 싶어. 만들기도 재밌고, 맛도 최고야!

세훈: 떡볶이는 너무 매워서 못 먹는 친구도 있을걸?

서윤: 그리고 국물 있어서 청소가 힘들어질 수도 있어.

다현: 그런 친구들은 덜 맵게 만들면 되지! 우리 매운맛 조절할 수 있어!

세훈: 샌드위치는 뭔가 너무 간단해서 재미없을 것 같아….

- 어떻게 메뉴를 합의할 수 있었을까요? 빈칸에 친구들의 대사를 상상하여 써 봅시다. 대사에 양보와 타협의 과정을 넣어서 써 봅시다.

____

____

____

____

____

____

____

서윤: 좋아!

세훈: 응! 나도 그 조합 괜찮아.

수아: 모두 동의하는 거지? 그러면 우리 반 요리 실습 메뉴는 ____________로 결정할게!

모두: 좋아~!

14-7 갈등 해결

사람들이 함께 살아가다 보면 서로 생각이 다르거나 마음이 불편해지는 일이 생깁니다. 이렇게 마음이 부딪히는 상황을 '갈등'이라고 합니다. 갈등이 생기면 우리는 감정이 앞서서 화가 나거나 속상할 수 있습니다. 이때는 상대가 어떤 마음이었는지 사실보다 내 느낌에 따라 판단하기도 합니다.

하지만 갈등이 무조건 나쁜 것만은 아닙니다. 갈등을 잘 해결하면 서로의 차이를 인식하고, 더 깊이 이해할 수 있는 기회가 됩니다. 그래서 갈등을 무시하거나 피하지 않고, 서로의 이야기를 듣고 마음을 나누는 태도가 중요합니다.

갈등을 해결하는 데는 다양한 방법이 있습니다. 먼저, 자신의 감정을 잘 알고, 상대의 입장도 생각해 보는 것이 필요합니다. 그런 다음, 차분히 이야기 나누고, 함께 해결 방법을 찾으려는 태도가 중요합니다. 갈등을 풀어 가는 과정은 어렵기도 하지만, 더 나은 관계를 만들 수 있는 소중한 기회가 됩니다.

숙달

갈등과 관련된 모든 사람들이 만족할 수 있을 정도로 효과적으로 갈등을 해결할 수 있습니다.

활동하기

공부한 날짜: . . .

활동 1 개인적인 갈등 해결하기

갈등 상황에서 먼저 사실을 파악하고, 갈등을 겪는 사람들의 마음을 알아보며 갈등을 해결할 수 있는 방법을 생각해 봅시다.

→ 다음 갈등 상황을 읽고, 감정을 제외한 사실만 정리해 봅시다.

6학년 2반은 환경 보호를 주제로 발표 준비를 하기로 했어요. 수연이는 연극으로 발표를 하면 친구들이 더 흥미롭게 볼 수 있을 거라고 생각했어요. 그래서 "우리 환경 보호 연극을 하자!"라고 제안했어요.

그런데 하진이는 "연극은 준비도 어렵고 시간이 너무 많이 걸릴 것 같아. 포스터 만들어서 설명하는 게 낫지 않아?"라고 했어요. 처음에는 서로 의견을 나누는 분위기였지만, 곧 말투가 거칠어지기 시작했어요.

"네가 귀찮아서 그런 거잖아. 넌 늘 피하려고 해."

"그럼 네가 다 해! 넌 맨날 튀는 것만 하자고 하잖아."

결국 둘은 얼굴을 붉히며 말다툼을 했고, 다른 친구들은 아무 말도 못한 채 조용히 앉아만 있었어요. 결국 그날 발표 준비는 아무 진전 없이 끝나고 말았어요.

- 사실 1: ______
- 사실 2: ______
- 사실 3: ______

→ 수연이와 하진이의 입장에서 한 번씩 생각해 보고, 왜 그런 말을 했는지 정리해 봅시다.

- 수연이는 왜 그런 말을 했을까요?

- 하진이는 왜 그런 말을 했을까요?

→ 중재자가 되어 갈등을 해결할 수 있는 방법을 생각해 봅시다.

tip 모두가 100% 만족할 수 있는 해결 방법을 찾는 것은 어려워요. 모두가 이해할 수 있는 해결 방법이라면 OK!

→ 수연이와 하진이가 서로 이해할 수 있도록, 나는 이렇게 말해 볼 거예요.

활동 2 공공의 갈등 해결하기

어떤 지역에서 일어난 갈등에 대한 기사입니다. 각자의 입장을 정리해 보고, 갈등을 줄일 방법을 생각해 봅시다.

콩콩강 댐을 둘러싼 갈등 심화

콩콩시는 매년 반복되는 여름철 홍수 피해를 막기 위해 콩콩강에 '콩콩강 댐'을 건설하는 방안을 추진하고 있습니다. 하지만 이에 대해 시민들의 의견이 크게 갈리고 있습니다.

시청과 농사를 짓는 주민들은 "매년 홍수로 많은 피해가 발생하고 있다."라며, "댐을 세우면 물을 가둘 수 있고, 가뭄 때도 대비할 수 있어 꼭 필요하다."라고 말합니다.

반면, 환경 보호 단체는 "댐이 생기면 강 주변 생물이 사라지고, 오래된 문화재가 물에 잠길 수 있다."라며 강하게 반대하고 있습니다. 또한 댐 건설 지역에 살고 있는 주민들은 "댐이 건설되면 삶의 터전이 없어지고 이사를 해야 한다."라며 반대하는 경우도 있습니다.

시 관계자는 "아직 결정된 것은 없다."라며, "시민들의 다양한 목소리를 듣고, 모두에게 도움이 되는 방향을 찾기 위해 노력 중"이라고 밝혔습니다.

콩콩강 댐 건설에 대한 논의는 앞으로도 계속 이어질 예정이며, 서로 다른 생각을 가진 사람들이 어떻게 해결책을 찾을지 관심이 모이고 있습니다.

- 각 입장에서 주장하는 내용을 정리해 봅시다.

	주장
시청	
농사를 짓는 주민들	
환경 보호 단체	
댐 건설 지역 주민들	

- 공통으로 중요하게 여겨야 할 가치는 무엇인지 생각해 봅시다.

- 모두가 조금씩 양보할 수 있는 해결책은 무엇인가요?

14-8 디지털 협업

현대 사회에서는 인터넷 기술이 발달하면서 디지털 환경에서 다른 사람과 소통할 수 있는 방법이 점점 다양해지고 있어요. 디지털 매체를 활용하면 직접 만나지 않아도 시간과 장소에 구애받지 않고 소통할 수 있답니다. 말뿐만 아니라 글, 그림, 동영상, 사이트 주소 같은 다양한 자료와 정보를 함께 나누며 더 효율적으로 이야기할 수 있지요.

이처럼 디지털 환경의 좋은 점을 잘 활용하면 여러 사람과 더 효과적으로 협력할 수 있어요. **디지털 협업 능력**은 **협업에 효과적인 디지털 매체를 선택하고 그것을 활용해서 다른 사람과 함께 문제를 해결하는 능력**을 말해요. 이는 앞으로 점점 더 중요하게 여겨질 능력이지요.

숙달

디지털 매체의 장단점을 이해하고 디지털 매체를 활용해서 다른 사람과 협력하여 문제를 해결할 수 있다.

활동하기

공부한 날짜: . . .

활동 1 디지털 협업을 위한 매체 이해하기

디지털 협업을 위한 매체에 대해 알아봅시다. 각 매체의 주요 기능과 효과적인 활용 방법은 무엇인가요?

매체	주요 기능은 무엇인가요?	어떤 협업 상황에서 활용하는 것이 효과적일까요?
구글 문서		
줌		
패들렛		

활동 2 디지털 협업의 장단점 알아보기

디지털 협업의 특징을 알아봅시다. 디지털 매체를 활용하여 다른 사람과 함께 문제를 해결할 때 보기 와 관련된 특징들을 떠올려 봅시다.

보기 시간, 공간, 참여자 수, 정보 공유, 정보 저장, 규칙, 기타	
보기와 관련된 디지털 협업의 특징	

● 떠올린 특징들을 글과 그림으로 나타내 봅시다.

● 디지털 협업의 장점과 단점을 정리하고 발표해 봅시다.

디지털 협업의 장점	디지털 협업의 단점

➜ 디지털 협업의 단점을 극복할 수 있는 해결책을 이야기해 봅시다.

14-9 팀 만들기

오늘날 우리는 혼자서 모든 일을 해결하기보다 여러 사람과 함께 힘을 모아 문제를 해결하는 경우가 많아요. 학교에서도 친구들과 함께 모둠 활동을 하거나 역할을 나누어 발표를 준비할 때가 많지요. 이처럼 **어떤 일을 함께하기 위해 사람들이 모인 집단을 팀**이라고 해요.

좋은 팀이 되기 위해서는 서로를 이해하고 배려하며 각자의 역할을 책임감 있게 해내야 해요. 또 의견을 나누고 함께 결정하며 문제를 해결하는 과정도 필요하지요. **팀 만들기는 단순히 여러 사람이 모이는 것이 아니라 협력하며 함께 무언가를 해 나갈 수 있는 관계를 만들어 가는 일**이에요.

팀 만들기 능력은 앞으로 더 중요해질 거예요. 학교에서는 물론이고 사회에서도 서로 잘 어울려 일할 수 있는 능력을 가진 사람이 필요하기 때문이에요. 이런 능력은 타고나는 것이 아니라 연습을 통해 키울 수 있어요. 해야 할 일을 파악하고 서로의 장점에 맞게 역할을 나누어 함께 어울려 일하는 경험을 쌓아 보아요!

숙달

해결해야 할 문제를 해결하기 위해 팀을 꾸리고 팀원의 장점을 고려하여 역할을 나눌 수 있어요!

활동하기

공부한 날짜: . . .

활동 1 문제 해결을 위해 어떤 역량이 필요한지 탐색하기

➜ 문제 해결에 필요한 역할을 파악해 봅시다. 제시된 문제를 해결하기 위해 필요한 역할은 무엇인가요?

tip 역할의 예: 자료 수집, 일정 관리, 스토리 짜기, 디자인, 리더, 지원

해결할 문제	환경 보호 그림책 만들기
문제 해결의 과정	
문제 해결을 위해 필요한 역량	

활동 2 모둠원의 강점을 고려하여 역할 나누기

각 팀원의 강점을 살펴보고 역할을 나누어 봅시다.

팀원	강점 (자신의 강점과 맡고 싶은 역할)	다른 팀원의 의견 (강점에 대한 의견)
예 홍길동	창의성이 뛰어나 아이디어를 잘 낸다. → 디자인과 스토리를 짜는 것을 돕는 역할	• 홍길동이 맡고자 하는 역할에 동의한다. • 홍길동이 차분하게 역할을 잘 수행해 주면 좋겠다.
1.		
2.		
3.		
4.		
5.		

tip 서로를 배려하며 역할을 배정해요. 감정이 상하면 협력하는 데 어려움을 겪을 수 있어요. 한 사람이 두 가지 역할을 맡을 수도 있고, 자신의 역할을 수행한 뒤 다른 역할을 맡은 친구를 도와줘도 좋아요!

서로 배려하며 역할을 조정해 보고, 최종 역할을 결정해 봅시다.

14-10 리더십

리더십이란 여럿이 함께할 때 좋은 방향으로 이끌고, 다른 사람의 의견을 듣고 조율하며, 앞장서서 행동할 수 있는 힘이에요.

리더십은 꼭 반장이나 대장이 되지 않아도 누군가가 어려워할 때 손 내밀고, 모둠 활동에서 의견을 정리해 주고, 모두가 잘할 수 있도록 도와주는 것에서도 나타나요.

리더십이 있는 사람은 내 생각만 주장하는 것이 아니라, 다른 사람의 말도 잘 듣고, 서로 다를 때는 함께 더 나은 방향을 찾으려 노력해요.

리더는 '내가 더 잘나서' 앞서는 사람이 아니라, '함께 잘되자고' 먼저 움직이는 사람이에요.

리더십은 다른 사람을 이끄는 힘이 아니라,
모두와 함께 나아가려는 마음이에요!

숙달

함께하는 활동에서 다른 사람의 의견을 존중하며, 좋은 방향으로 이끌고 함께 협력할 수 있어요!

활동하기

공부한 날짜: . . .

활동 1 나의 태도 생각해 보기

→ 다음 상황에서 내가 어떤 태도를 보였는지 돌아봅시다.

질문	나의 생각
나는 친구의 말을 끝까지 들었나요?	예 조금 듣다가 말했어요.
다시 돌아간다면, 나는 어떻게 반응하고 싶나요?	예 끝까지 친구 이야기를 들어 줄 것이다.

활동 2 리더십 체크리스트

→ 다음 리더십 체크리스트를 읽고 해당하는 곳에 체크해 봅시다.

문항	체크(✓)
나는 친구의 말을 끊지 않고 끝까지 들었는가?	□ 네 / □ 아니요
나는 친구의 감정을 공감했는가?	□ 네 / □ 아니요
나는 친구가 말한 요점을 다시 정리하거나 되묻는 방식으로 이해하려고 노력했는가?	□ 네 / □ 아니요
나는 친구의 입장을 존중하면서 다른 관점을 제시했는가?	□ 네 / □ 아니요

활동 3 리더십 실천을 다짐해 보기

→ 다음 실천 다짐표를 작성하고 리더십을 생활 속에서 실천해 봅시다.

실천 다짐표

내가 실천하고 싶은 리더십 행동	언제 할 수 있을까요?	어떤 변화를 기대하나요?
예 친구 의견 먼저 듣기	예 모둠 회의 시간	예 친구가 편안하게 말할 수 있음
예 발표 준비 역할 나누기	예 학급 프로젝트 할 때	예 모두가 역할을 맡고 더 잘함

14-11 협상

협상이란 서로의 생각이나 입장이 다를 때, 말을 통해 문제를 풀고, 서로 만족할 수 있는 방법을 찾아가는 과정이에요.

협상은 싸우지 않고도 의견을 조율할 수 있게 해 줘요. 무조건 내 생각을 밀어붙이거나 상대 말만 따라가는 것이 아니라, 서로의 입장을 듣고, 어디까지는 양보하고 어디까지는 지키면서 함께 잘 풀릴 수 있는 방법을 찾는 거예요. 예를 들어, 놀이터에서 친구랑 그네 먼저 타겠다고 다툴 때 "너 5분 타고 나 5분 탈까?"라고 제안하면 이것이 바로 협상이 될 수 있어요.

협상을 잘하려면 상대의 입장을 먼저 이해하고, 내가 바라는 것을 솔직하고 부드럽게 말하는 연습이 필요해요.

협상은 이기고 지는 싸움이 아니라,
함께 이기는 멋진 대화의 기술이에요!

숙달

서로의 입장을 존중하며, 문제를 해결하기 위한 방법을 말로 조율하고 함께 만족할 수 있는 해결책을 찾을 수 있어요!

활동하기

공부한 날짜: . . .

활동 1 나는 협상가인가?

나는 협상할 준비가 되어 있을까요? 다음 항목을 읽고, 내 평소 모습을 체크해 봅시다.

항목	자주 한다	가끔 한다	거의 안 한다
말다툼 전에 먼저 들어 본다.			
화가 나도 말투를 낮춘다.			
양보할 수 있는 조건을 생각해 본다.			
상대를 이기기보단 함께 해결하려 한다.			

활동 2 협상할 때 어떤 말을 하는지 살펴보기

우리 반에서 모둠 활동 중 역할을 정할 때, 나도 발표자가 되고 싶고, 친구도 발표하고 싶은 상황에서 다음 협상 단계에 따라 알맞은 말을 써 봅시다.

협상 단계	나의 말 연습(예시 포함)
1. 감정을 조절하며 시작	예 "화내고 싶진 않아. 우리 잘 정해 보자!" → 내 감정을 솔직하지만 차분하게 표현해요.
2. 상대 입장 들어 보기	예 "넌 왜 발표자가 하고 싶어?" → 친구가 왜 그렇게 말하는지 먼저 물어봐요.
3. 내 입장 말하기	예 "나도 발표 한번 해 보고 싶었거든. 지난번엔 글만 썼잖아." → 나도 이유가 있다는 걸 설명해요.
4. 양보안 제안하기	예 "이번엔 내가 하고, 다음엔 너 하면 어때?" → 둘 다 손해 보지 않는 방법을 제안해요.
5. 함께 만족할 방법 찾기	예 "아니면 둘이서 같이 나와서 발표 나눠 하자!" → 창의적이고 함께 좋은 방법을 고민해 봐요.

활동 2 협상 실천 일지 만들어 보기

→ 협상 실천 일지를 만들어 봅시다. 앞의 협상 단계를 보면서, 실제 상황에서 협상 태도를 실천해 보고 그 결과를 체크리스트와 함께 돌아봅시다.

상황	내가 한 협상	결과	어떤 항목이 잘 되었나요?

14-12 사람 관리

사람 관리란 친구, 팀원, 반 친구처럼 함께 활동하는 사람들과 좋은 관계를 유지하고 협력하는 능력이에요.

사람 관리는 누군가를 지시하거나 명령하는 게 아니라, 함께할 때 더 잘할 수 있도록 분위기를 만들고, 서로의 마음을 살피며 도와주는 태도예요. 예를 들어, 모둠 활동에서 말이 없는 친구에게 "너는 어떻게 생각해?" 하고 물어보는 것, 모두가 힘들어할 때 "우리 잠깐 쉬자!"라고 말해 주는 것도 사람 관리를 잘하는 행동이에요.

사람 관리를 잘하려면 다른 사람의 기분을 알아차릴 수 있어야 하고, 서로 다른 생각을 잘 조절하며, 모두가 잘 참여할 수 있도록 배려해야 해요.

사람 관리는 함께하는 사람을 소중히 여기고,
모두가 잘 어울릴 수 있도록 이끄는 따뜻한 힘이에요!

숙달

함께 활동하는 사람들의 기분과 상황을 살피며, 서로 잘 어울릴 수 있도록 배려하고 조율할 수 있어요!

활동하기

공부한 날짜: . . .

활동 1 사람을 잘 챙기는 친구는 어떤 모습일까?

우리 반에서 사람을 잘 챙기는 친구를 떠올려 봅시다.

질문	나의 생각
이 친구는 누구인가요?	예 우리 반 정우
어떤 점이 멋졌나요?	예 조용한 친구도 발표하라고 응원해 준다.
이 친구는 사람들과 어떻게 지내나요?	예 말이 없지만 다정하게 먼저 다가간다.

활동 2 그 친구는 이렇게 했는데, 나는 어떨까?

친구와 나의 행동을 비교해 봅시다.

질문	활동 1 에서 떠올린 친구는…	나는 평소에…
조용한 친구가 있을 때 어떻게 하나요?	예 먼저, "네 생각은 어때?" 하고 물어 본다.	예 말이 없는 친구는 그냥 놔두는 편이다.
자기 주장만 하는 친구가 있을 때 어떻게 하나요?		
모둠 분위기가 어색할 때 어떻게 하나요?		

활동 3 나의 사람 관리 실천 작전 카드

➜ 내가 실제 생활에서 실천할 사람 관리 행동을 직접 계획하고 글로 정리해 봅시다.

항목	나의 실천 내용
내가 실천하고 싶은 사람 관리 행동은?	
언제 실천할 수 있을까요?	
어떤 말을 해 볼까요?	
내가 기대하는 변화는?	
내 실천 다짐 한 문장	

Chapter 15

사회적 기능

함께 살아가는 힘, 사회적 기능!

사회적 기능은 '다른 사람과 잘 어울리고, 서로를 이해하고 배려하면서 함께 지내는 능력'이에요.

이 능력이 있으면 친구와 사이좋게 지내고, 갈등이 생겨도 대화를 통해 해결할 수 있어요.

또한 규칙을 지키고, 서로의 입장을 생각하며 행동하게 돼요. 예를 들어, 친구가 속상해 보일 때 다가가서 말 한마디 건네거나, 모둠활동에서 서로 의견이 다를 때 차분히 듣고 함께 좋은 방법을 찾으려는 태도도 사회적 기능이에요.

사회적 기능이 자라면, 혼자가 아닌 함께 어울리는 삶의 소중함을 알게 되고, 학교, 가족, 사회 안에서 건강한 관계를 만들어 갈 수 있어요. 또 친구가 필요할 때 곁에 있어 주고, 내가 도움을 받을 줄도 아는 사람으로 성장할 수 있지요. 사회적 기능은 '함께 살아가는 힘'이에요.

이 힘이 자라면, 우리는 더 따뜻하고 안전한 세상을 만들 수 있어요!

15-1 소셜 미디어

소셜 미디어(Social Media)란 **사람들이 인터넷이나 앱을 통해 생각, 정보, 느낌을 서로 나누고 연결되는 공간**이에요. 예를 들어, 글이나 사진, 영상, 댓글을 올리거나, 다른 사람의 이야기에도 반응하며 대화를 이어 갈 수 있어요.

유튜브, 인스타그램, 틱톡, 밴드, 카카오톡 같은 것들이 모두 소셜 미디어예요. 이곳에서는 친구와 이야기하고, 새로운 정보를 알게 되기도 하며, 자신의 생각이나 느낌을 표현할 수도 있어요.

하지만 좋은 점만 있는 건 아니에요. 사람마다 다르게 생각하기 때문에 오해가 생기기도 하고, 지나치게 비교하거나 감정이 상하는 일이 생길 수도 있어요. 그래서 소셜 미디어를 사용할 때는 다른 사람을 배려하고, 책임 있게 행동하는 태도가 중요해요.

소셜 미디어는 세상과 나를 연결해 주는 다리이자,
마음을 나누고 함께 자라는 공간이에요!

숙달

소셜 미디어에서 나의 생각과 감정을 바르게 표현하고, 다른 사람과 책임 있게 소통하며 서로를 배려할 수 있어요!

활동하기

공부한 날짜: . . .

활동 1 나를 표현하는 해시태그 만들기

➔ 나를 표현하는 해시태그를 3개 써 봅시다.

#

#

#

활동 2 나의 마음 살펴보기

➔ 다른 친구의 SNS를 볼 때 나의 마음과 행동은 어떤지 체크해 봅시다.

내용	확인(✓)
친구가 부러울 때가 있다.	□ 네 / □ 아니요
나와 친구를 비교할 때가 있다.	□ 네 / □ 아니요
친구에게 나쁜 말을 한 적이 있다.	□ 네 / □ 아니요
친구의 SNS에 공감을 잘한다.	□ 네 / □ 아니요

활동 3 SNS 윤리 포스터 만들기

➔ 나와 남, 모두를 위한 소셜 미디어 다짐 포스터를 만들어 봅시다. 다음 항목을 참고하여 다짐 포스터를 그려 봅시다.

항목	예시
나를 위한 다짐 1가지	기분이 나쁠 땐 올리기 전에 한 번 더 생각해 보기
남을 위한 다짐 1가지	남의 글에 상처 주는 댓글은 절대 쓰지 않기
따뜻한 표현 예시	너의 감정이 느껴졌어., 멋진 시도였어!
나의 다짐 문장	나는 온라인에서도 배려하는 사람이 되고 싶다.

나의 소셜 미디어 다짐 포스터

15-2 사회적 행동

사회적 행동이란 나 혼자만이 아니라 다른 사람과 함께 어울리며 행동하고, 서로에게 좋은 영향을 줄 수 있도록 노력하는 행동이에요. 학교에서 친구를 도와주거나, 차례를 지키고, 규칙을 따르거나, 친구가 힘들어 보일 때 말을 건네는 것 모두 사회적 행동이에요.

이런 행동은 단순히 '예절 바르기'가 아니에요. 나와 다른 사람의 관계를 좋게 만들고, 서로를 배려하며 더 따뜻한 분위기를 만들 수 있지요.

사회적 행동이 자라면 친구들과 더 잘 지낼 수 있고, 갈등이 생겨도 싸움보다는 이해와 대화로 해결할 수 있어요. 또 나만을 생각하는 게 아니라, 함께 살아가는 세상을 생각하는 사람이 되어 가요.

사회적 행동은 나와 너, 그리고 우리 모두가
서로 행복하게 살아가기 위한 실천이에요!

숙달

다른 사람의 입장을 생각하며 배려하고, 함께 지내는 공간에서 책임 있게 행동할 수 있어요!

활동하기

공부한 날짜: . . .

활동 1 인터넷 기사에 댓글 쓰기

➔ 최근 인상 깊게 본 인터넷 기사에 댓글로 남기고 싶은 말을 써 봅시다(예 길고양이 돌봄 캠페인, 플라스틱 줄이기 노력, 어린이 권리 보장 운동 등).

기사 내용	나의 댓글

활동 2 실천 계획 세우기

➔ 작성한 댓글을 바탕으로 앞으로 실천 계획을 세워 봅시다.

질문	내용
내가 도울 수 있는 분야는?	
구체적인 실천 방법은?	
언제 어디서 할 건가요?	
어려움이 생기면 어떻게 해결할까요?	

활동 3 실천 행동 기록하기

➔ 나의 실천 행동을 기록하고 공유해 봅시다.

항목	나의 기록
실천한 날짜	
장소	
내가 한 행동	
어떤 기분이 들었나요?	
상대방(또는 주변)의 반응은?	
다시 한다면 어떻게 더 잘할 수 있을까요?	
나의 다짐 한마디	

15-3 욕구, 필요와 권리

욕구, 필요와 권리란 사람이라면 누구나 가지고 있는 원하는 마음(욕구)과 꼭 있어야 하는 것(필요), 그리고 그것을 당당히 누릴 수 있는 약속(권리)을 말해요. 예를 들어, 배가 고플 땐 밥이 필요하고, 아플 땐 치료받을 병원이 필요하죠. 또 친구들에게 존중받고 싶은 마음, 누군가에게 사랑받고 싶은 마음도 있어요. 이런 것들은 단순한 바람이 아니라, 사람답게 살아가기 위해 꼭 필요한 것들이에요.

누구에게나 공평하게 보장되어야 할 권리가 있어요. 하지만 나의 권리가 소중한 만큼, 다른 사람의 권리도 함께 존중해야 해요. 내 욕구를 채우는 과정에서 다른 사람의 권리를 해치면 안 되기 때문이에요.

서로의 권리를 지키는 사회는 더 따뜻하고 안전한 세상을 만들어 준답니다.

욕구, 필요와 권리는 내가 존중받으며 살아가기 위한 소중한 권리이자,
다른 사람도 함께 지켜 줘야 할 모두의 약속이에요!

숙달

내가 살아가면서 꼭 필요한 것이 무엇인지 알고, 그것이 소중한 권리임을 이해하며, 다른 사람의 권리도 함께 존중할 수 있어요!

활동하기

공부한 날짜: . . .

활동 1 나에게 꼭 필요한 것 생각해 보기

내가 살아가면서 꼭 필요하다고 느끼는 것 세 가지를 쓰고, 그 이유를 간단히 적어 봅시다.

	꼭 필요한 것	이유
1		
2		
3		

활동 2 권리 탐정이 되어라!

자신 혹은 주변 사람의 권리가 지켜지지 않는 상황에 대해 '권리 탐정 노트'에 기록해 봅시다.

사건	존중받지 못한 권리

활동 3 나만의 권리장전 쓰기

➜ 내가 중요하게 생각하는 권리 세 가지를 정하고, 그 권리가 왜 필요한지, 그리고 어떻게 지키고 실천할 것인지를 적어 '나만의 권리장전'을 만들어 봅시다.

보기

내가 중요하게 생각하는 권리	이 권리는 왜 중요할까?	나는 어떻게 지킬 수 있을까?
표현할 권리	내 생각을 말할 수 있어야 서로 이해할 수 있어요.	친구의 말도 끊지 않고 끝까지 듣기
쉴 권리	너무 지치면 건강도 잃고 힘들어져요.	친구에게도 쉴 시간을 주기
안전할 권리	위험한 상황에서는 보호받아야 해요.	친구를 놀리거나 다치게 하지 않기

나만의 권리장전

내가 중요하게 생각하는 권리	이 권리는 왜 중요할까?	나는 어떻게 지킬 수 있을까?

15-4 소셜 미디어 정체성

소셜 미디어 정체성이란 **내가 온라인에서 어떤 모습으로 보이고 싶은지를 생각하고 만들어 가는 활동**이에요. 예를 들어, '내가 올린 사진이나 글을 보면 사람들이 나를 어떻게 생각할까?' 하고 스스로 물어보는 거예요. ''좋아요'를 많이 받기 위해 내가 꾸며 낸 모습은 아닐까?', '진짜 나의 생각을 말하고 있을까?' 같은 질문을 통해 나의 온라인 모습을 돌아보는 거예요.

우리는 소셜 미디어에서 친구들과 소통하고, 나를 표현하고, 다른 사람들의 생각을 접할 수 있어요. 그런데 이 과정에서 진짜 나와 소셜 미디어 속 내가 다를 수도 있어요. 그래서 스스로 '나는 왜 이런 글을 올렸지?', '내가 표현한 모습이 진짜 나일까?' 하고 생각해 보는 게 중요해요.

이렇게 스스로를 돌아보면, 소셜 미디어를 사용할 때 더 책임감 있게 행동할 수 있고, 나를 더 정직하고 건강하게 표현할 수 있어요. '나는 내 모습 그대로도 괜찮아!'라는 자신감도 생기죠.

소셜 미디어 정체성을 돌아보는 활동은
진짜 나를 알고, 더 건강하게 소통하는 첫걸음이에요!

숙달

나의 온라인에서의 모습과 행동을 스스로 돌아보고, 더 진정성 있고 책임감 있게 표현할 수 있어요!

활동하기

공부한 날짜: . . .

활동 1 온라인 속 나는 누구일까?

➔ 내가 가장 자주 사용하는 소셜 미디어는 무엇인가요?

____

➔ 나는 어떤 내용을 자주 올리나요?

____

➔ 사람들이 내 계정을 보고 나를 어떤 사람이라고 생각할까요? 두 개의 나를 그려 봅시다.

'실제의 나' 그림	'온라인 속 나' 그림

활동 2 진짜 나를 표현하는 나만의 SNS 글 작성하기

➔ 한 가지 주제를 골라 나만의 소셜 미디어 글을 작성해 봅시다.

작성 기준

- 꾸밈 없이 나의 생각과 느낌을 담기
- 타인을 배려하는 말 사용하기
- 해시태그 2개 붙이기(#진짜나 #책임있는표현 등)

15-5 소셜 미디어 보안

소셜 미디어 보안이란 **내가 인터넷에서 안전하게 활동할 수 있도록 스스로 지키는 방법을 배우고 실천하는 활동**이에요. 내가 올리는 글이나 사진, 친구와 나누는 메시지 등이 다른 사람에게 어떻게 보일지 생각하고, 개인 정보를 안전하게 보호하는 습관을 기르는 것이 중요해요.

예를 들어, 주소나 학교 이름 같은 개인 정보를 함부로 올리지 않거나, 모르는 사람이 친구 신청을 했을 때 바로 수락하지 않는 것이에요. 누군가 이상한 메시지를 보낸다면 혼자 고민하지 말고 어른에게 바로 알려야 해요. 또한 너무 쉽게 비밀번호를 만들거나 여러 사이트에서 같은 비밀번호를 쓰는 것도 위험할 수 있어요.

소셜 미디어에서 똑똑하게 활동하려면, '재미있게만 사용하는 것이 아니라 어떻게 하면 안전하게 쓸 수 있을까?' 하고 항상 생각해 보는 것이 필요해요. 내 정보도 지키고, 다른 사람에게 피해를 주지 않도록 주의하는 습관이 소셜 미디어 보안의 시작이에요.

소셜 미디어 보안은, 나를 지키는 똑똑한 습관이자,
모두가 함께 안전하게 소통할 수 있는 약속이에요!

숙달

나의 정보와 활동을 스스로 점검하고, 더 안전하고 책임감 있게 소셜 미디어를 사용할 수 있어요!

활동하기

공부한 날짜: . . .

활동 1 나는 소셜 미디어를 얼마나 안전하게 사용하고 있을까?

➔ 문장을 읽고, 자신에게 해당하면 ✓ 표시를 해 봅시다.

	문항	체크(✓)
1	나는 비밀번호를 친구나 가족에게 말한 적이 있다.	
2	소셜 미디어에 내 얼굴이 나오는 사진을 자주 올린다.	
3	모르는 사람의 메시지나 친구 요청을 받아 본 적이 있다.	
4	위치 정보(어디 사는지, 어디 있는지)를 올린 적이 있다.	
5	게시물을 올릴 때 누가 볼 수 있는지 생각하지 않는다.	

➔ 체크 표시가 2개 이상이면, 내가 자주 하는 행동 중 위험할 수 있는 것이 무엇인지 생각해 보고 적어 봅시다.

활동 2 소셜 미디어, 이럴 땐 어떻게 해야 할까?

➔ 다음 상황을 읽고, 어떻게 하면 좋을지 자신의 생각을 써 봅시다.

상황	내 생각
친구가 내 사진을 허락 없이 올렸어요.	
모르는 사람이 "비밀 얘기해 줄게." 라며 DM을 보냈어요.	
게임 사이트와 소셜 미디어에 같은 비밀번호를 썼어요.	
친구가 "이 링크 클릭해 봐!" 하고 보냈는데, 이상한 사이트였어요.	

활동 3 나만의 안전한 소셜 미디어 사용 수칙 만들기

다음 문장을 완성해 봅시다.

앞으로 나는 소셜 미디어를 사용할 때,

첫째, ______________________________

둘째, ______________________________

셋째, ______________________________

수칙을 꾸며서 나만의 소셜 미디어 안전 포스터를 만들어 봅시다.

tip 색연필이나 스티커 등을 활용해도 좋아요!

3-1 부록: 활동 양식

활동 3 실전에 적용해 보기

3-5 부록: 발표 자료

활동 1 발표를 듣고 요약 노트 작성하는 방법 알기: 연습편

주제: 태풍이 생기는 이유

안녕하세요. 오늘은 태풍이 어떻게 생기는지 알려 드릴게요. 태풍은 보통 바닷물이 따뜻한 지역에서 만들어져요. 이때 공기가 데워지면서 위로 올라가고, 그 주위의 공기가 빠르게 몰려들어요. 이런 공기의 빠른 움직임 때문에 공기압이 낮아지고 중심이 저기압 상태가 돼요. 그 결과, 회전하는 강한 바람과 많은 비를 가진 태풍이 생기게 되는 거예요.

활동 2 발표를 듣고 요약 노트 작성하는 방법 알기: 실전편

주제: 플라스틱 쓰레기의 문제점

안녕하세요. 오늘은 플라스틱 쓰레기가 왜 문제인지 알려 드릴게요. 플라스틱은 가볍고 튼튼해서 많이 사용되지만, 자연에서는 쉽게 썩지 않아요. 그래서 바다나 땅에 버려지면 수백 년 동안 그대로 남아 있게 돼요. 특히 바다에 버려진 플라스틱은 물고기나 새가 먹이로 착각해서 먹게 되고, 그로 인해 생명이 위협받는 일이 생겨요. 우리가 플라스틱을 줄이거나 재활용하는 습관을 가지면 지구를 더 건강하게 지킬 수 있어요.

8-3 부록: 이야기의 앞부분

활동 2 이야기 엿보기

나는 우리 엄마가 말하기로 아주 '극성인' 사춘기 소녀이다. 요즘 엄마와 나는 매일 크고 작은 다툼을 하고 있다. 오늘은 반찬 투정을 한다는 이유로 갈등이 시작되었다. 나는 생선을 싫어하고 특히 비릿한 냄새가 나는 고등어는 제일 싫어한다! 엄마가 어릴 적 할아버지, 할머니께서 생선가게를 하셨다고 들었는데, 엄마는 생선이 지겹지도 않은 걸까? 아무튼, 건강에 좋든 안 좋든 난 생선이 정말 싫다.

그렇게 엄마와 주말 아침부터 한바탕한 뒤, 친구와 급하게 약속을 잡고 밖으로 나왔다. 이번 달 용돈이 조금밖에 남지 않아 어디를 가야 하나 고민하며 횡단보도 신호를 기다리는데, 신호등 옆에서 다양한 물건을 팔고 계시는 할머니를 발견했다. 이곳에서 물건을 파는 경우는 처음 봐서 나도 모르게 눈이 갔다. 할머니는 각종 물건을 팔고 계셨는데, 그중 엄마가 얼마 전 잃어버렸다고 속상해하시던 머리핀이 눈에 띄었다. '엄마가 이제는 파는 곳이 없다고 하셨는데…?' 나도 모르게 머리핀을 빤히 바라보고 있는데, 할머니가 어느새 내 옆으로 와 계셨다.

"공짜로 줄까?"

"네? 아, 아니에요! 파시는 물건이잖아요."

"그럼 물물교환을 하자꾸나. 공짜가 아니라 서로 필요한 물건을 바꾸는 거지. 손목의 그 팔찌는 어떠냐?"

"제가 예전에 만든 거라 좀 낡고 다시 팔 수도 없으실 텐데… 괜찮으세요?"

"예쁘기만 한데 뭘. 나는 좋단다."

아침에 다투긴 했지만, 엄마에게 잃어버린 머리핀을 사다 드리면 좋아하실 것 같다는 생각이 들었다. 그리고 덤으로 당분간 다툼을 좀 피할 수도 있을 것 같다는 생각에 물건을 바꾸기로 마음먹었다.

"그럼… 감사합니다!"

"오냐. 언젠가 다시 바꿀 날이 올 거다~"

할머니의 마지막 말씀이 이해가 되지 않았지만, 신호등 신호가 바뀐 탓에 얼른 건너갈 수밖에 없었다.

다음 날 아침, 밖에서 들려오는 소란스러운 소리에 평소보다 일찍 눈을 떴다. 어젯밤 엄마에게 머리핀을 어떻게 전할까 고민하다가 잠이 들어서 그런가 머리맡에 둔 머리핀부터 찾게 되었다. 머리핀을 확인하고 나니 바깥의 시끄러운 소리에 순간 신경이 날카로워졌다. 그리고 무심코 둘러본 방 풍경에 깜짝 놀랄 수밖에 없었다. '누가 아침부터 저렇게 시끄럽게 하는 거지?' 잔뜩 신경이 날카로워진 채로 일어난 나는 낯선 풍경에 깜짝 놀랄 수밖에 없었다. '이게 뭐지…? 내 방이 아니잖아?!' 그때 다시 들리는 소리에 창밖을 바라보니, 아파트 공원이 한눈에 들어오던 우리 집 풍경이 아니었다. 작은 텃밭과 여러 마리의 닭, 높은 건물이라고는 찾아볼 수 없는 시골 중에서도 아주 깡시골이었다. '잠이 덜 깬 걸까? 아직 꿈속인 거겠지?' 하지만 볼을 꼬집어 느껴지는 아픔에 당혹스러움만 커졌다.

조심스럽게 방문을 열고 나가 보니 집에는 아무도 없었다. 화장실로 보이는 곳에서 대충 세수만 하고 밖으로 나가 보기로 했다. 역시 바깥은 영락없는 시골 풍경이었다. 다만 내가 가 본 시골보다 사람이 훨씬 많고 활기차 보였다. 두리번거리며 한참을 걷다가 바닥에 떨어진 신문을 발견했다. 평소에는 눈길도 주지 않는 신문이지만 어쩐지 봐야 할 것만 같은 느낌이 들었다. 그런데 뭔가 잘못된 게 틀림없었다. 신문 발행일이 1992년 8월 22일인 게 아닌가?!

12-6 부록: 듣기 자료

활동 1 듣고 바꿔 쓰기

피구는 두 팀이 코트의 중앙선을 사이에 두고 마주 서서, 공을 던져 상대 선수의 몸에 맞히거나 바운드 없이 잡아 아웃, 세이브를 겨루는 게임이다. 보통 6~10명 내외가 한 팀을 이루고, 공에 맞은 선수는 아웃 되거나 외야(아웃 존)로 나가 동료를 돕는다(학교 규칙에 따라 다름). 공격은 공을 빠르고 정확하게 던져 타격하거나, 페인트 동작과 패스로 수비의 균형을 무너뜨리는 것이 핵심이고, 수비는 피하기, 받기로 생존 시간을 늘린다. 승패는 제한 시간 내 남은 인원수나 전원 아웃 여부로 정하며, 미끄럽지 않은 신발 착용, 얼굴 겨냥 금지, 과도한 힘 사용 금지 등 안전 규칙을 지키는 것이 중요하다. 협동, 순발력, 공간 지각력을 함께 기를 수 있어 체육 수업과 동아리 활동에서 널리 시행된다.

저자 소개

박태호(Park Taeho)

한국교원대학교 교육학 석사
한국교원대학교 교육학 박사
전 한국교육과정평가원 연구원
공주교육대학교 교육대학원장
현 공주교육대학교 · 국립공주대학교 · 충남대학교 IBEC 컨소시엄 협의회 회장
공주교육대학교 수업코칭연구소 소장

〈주요 저 · 역서〉
과학성으로 수업의 기본을 다지고 예술성으로 꽃 피우기(학지사, 2025)
4C 핵심역량에 기초한 미래형 교실수업(공역, 아카데미프레스, 2017)
아하! 학생 배움중심의 PCK 수업 설계 Ⅰ · Ⅱ(공저, 아카데미프레스, 2015)
아하! 학생 배움중심의 수업 코칭 전략(역, 아카데미프레스, 2014)
효과적인 수업 관찰(6판)(공역, 아카데미프레스, 2012)

고은지(Ko Eunjee)

국제영어대학원대학교(IGSE) 영어교육 석사
한국교원대학교 영어교육 박사(수료)
IB MYP/DP Educator Certificates
현 충청남도교육청 소속 중등 영어 교사
남서울대학교 IBEC 과정 객원강사
공주교육대학교 IBEC 과정 특임교수
IB MEP(다국어 편집 출판 부서) 프리랜서 번역자 및 감수자
개념 기반 교육과정과 수업(CBCI) 공인 트레이너 및 컨설턴트
한국개념기반교육협회 초대 학술연구이사

장동민(Jang Dongmin)

한국교원대학교 교육학 석사
한국교원대학교 교육학 박사
전 한국교원대학교 · 전주교육대학교 강사
현 전북특별자치도교육청 소속 초등교사

〈주요 저서〉
쓰기에서 긍정적 필자 정체성 교육(미래엔, 2023)
2022 개정교육과정 초등 국어 교과서(공저)

박종호(Park Jongho)

한국교원대학교 교육학 석사
한국교원대학교 교육학 박사
현 대구광역시교육청 소속 초등교사
대구교육대학교 강사

〈주요 저서〉
소통의 이해와 실천(공저, 보고사, 2025)
협력적 주도성에 기반한 토의 교육(미래엔, 2024)
2022 개정교육과정 초등 국어 교과서(공저)

유보라(Yoo Bora)

한국교원대학교 교육학 석사
현 서울특별시교육청 소속 초등교사

육인경(Youk Inkyoung)

한국교원대학교 교육학 박사(수료)
현 대전광역시교육청 소속 초등교사

〈주요 저서〉
한 학기 한 권 읽기를 위한 주제 중심 독서(공저, 미래엔, 2020)
학습 읽기와 학습 쓰기 활동(미래엔, 2019)

허윤빈(Heo Yunbin)

한국교원대학교 교육학 석사
현 경기도교육청 소속 초등교사

Lance G. King

랜스 킹(Lance G. King)은 지난 29년 동안 39개국 300여 개 학교에서 수많은 학생, 교사, 부모와 함께 일한 저명한 저자이자 교육 전문가이다. 그는 25만 명 이상의 학생에게 가르친 '학습의 기술(Art of Learning)' 프로그램을 개발했으며, 사고와 학습 기능(21세기 역량)을 가르치는 전문가이다. 또한 그는 국제 바칼로레아(International Baccalaureate: IB) 본부에서 MYP 프로그램의 학습 접근 방법(ATL) 프레임워크를 설계하고 개발한 창안자로, 그가 개발한 ATL은 현재 160개국 5,000개 이상의 IB 학교에서 실행되고 있다.

자기주도 학습을 위한 미래 역량 워크북
(초등 4~6학년용)
21st-Century Student Agency Skills Workbook

2025년 11월 25일 1판 1쇄 인쇄
2025년 11월 30일 1판 1쇄 발행

지은이 • 박태호 · 고은지 · 장동민 · 박종호 · 유보라 · 육인경 · 허윤빈 · Lance G. King
펴낸이 • 김진환
펴낸곳 • (주) 학지사
04031 서울특별시 마포구 양화로 15길 20 마인드월드빌딩
대표전화 • 02)330-5114 팩스 • 02)324-2345
등록번호 • 제313-2006-000265호

홈페이지 • http://www.hakjisa.co.kr
인스타그램 • https://www.instagram.com/hakjisabook

ISBN 978-89-997-3478-6 93370

정가 32,000원

저자와의 협약으로 인지는 생략합니다.
파본은 구입처에서 교환해 드립니다.